FENSTERBILDER VORLAGEN für Kreidemarker

Anleitung:

1. Suche dir das gewünschte Motiv aus.

2. Schneide nun vorsichtig die Seite an der linken gestrichelten Linie aus.

3. Fixiere jetzt einfach die gewünschte Vorlage - von außen - auf die zuvor gereinigte Fensterscheibe.

4. Anschließend zeichnest du auf der Innenseite das Motiv, mit einem abwischbaren Kreidemarker nach.

5. Schon bist du fertig. Der Kreidemarker lässt sich wieder rückstandsfrei entfernen.

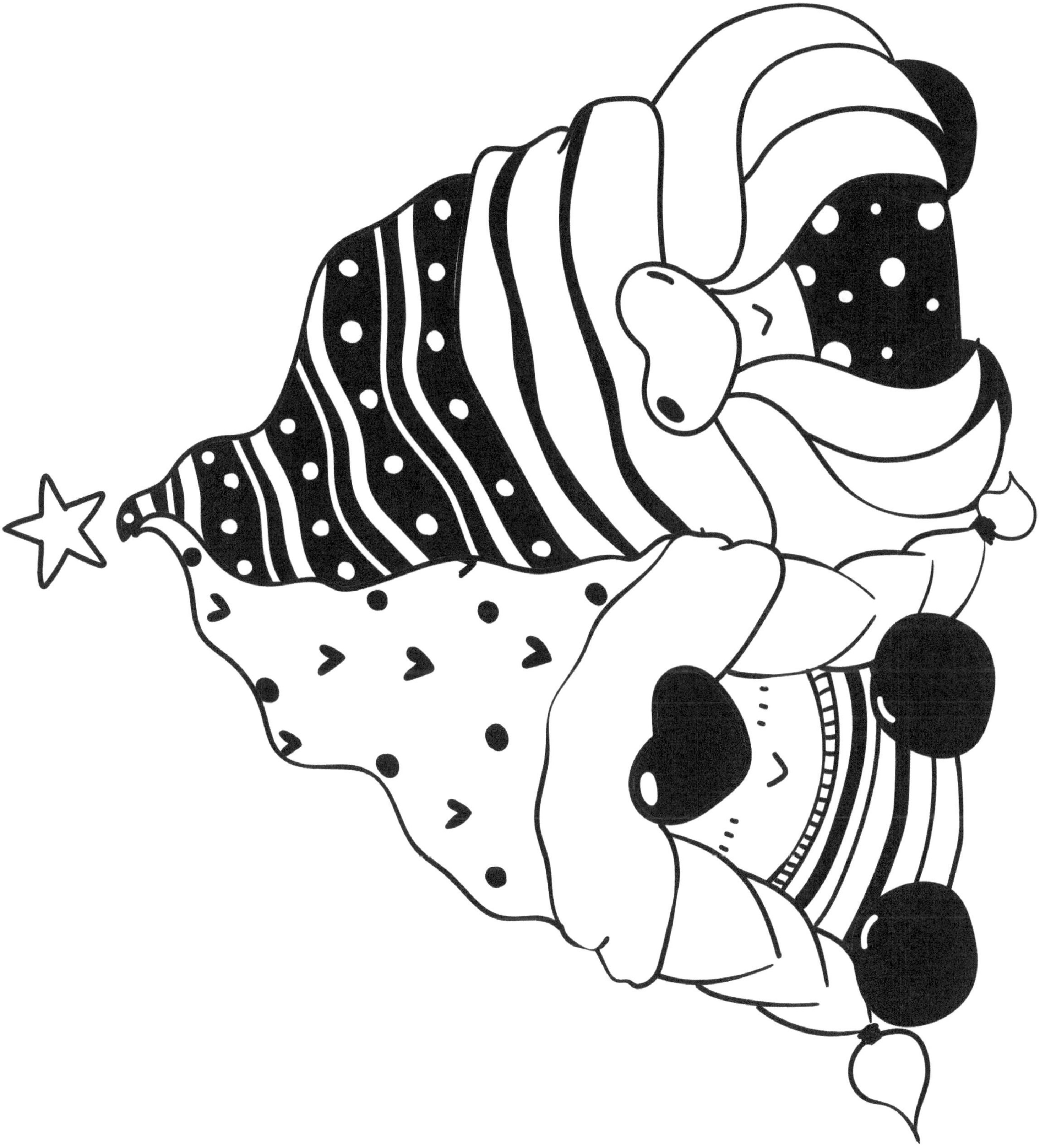

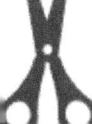

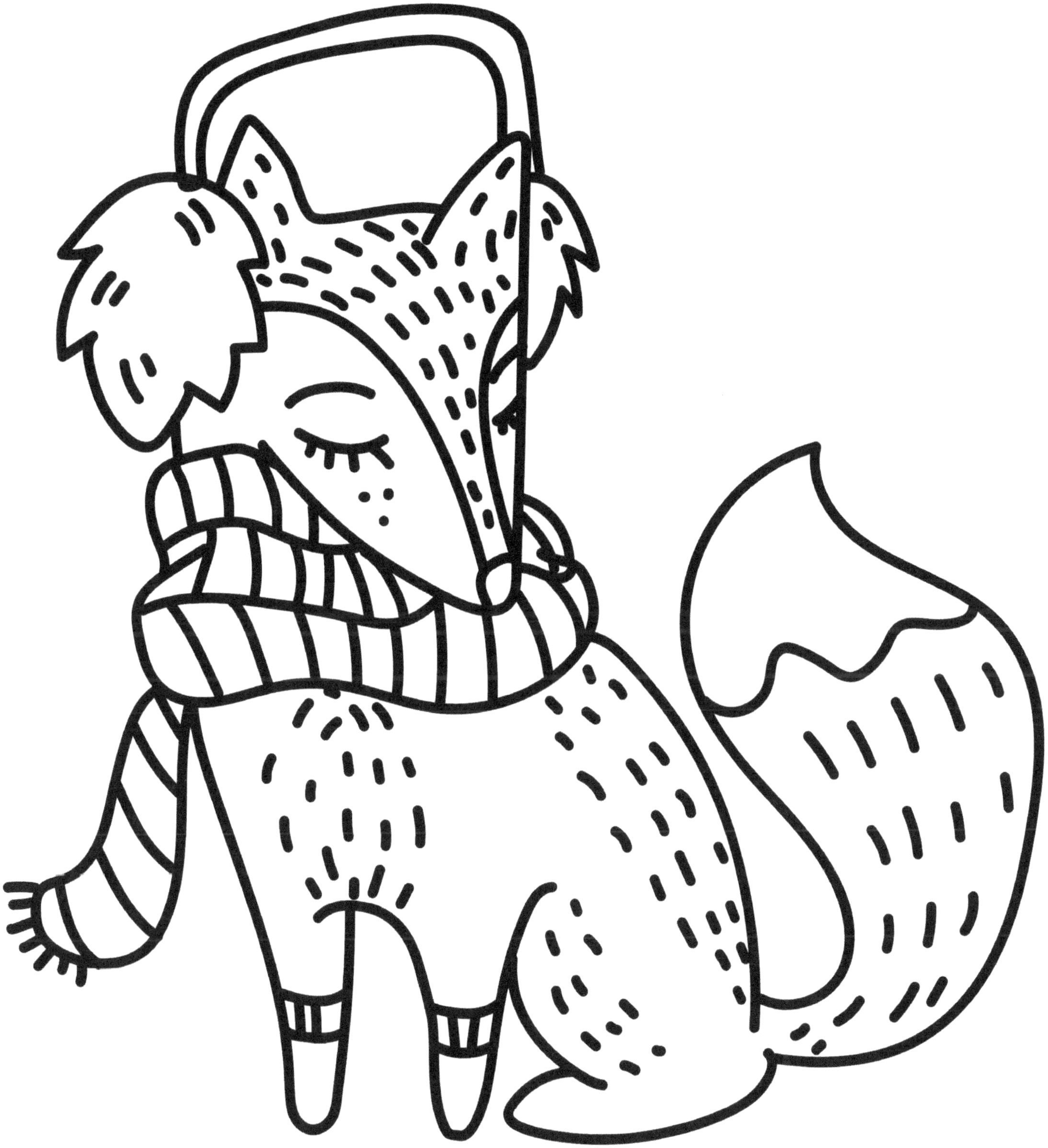

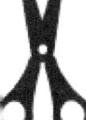

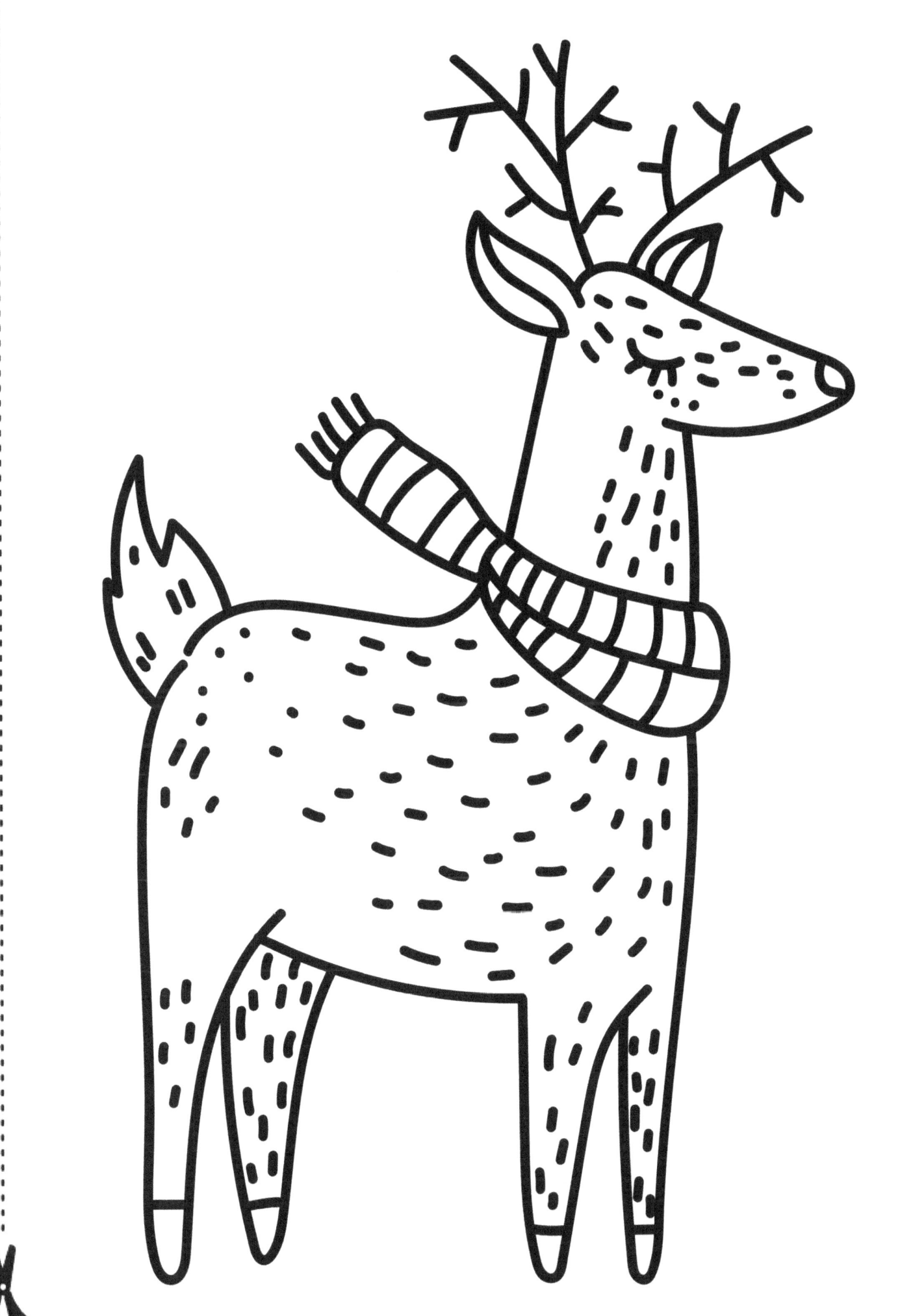

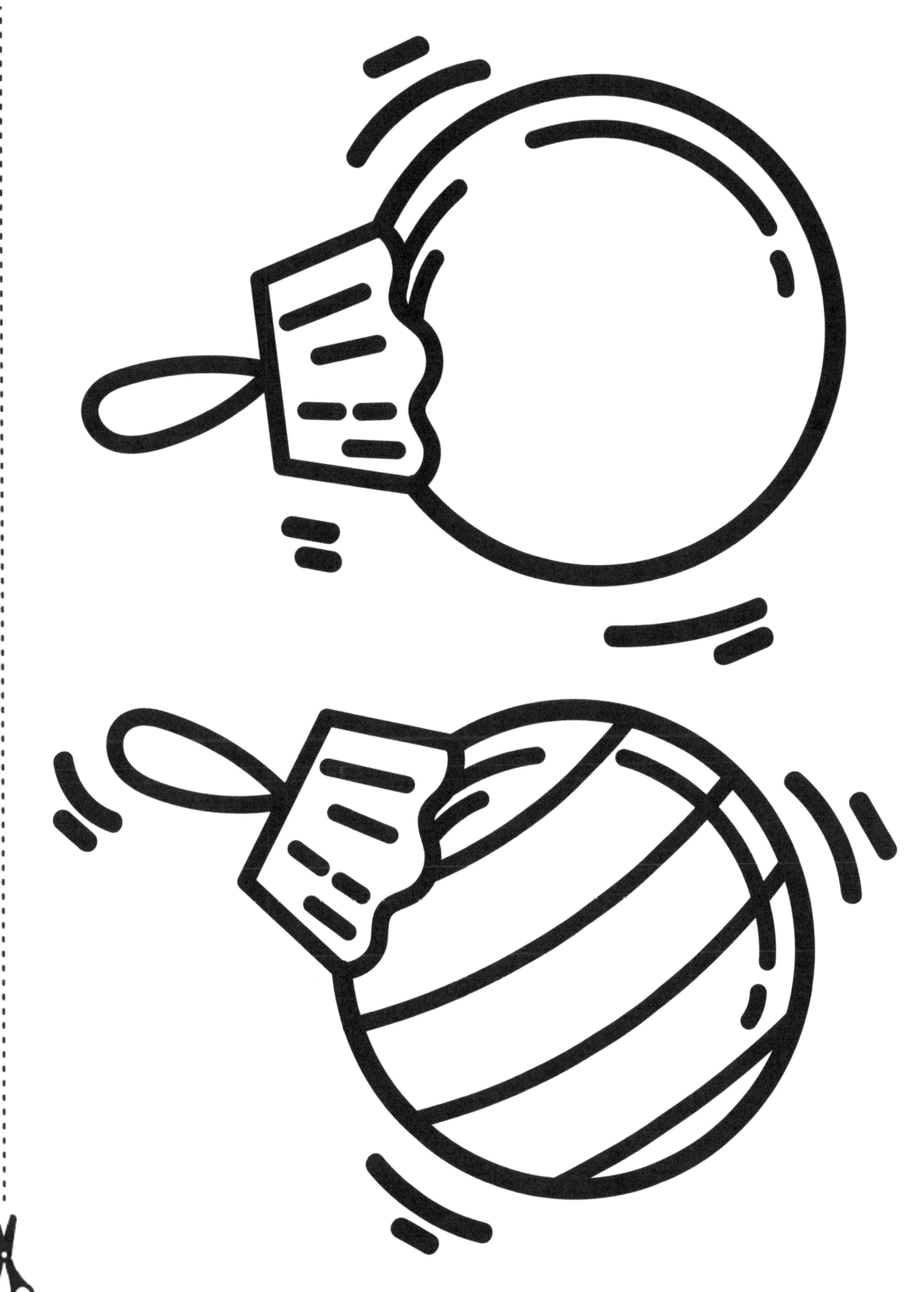

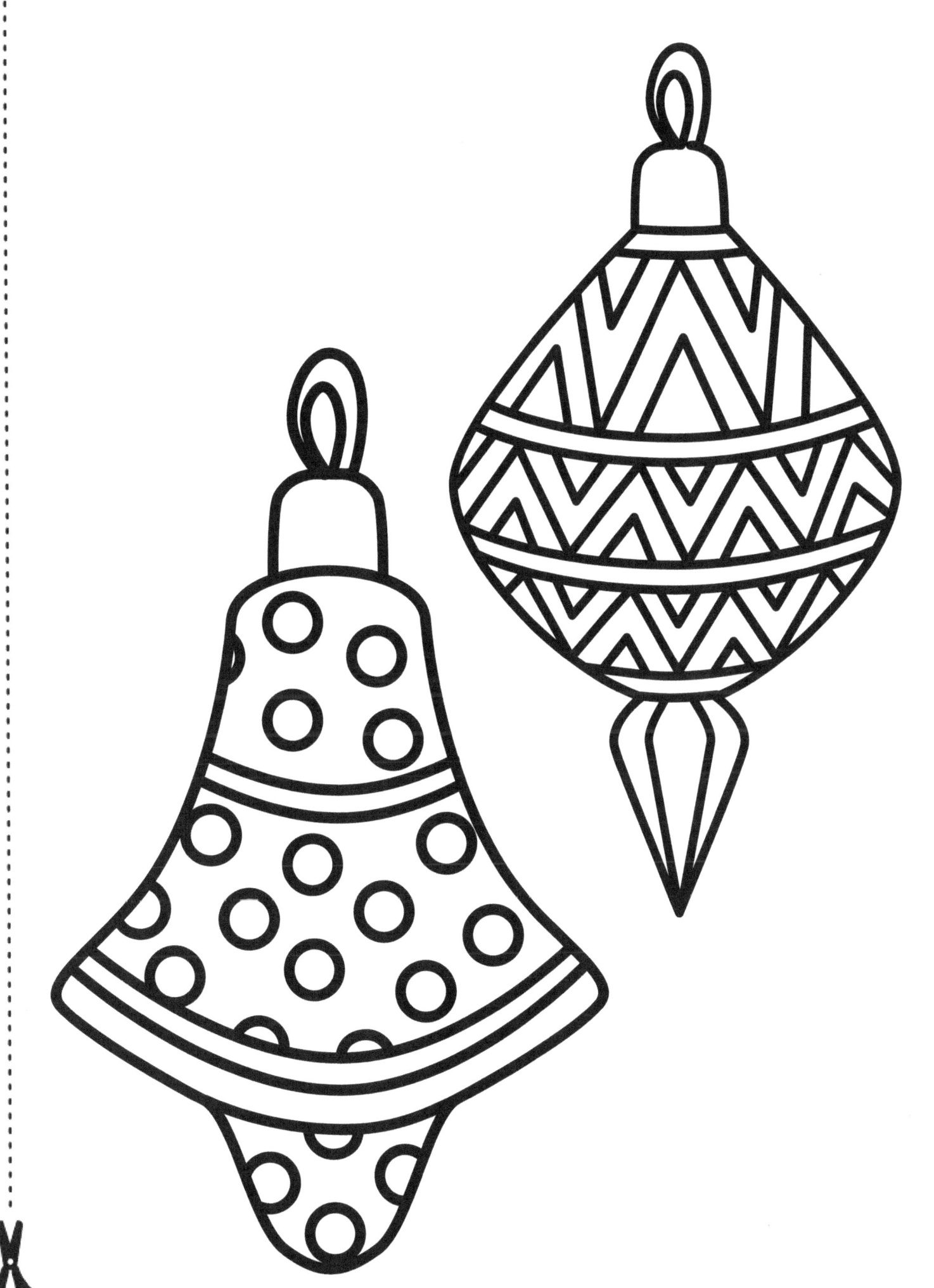

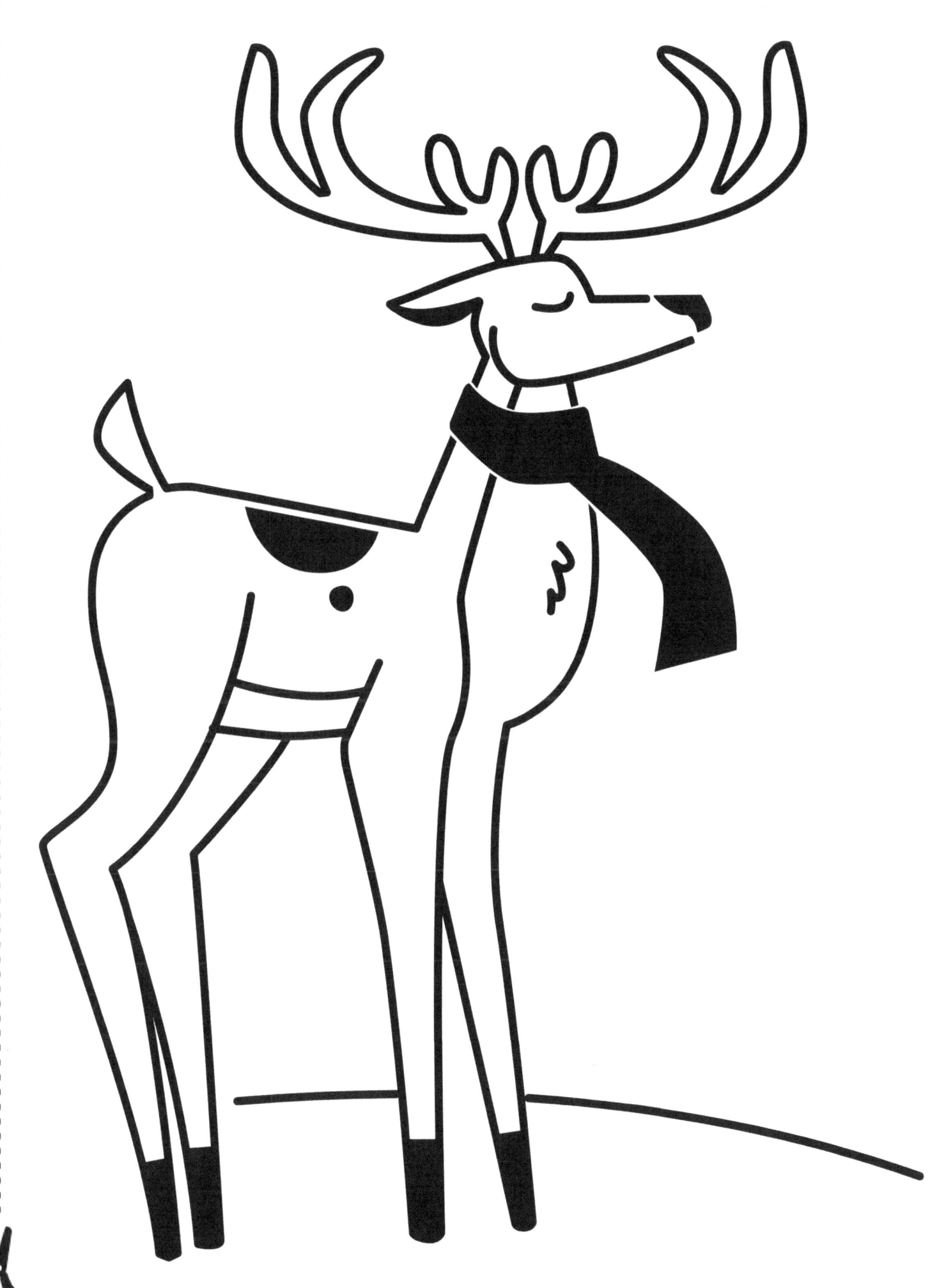

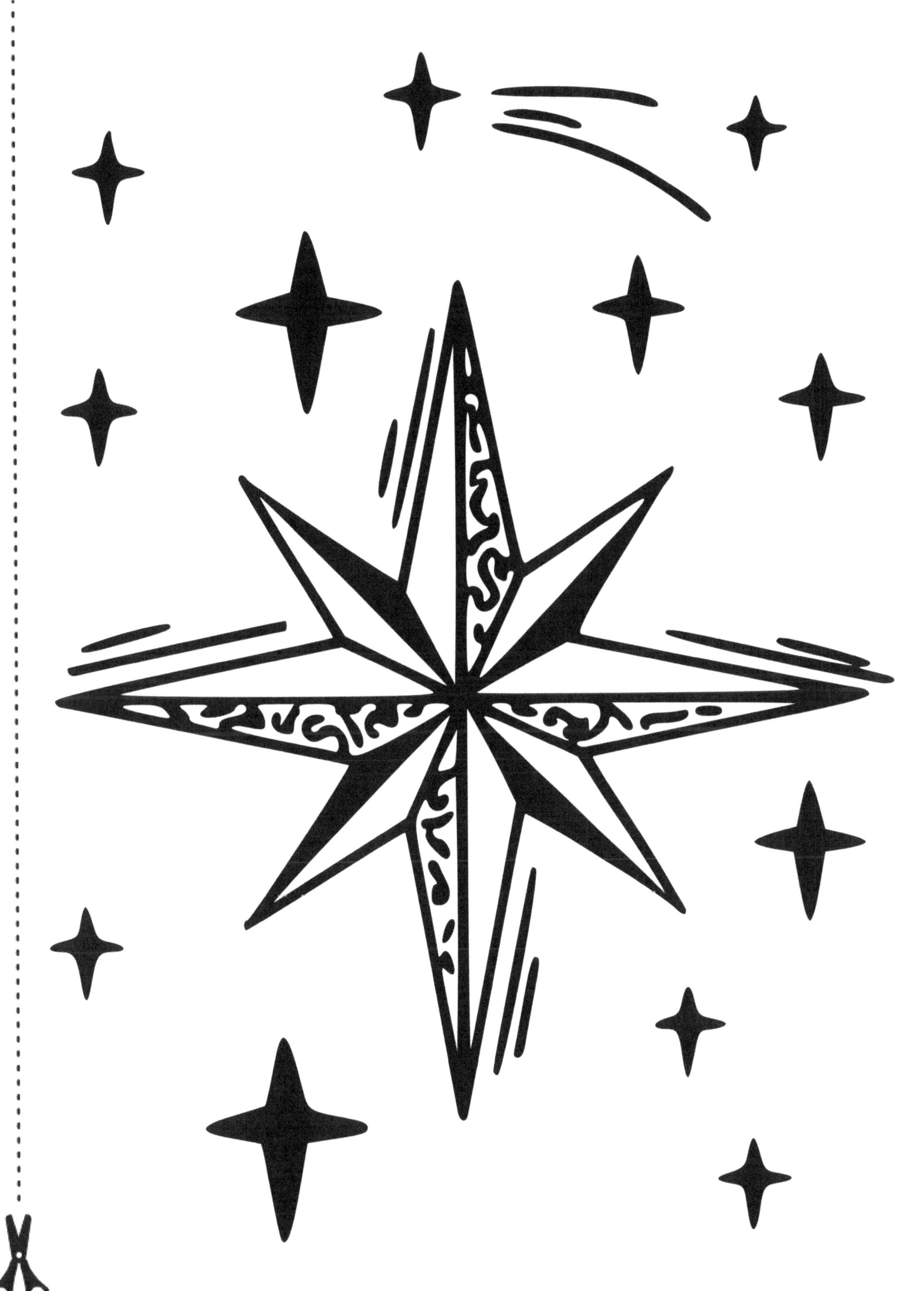

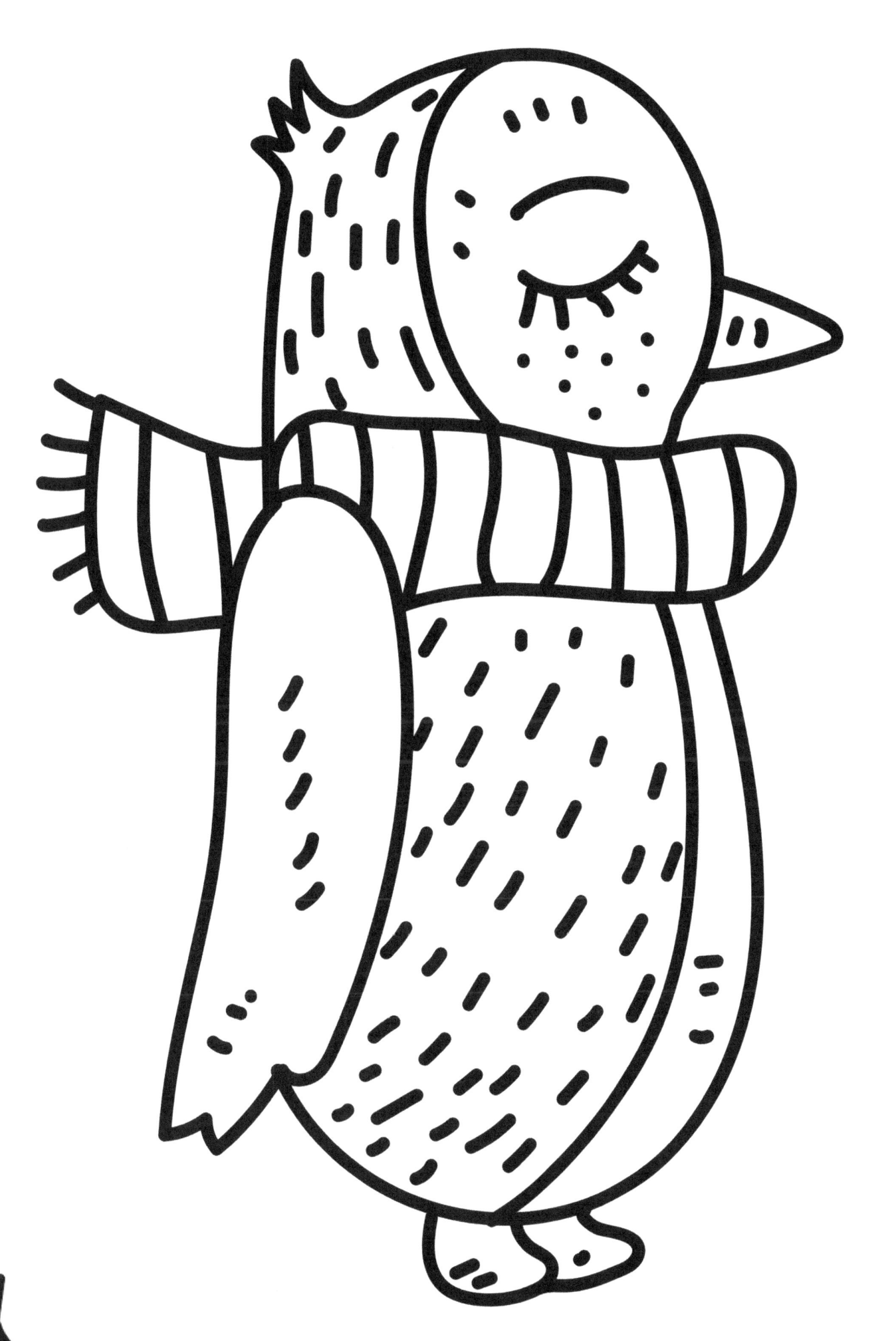

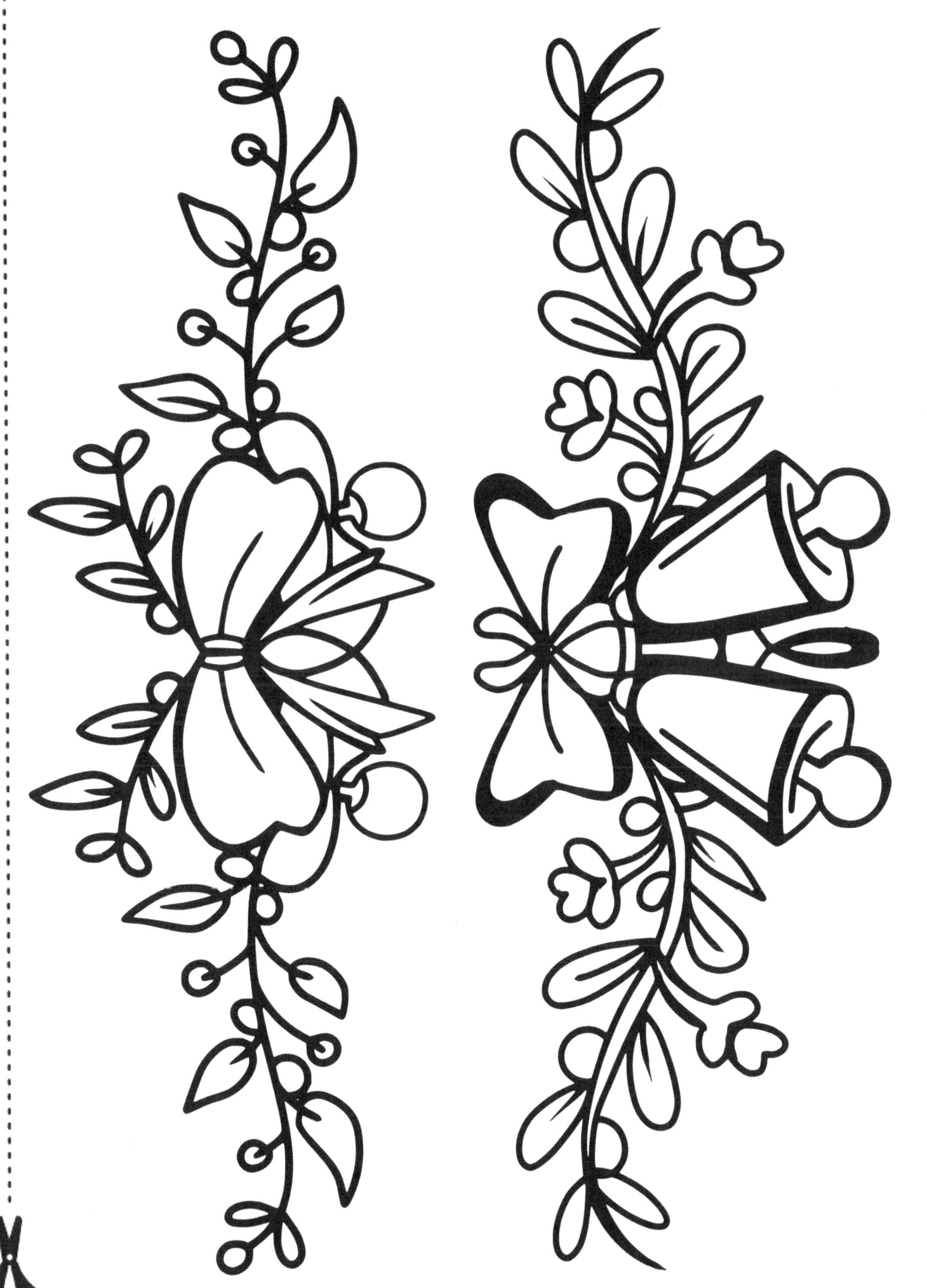

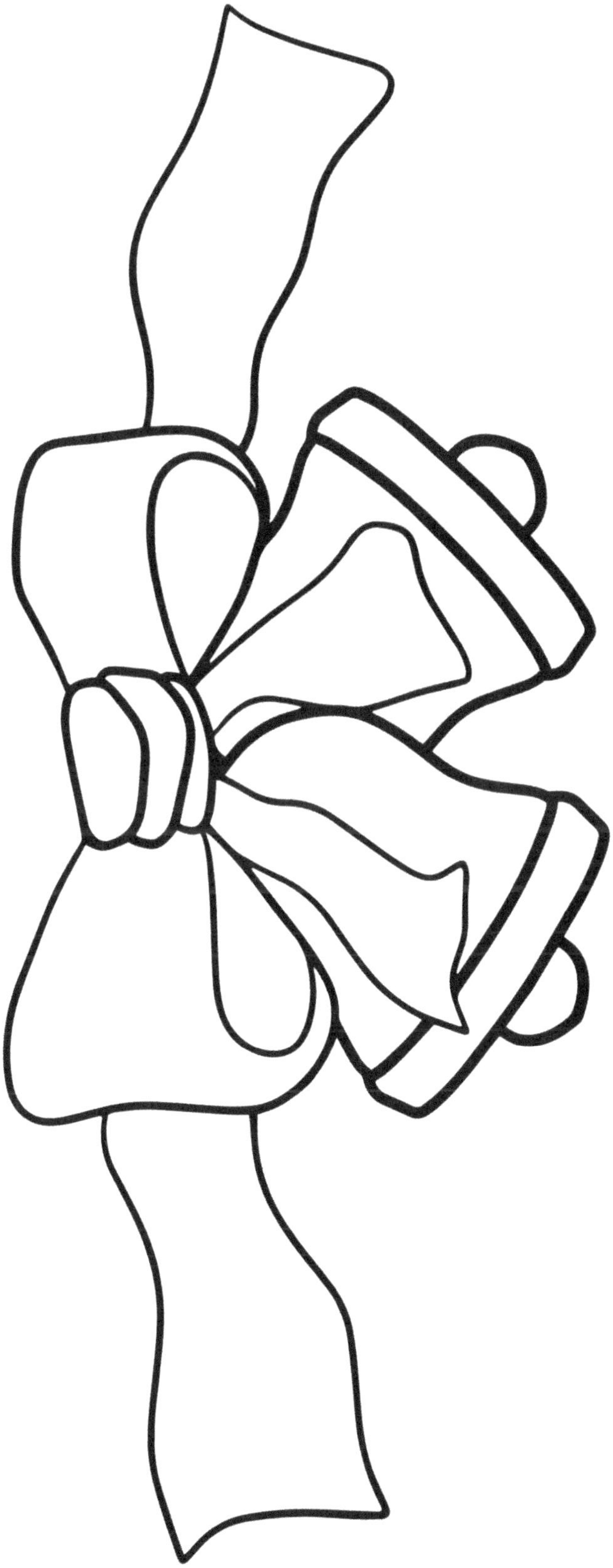

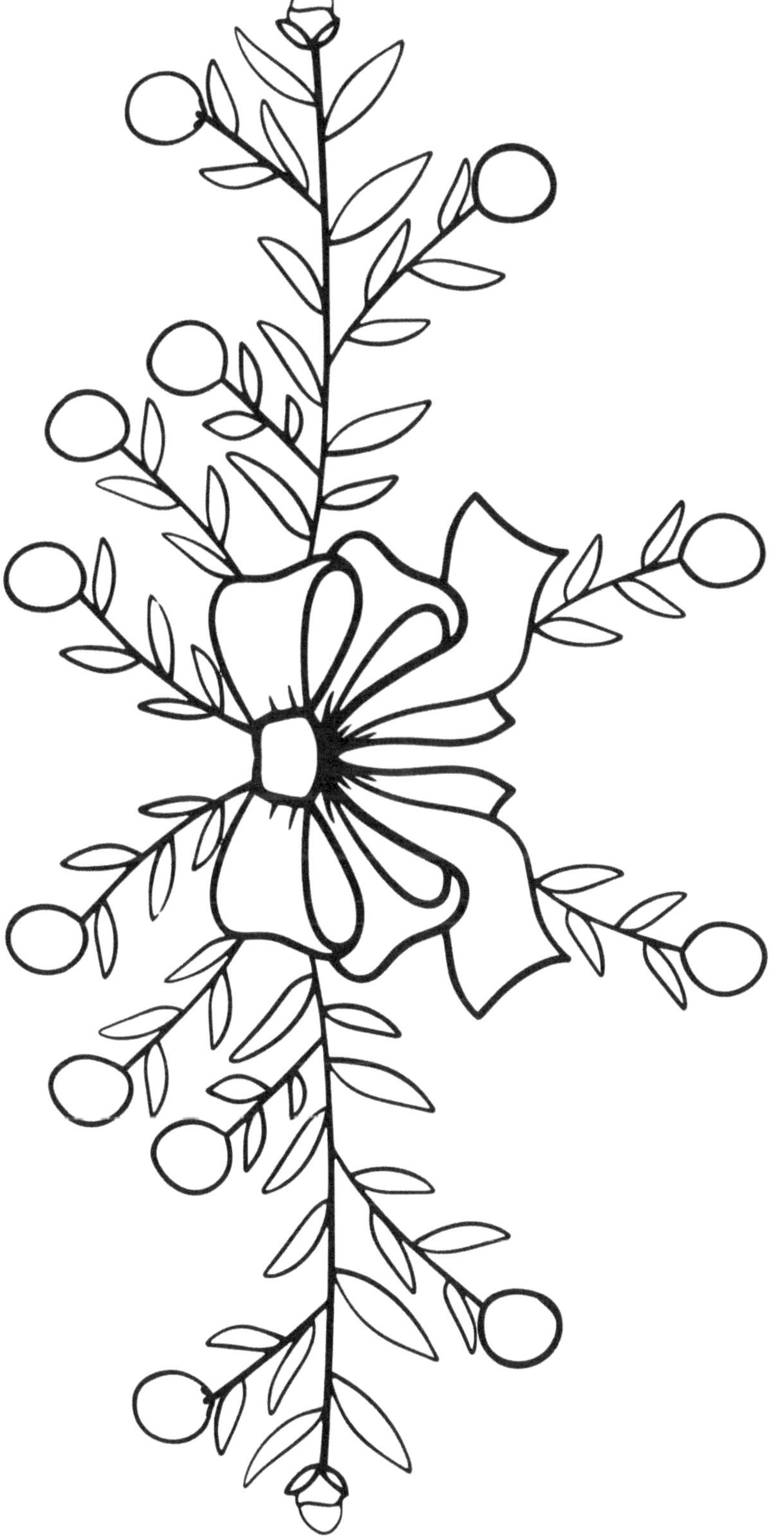

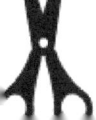

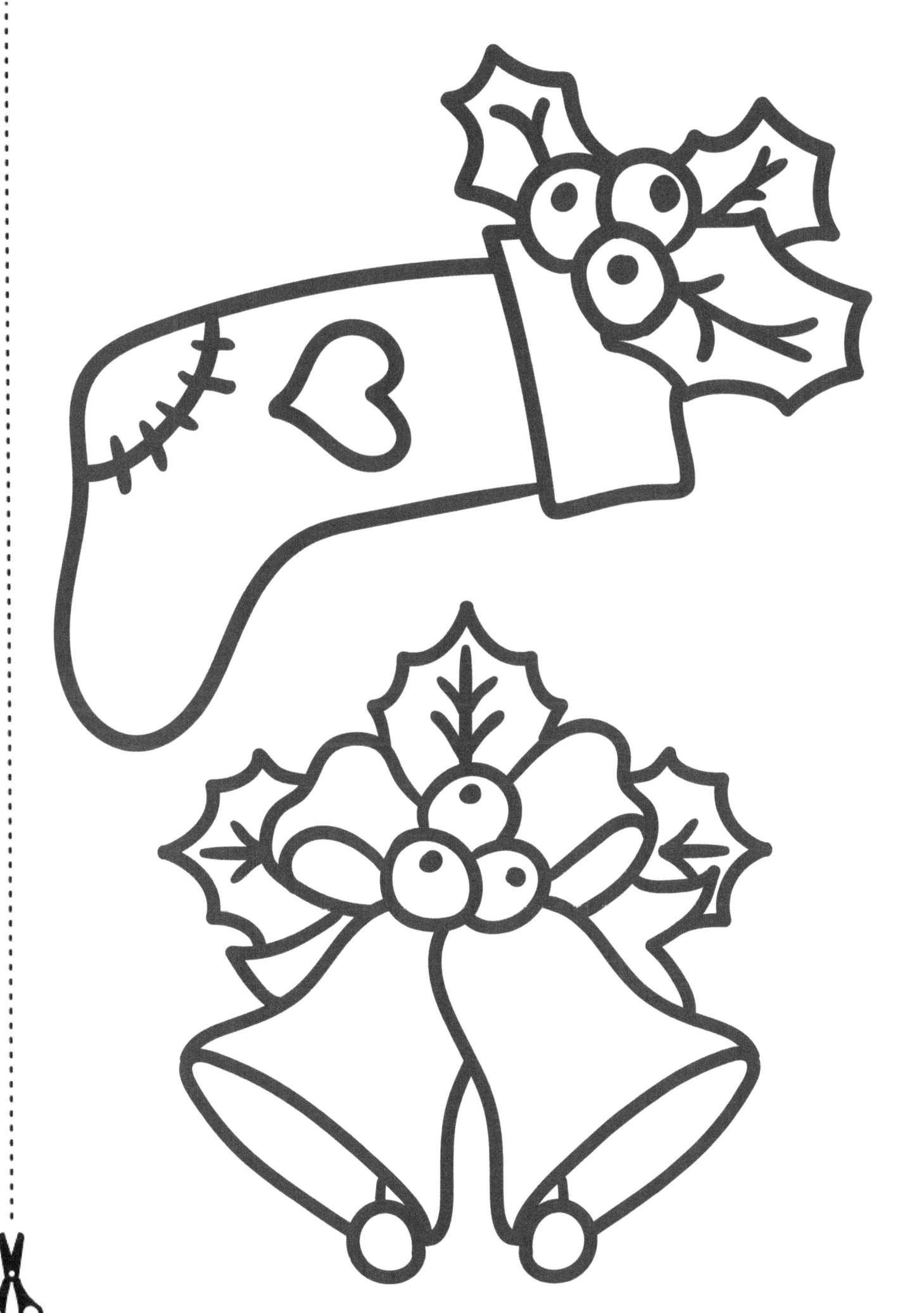

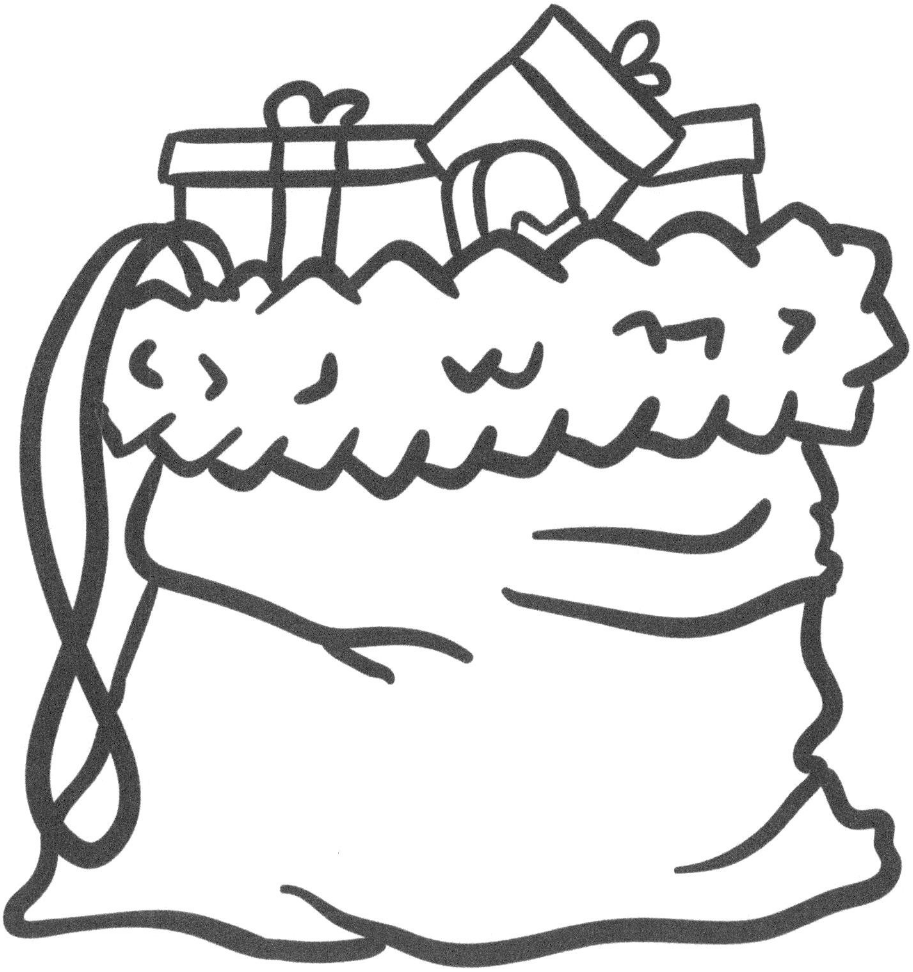

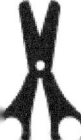

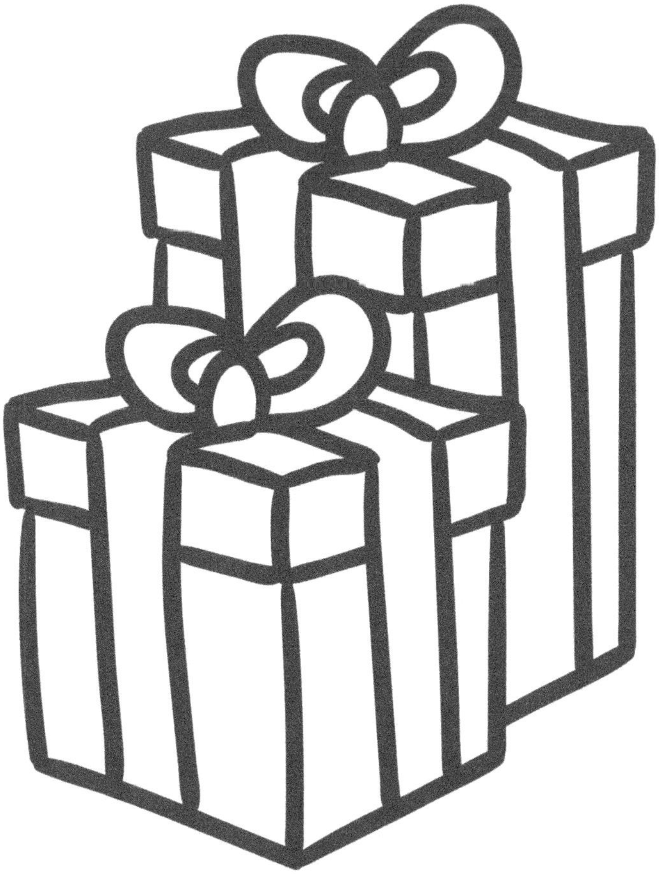

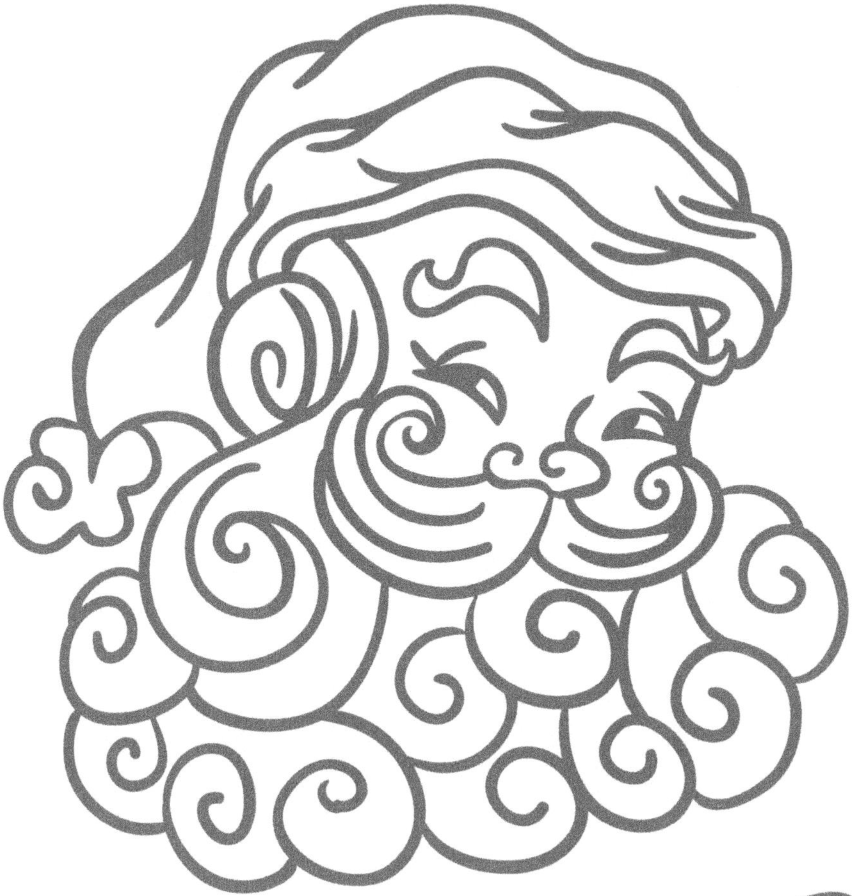

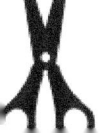

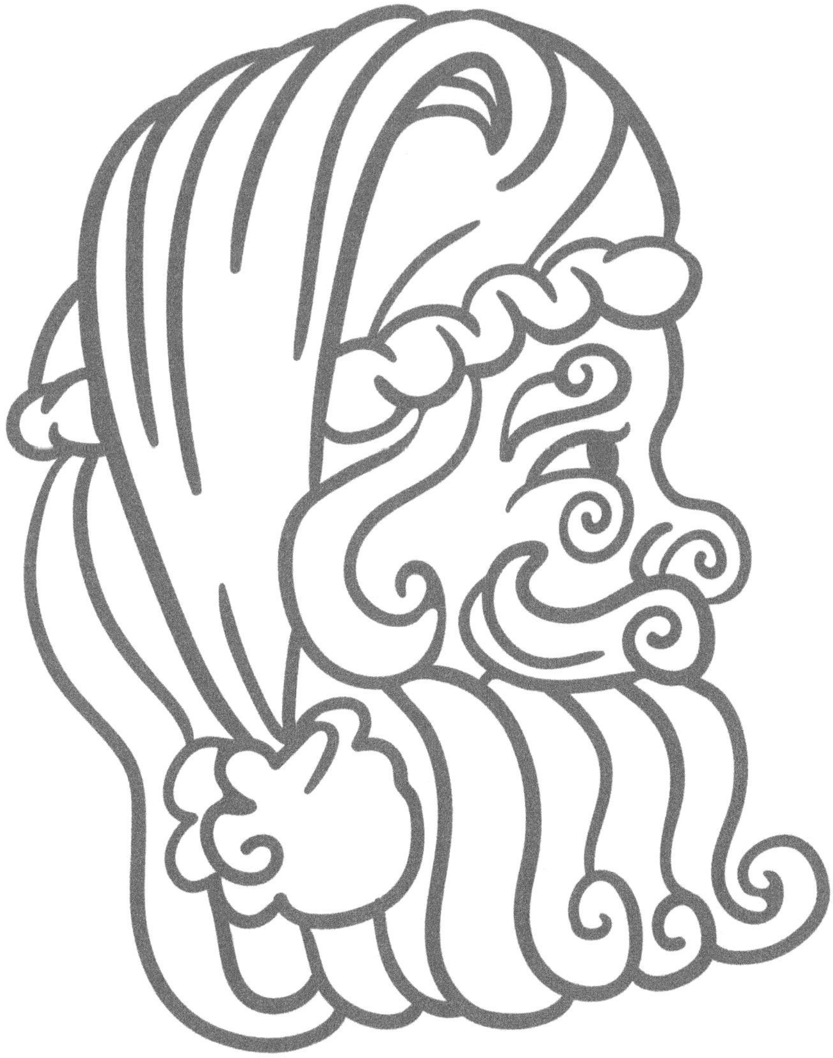

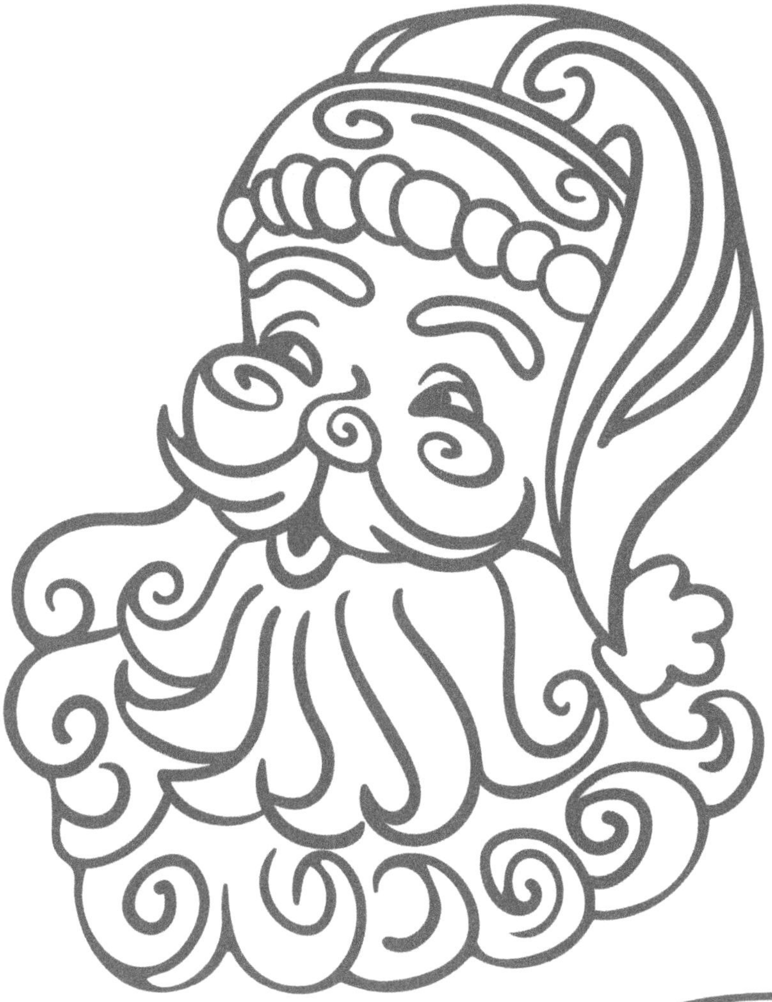

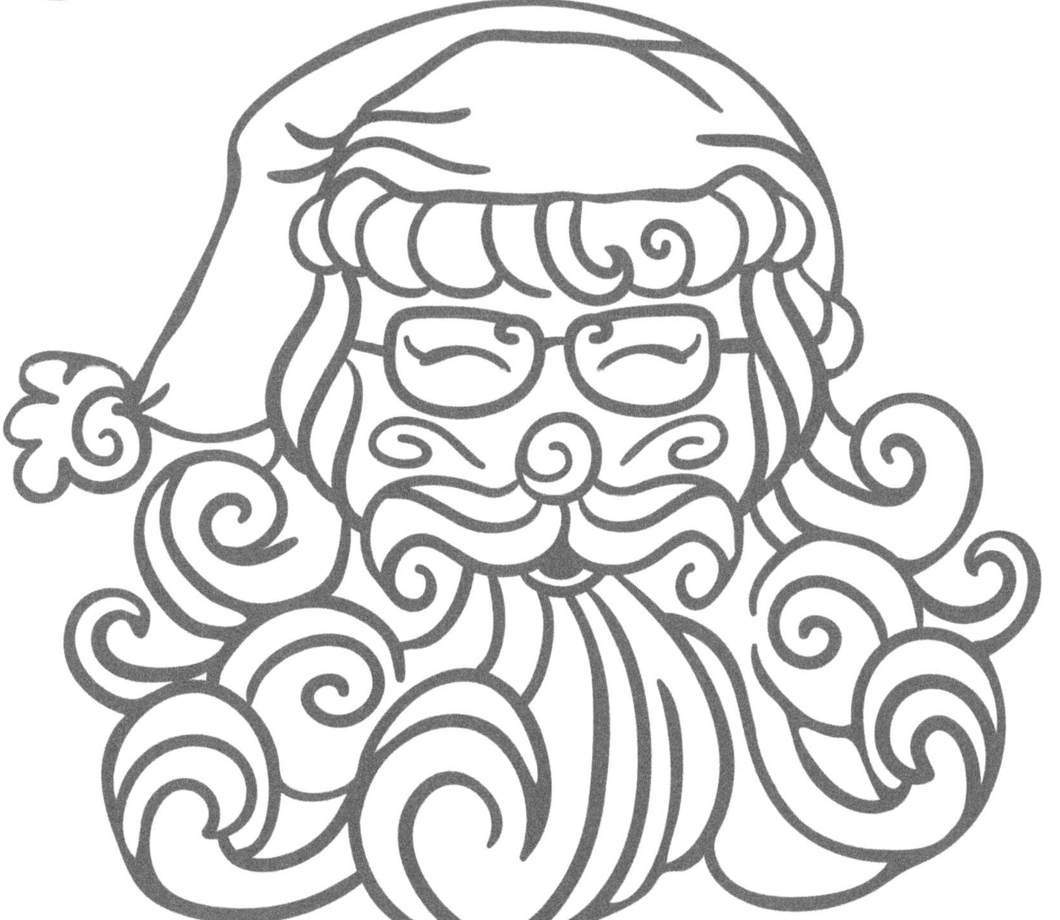

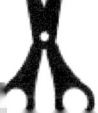

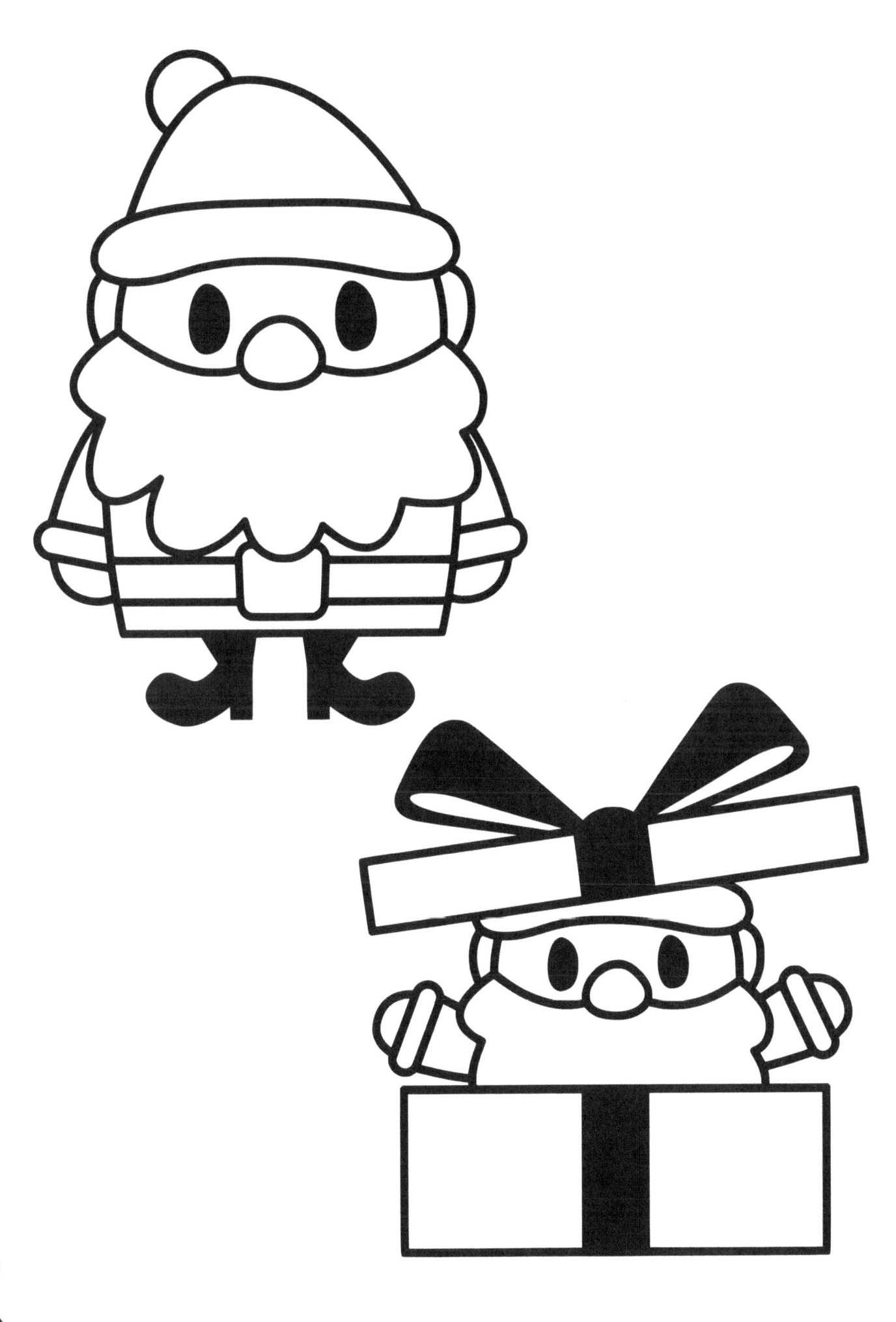

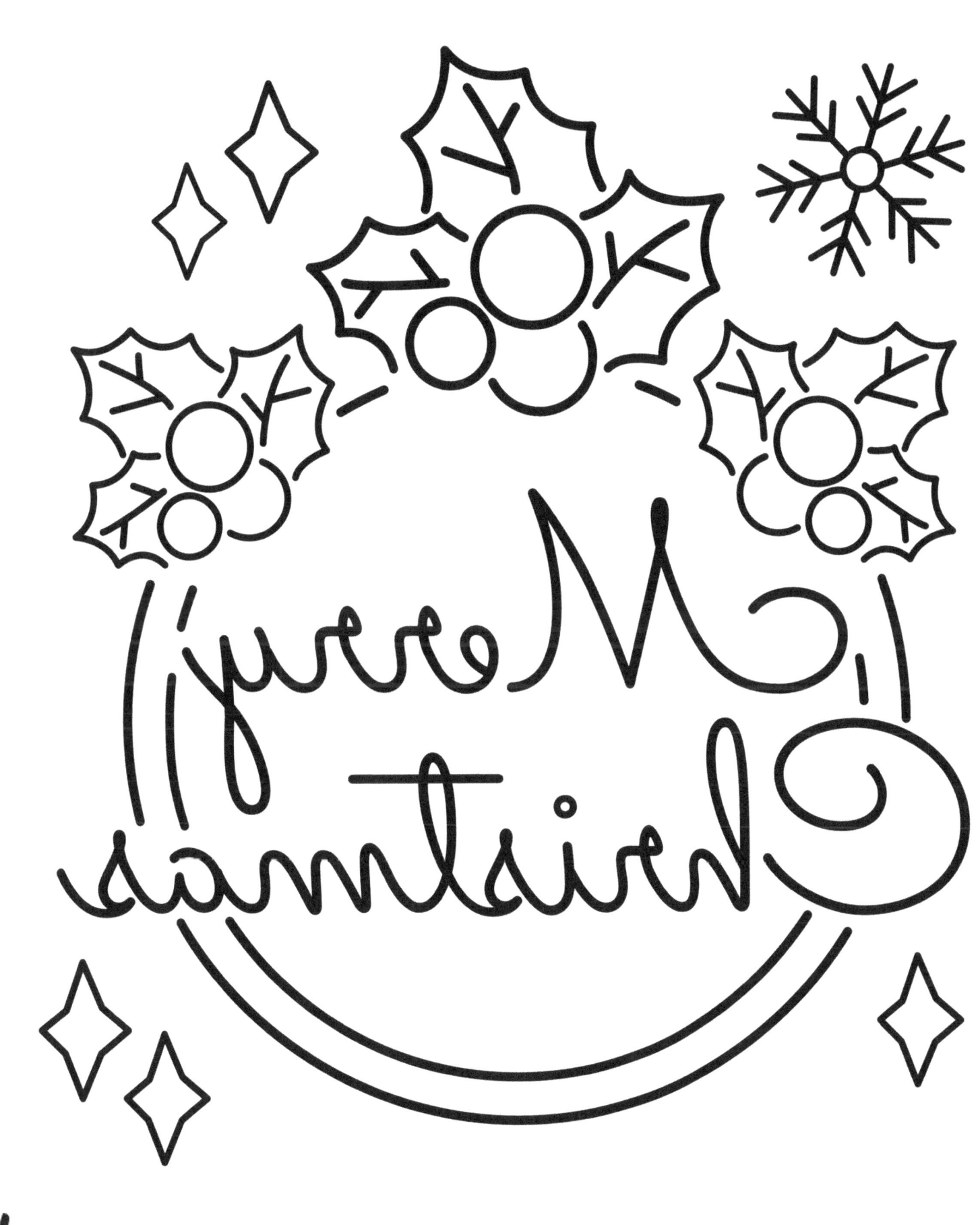

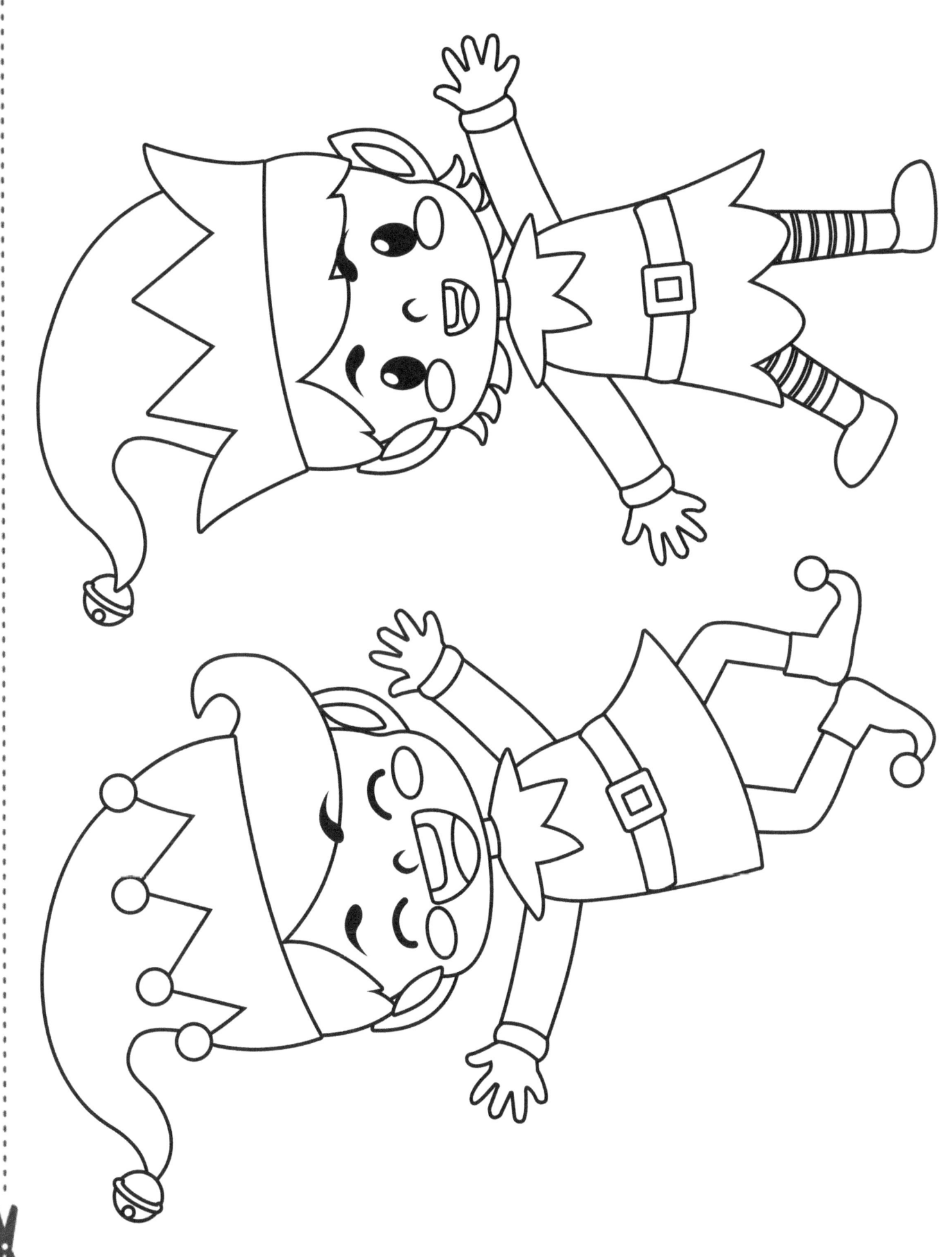

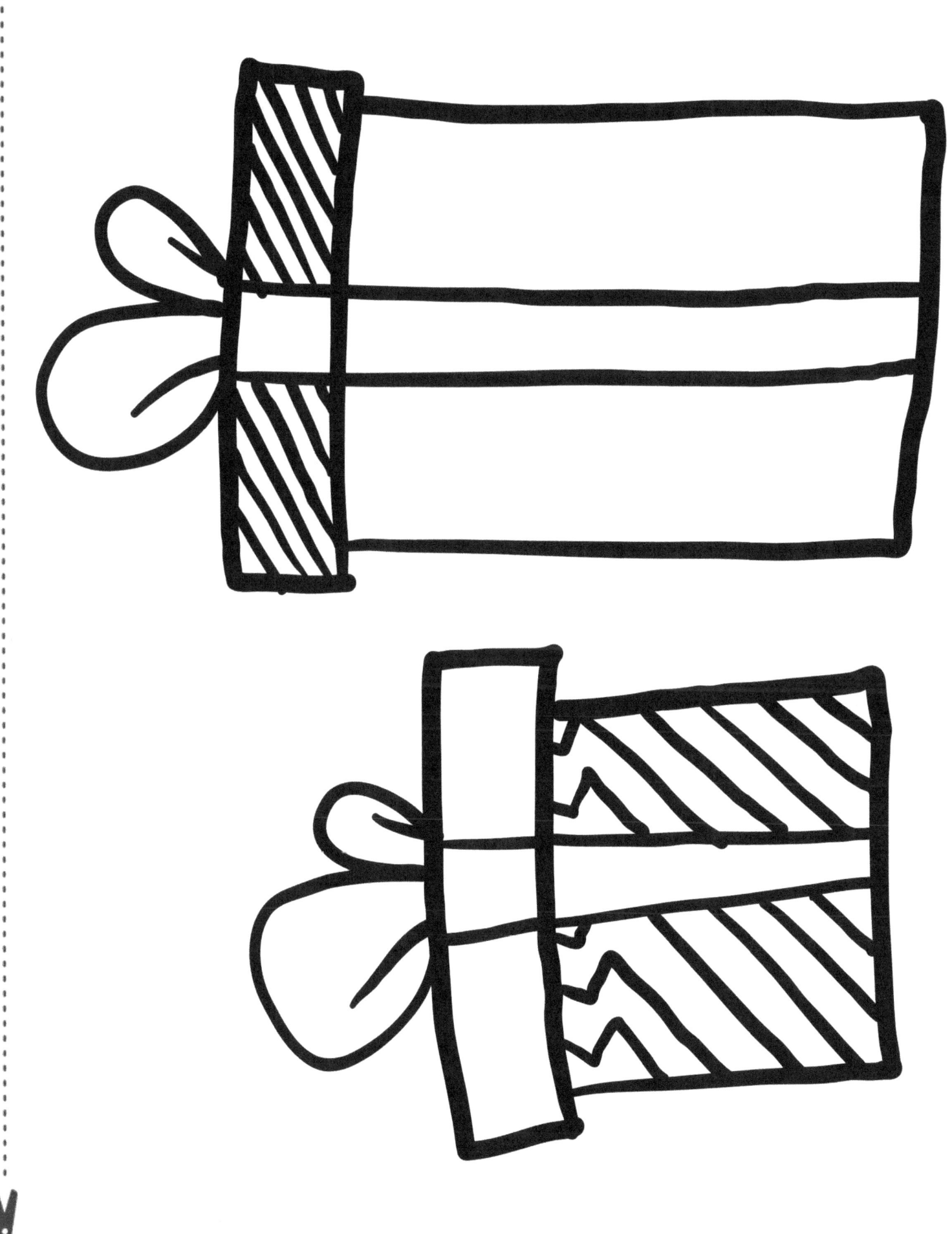

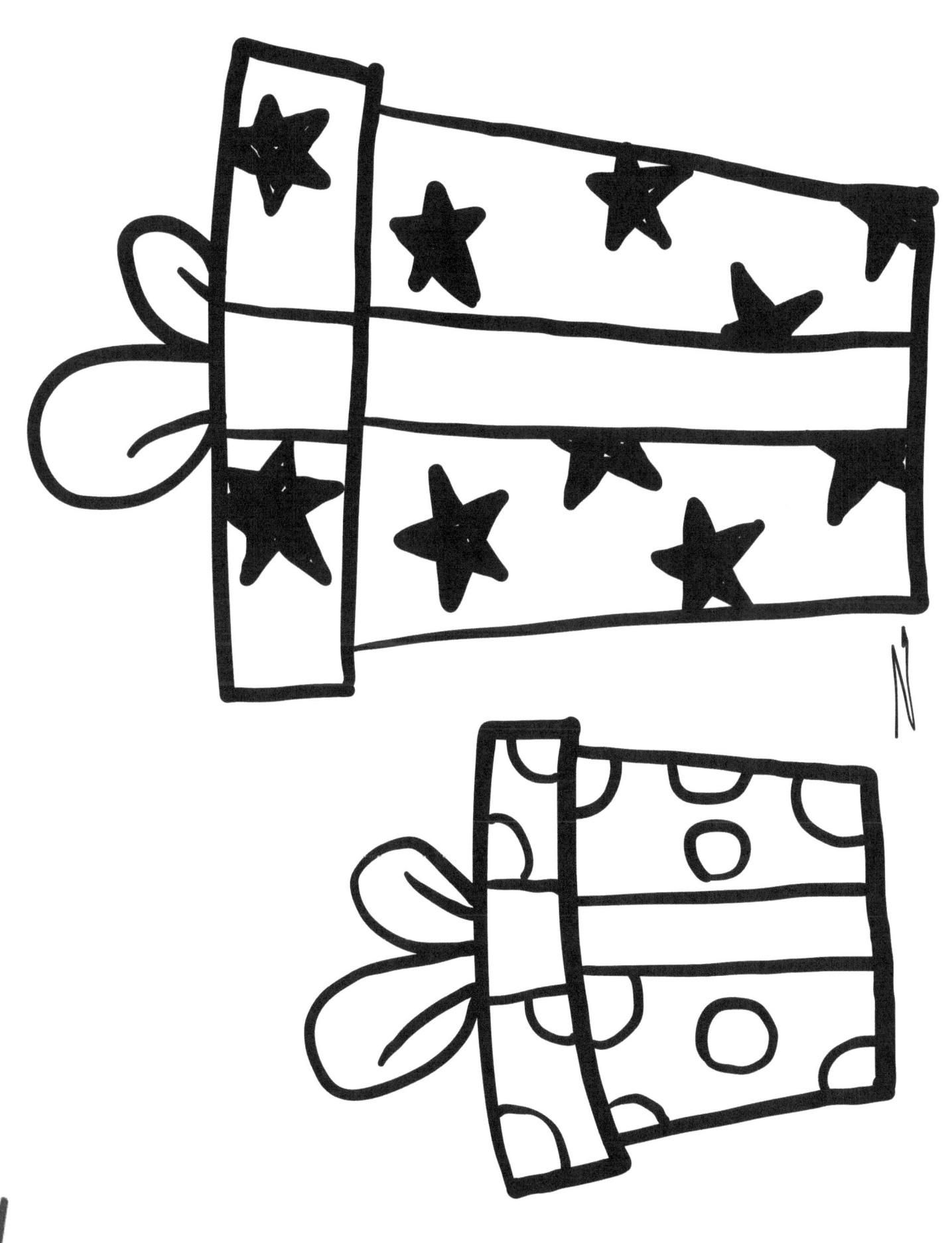

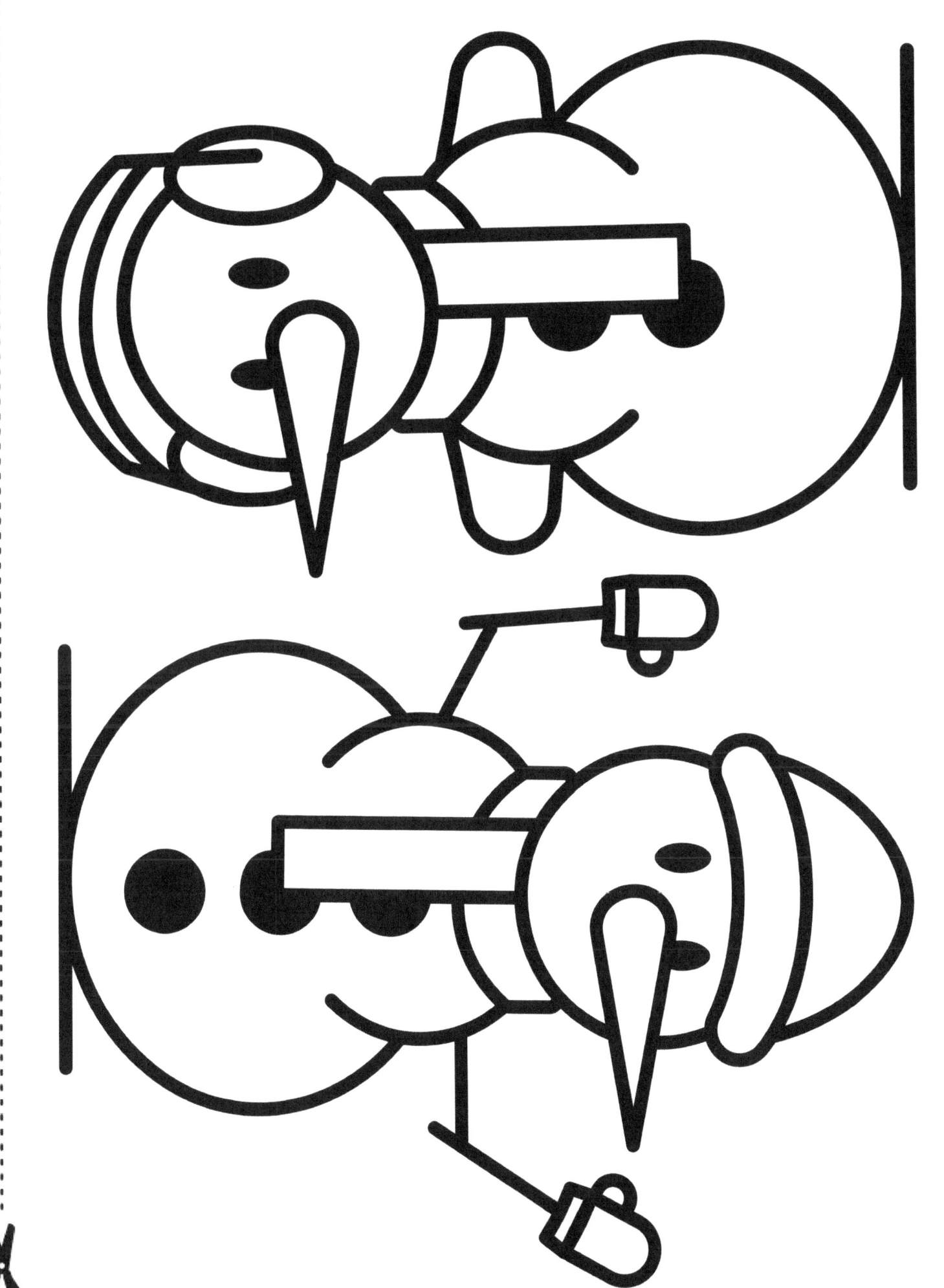

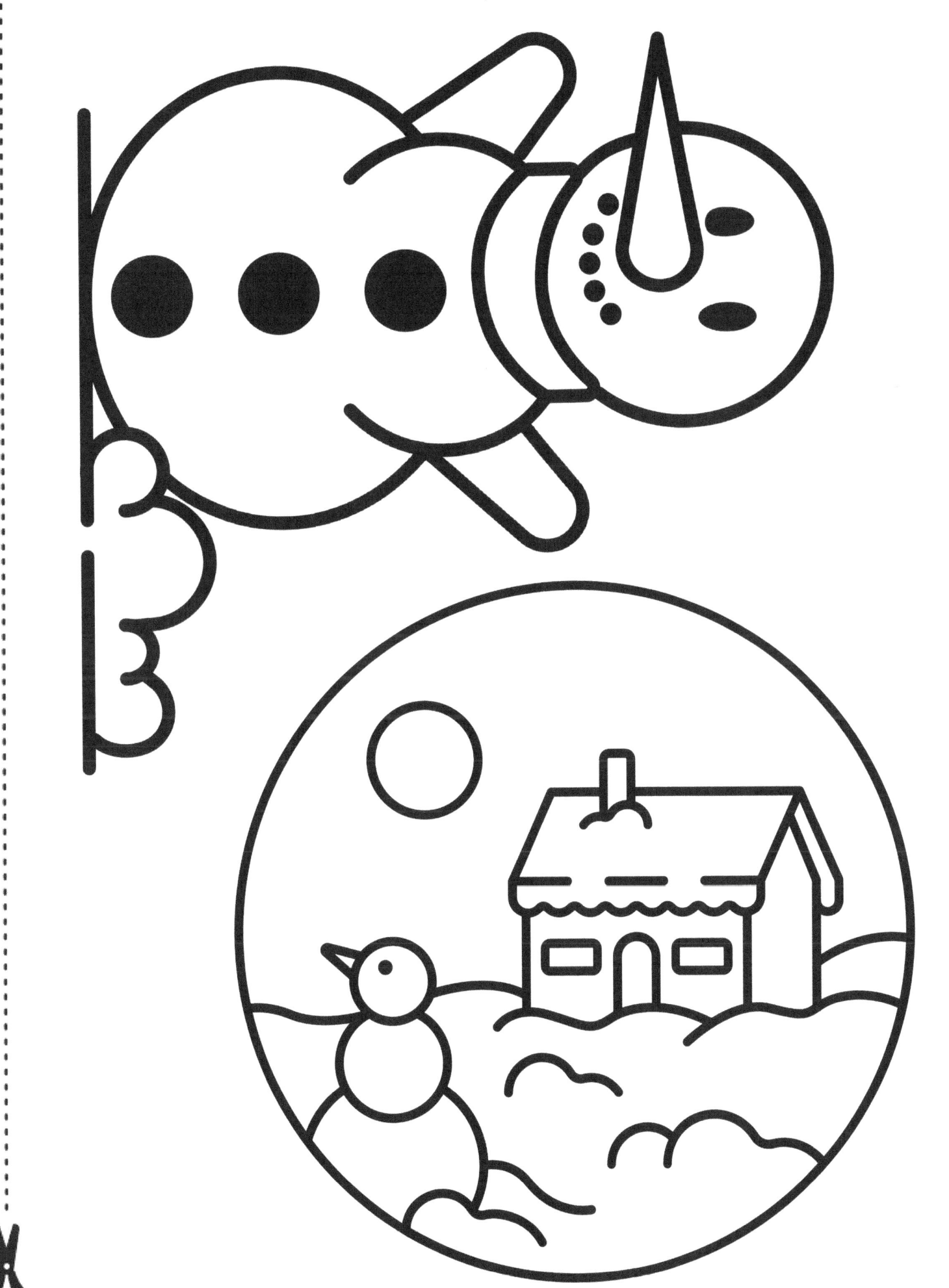

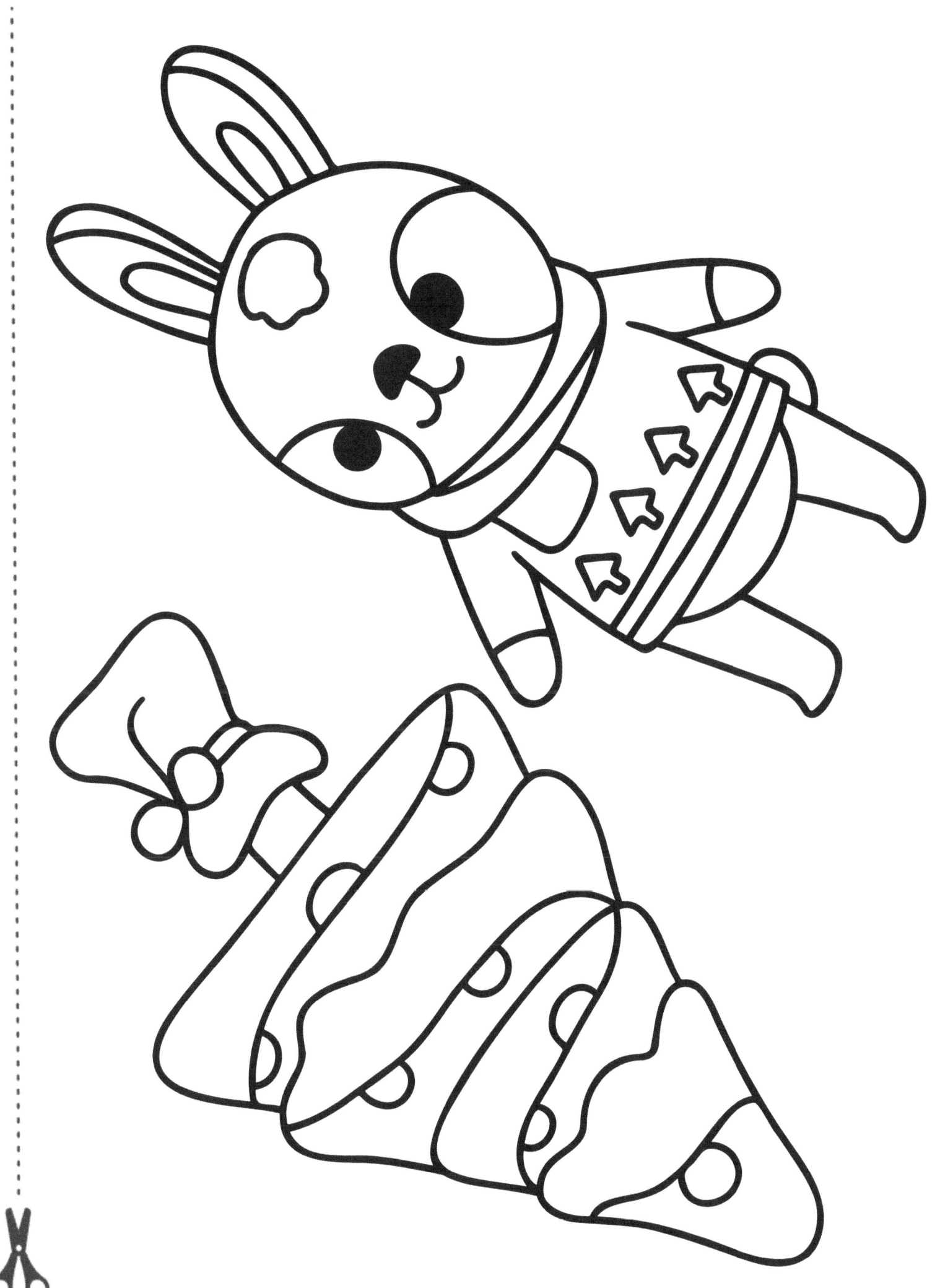

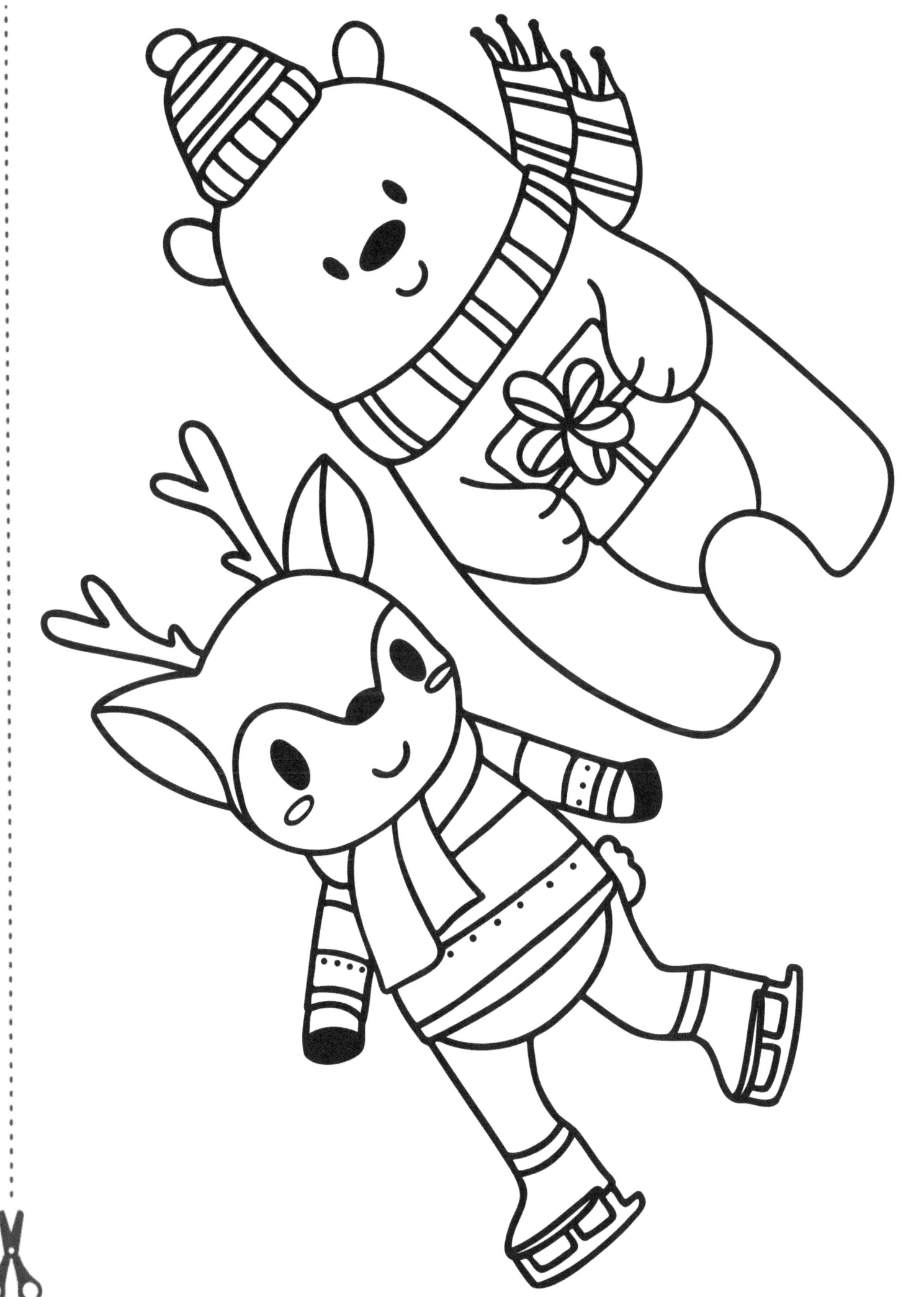

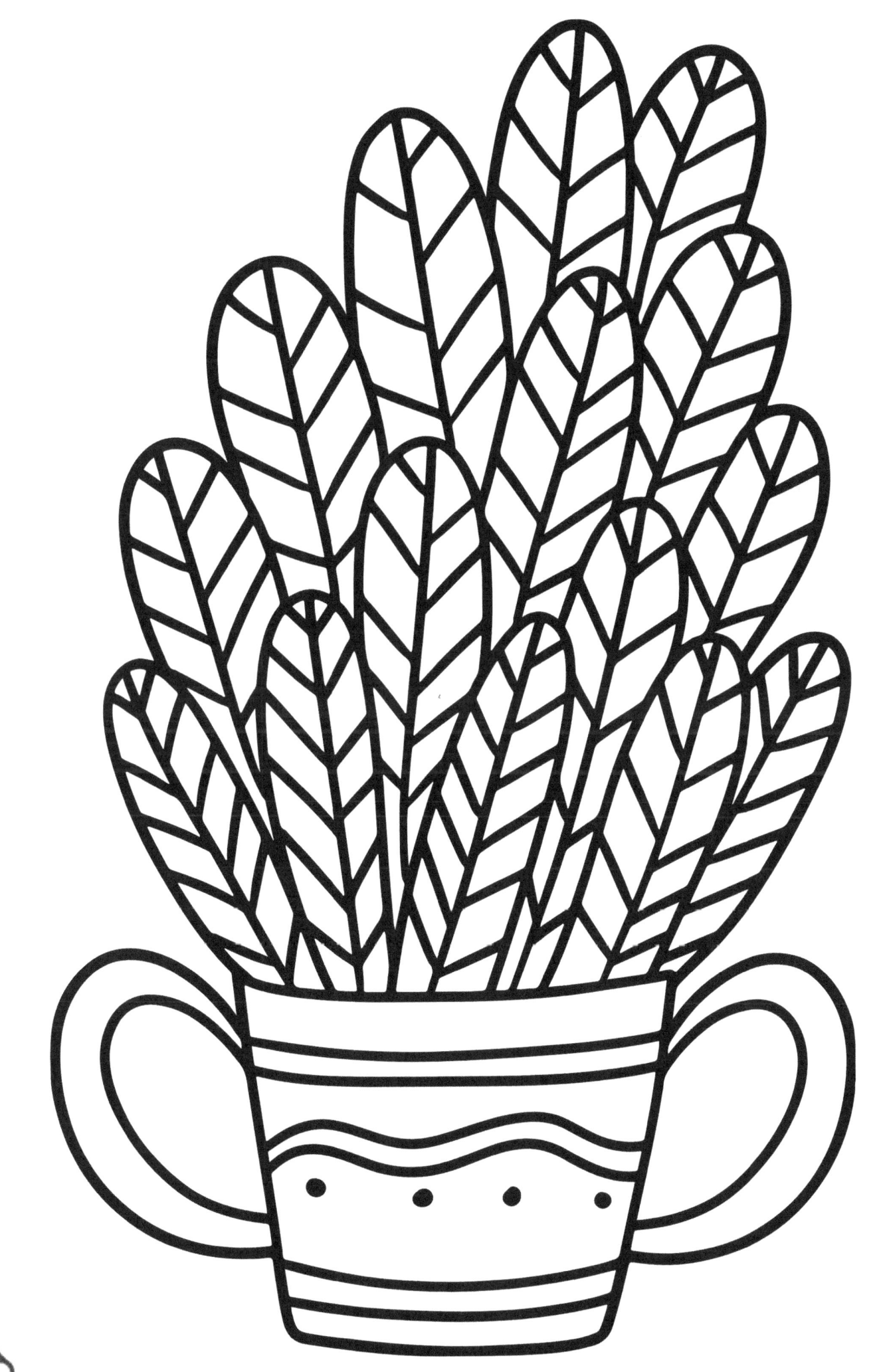

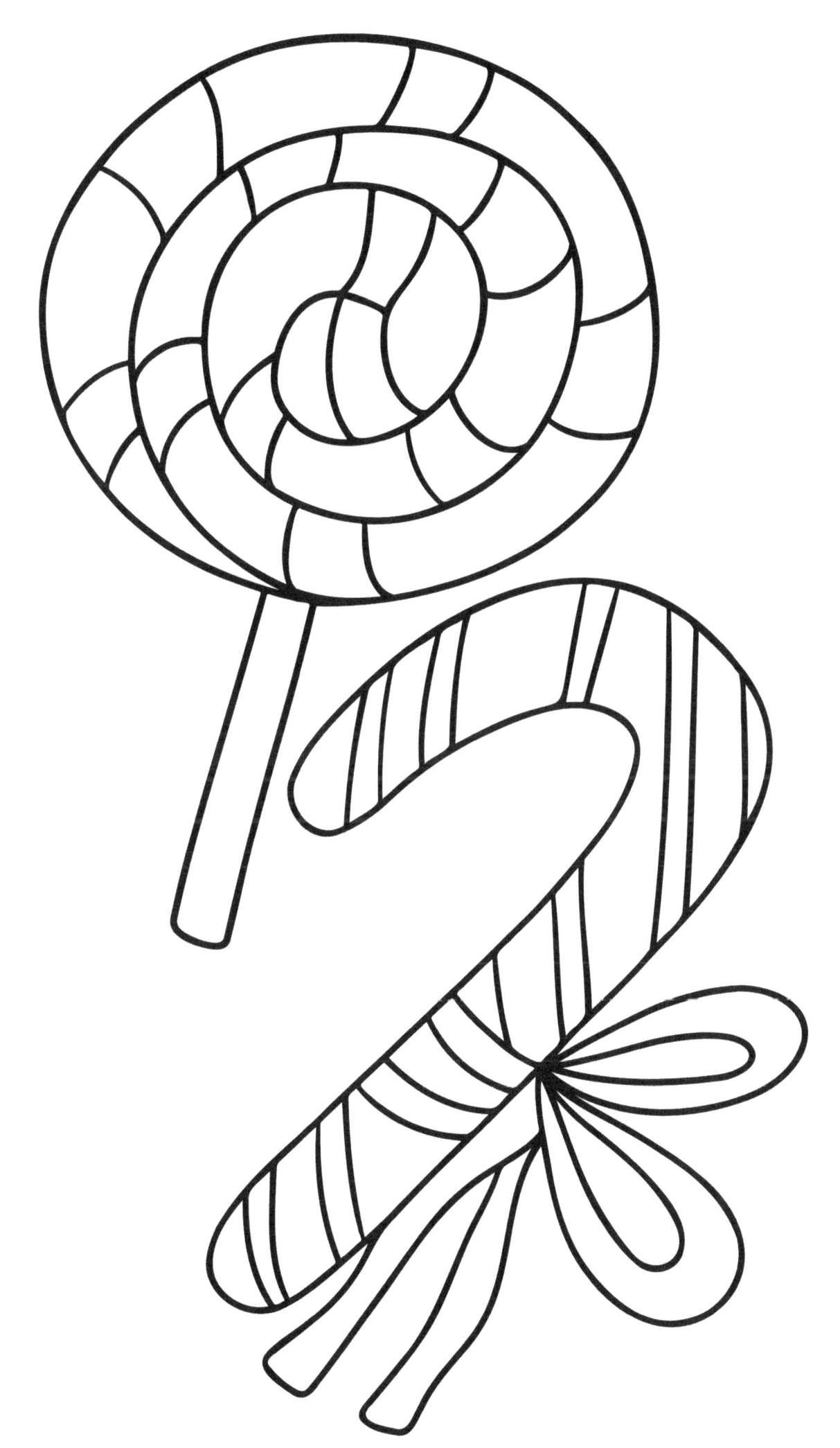

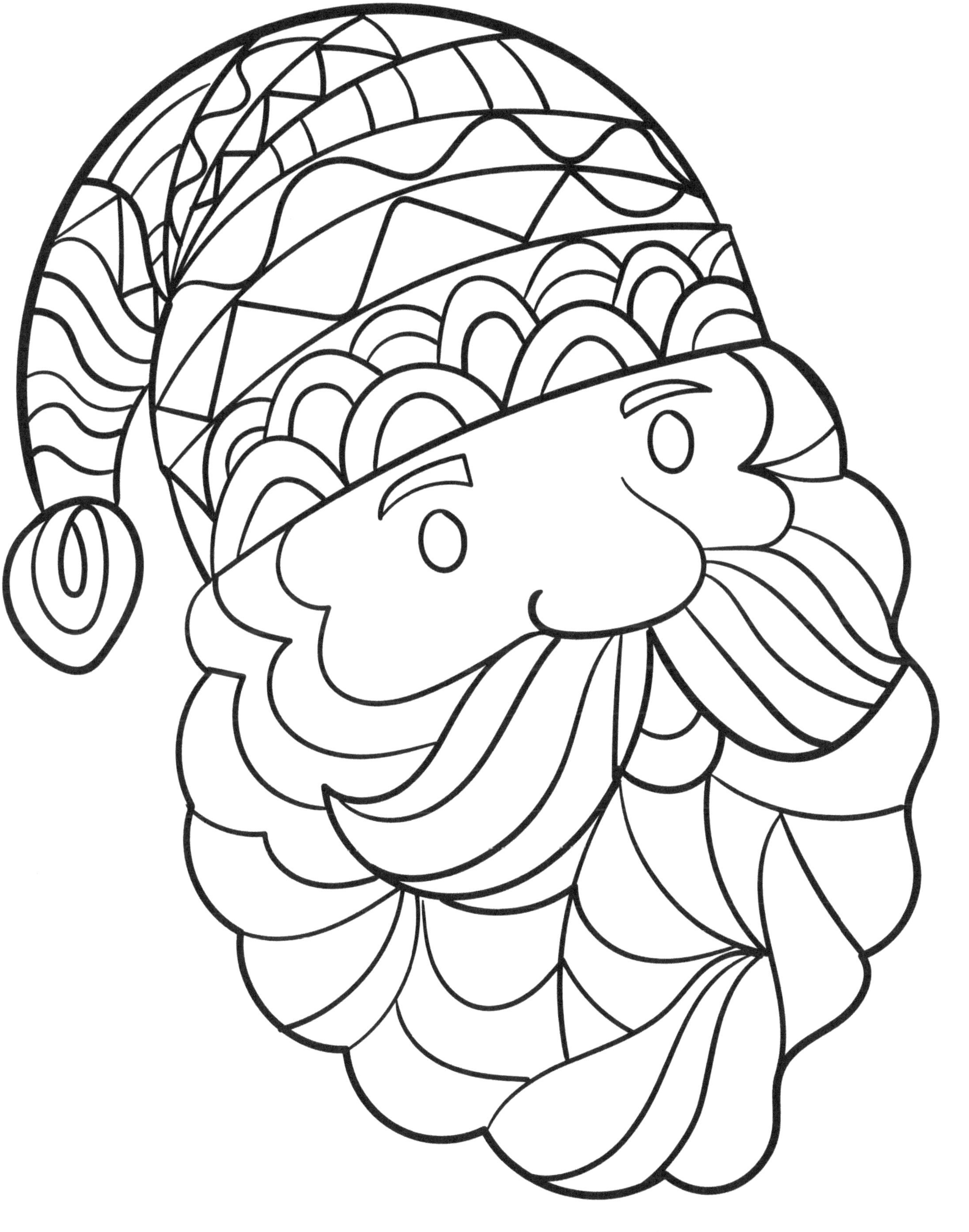

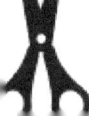

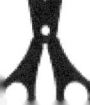

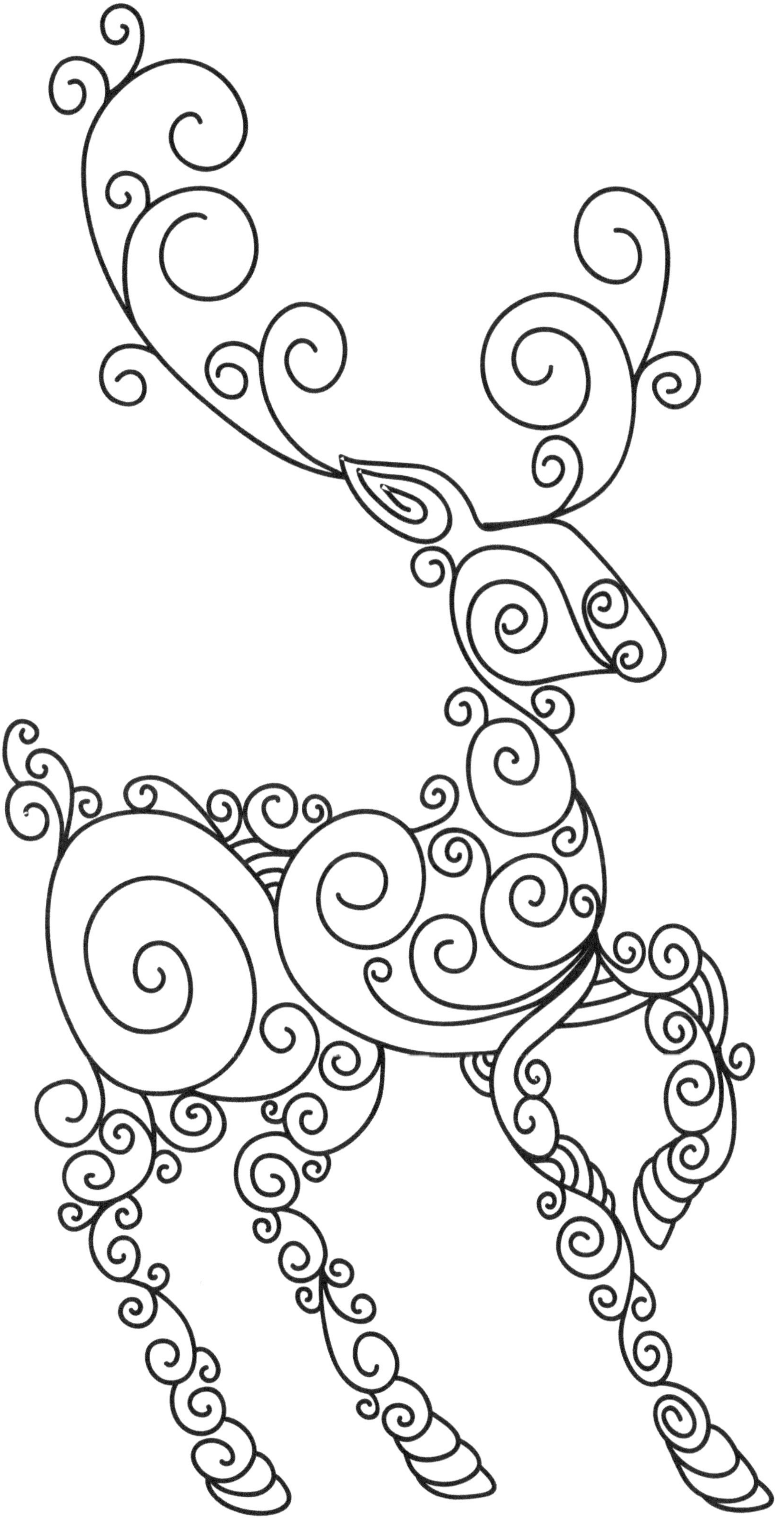

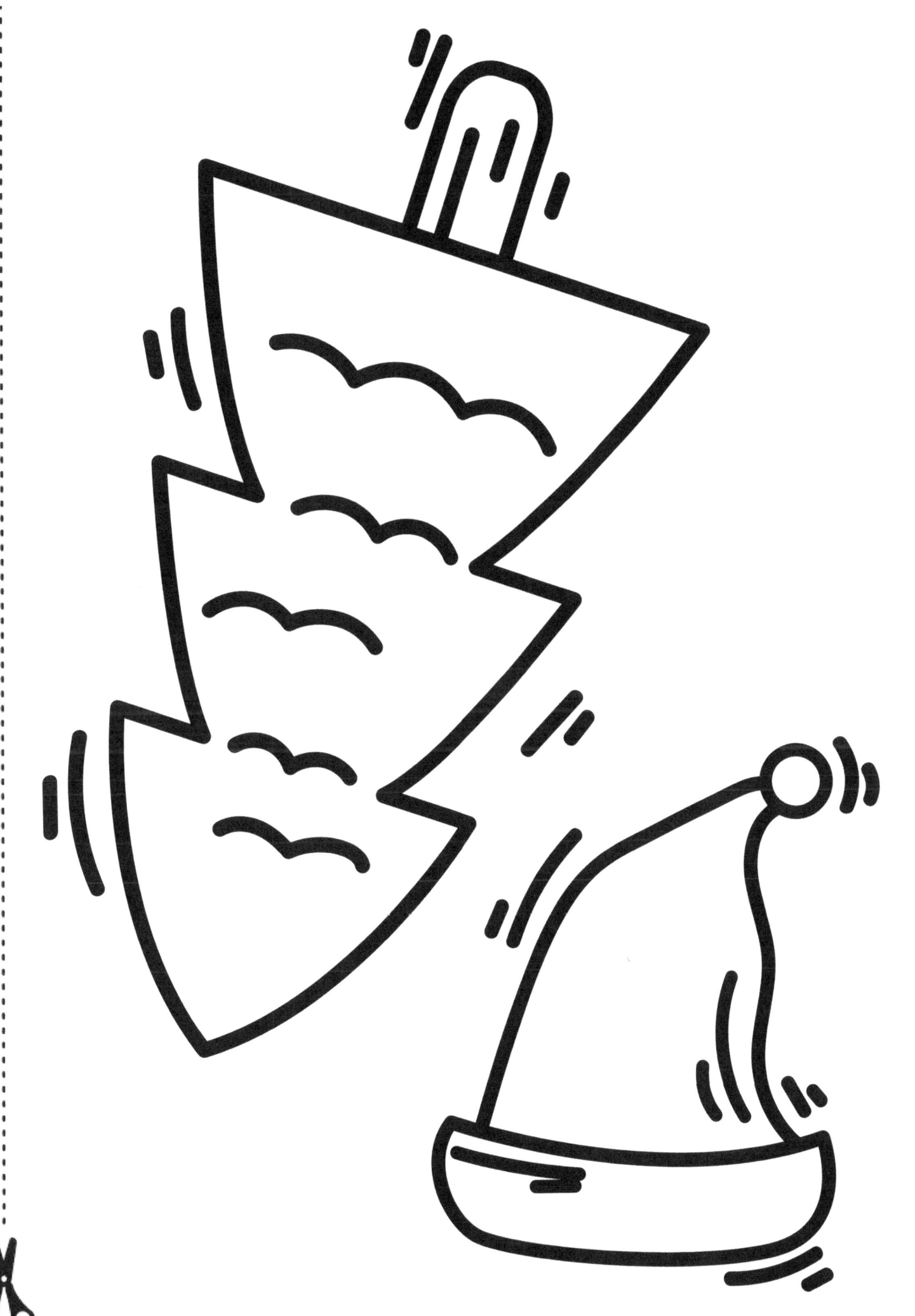

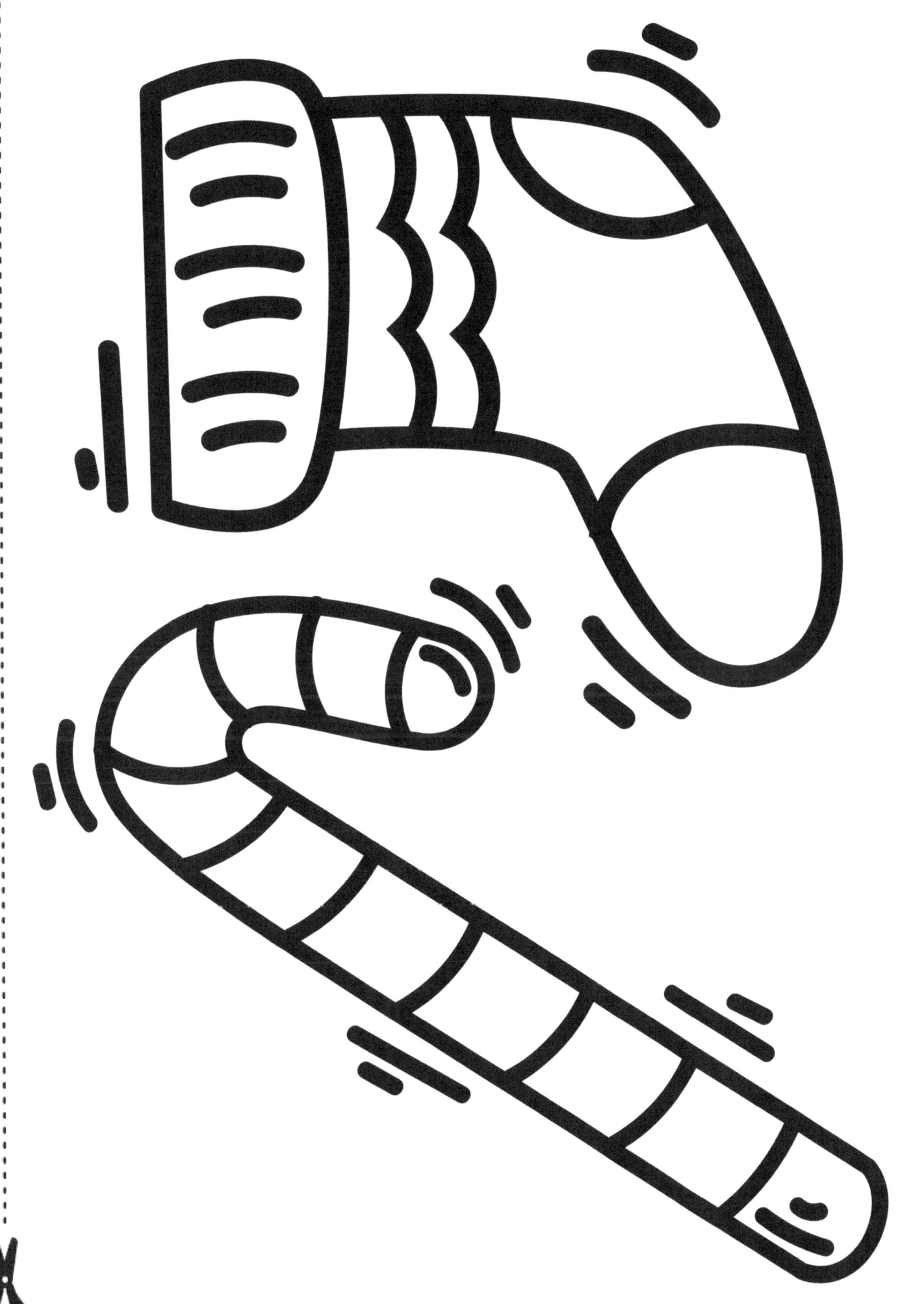

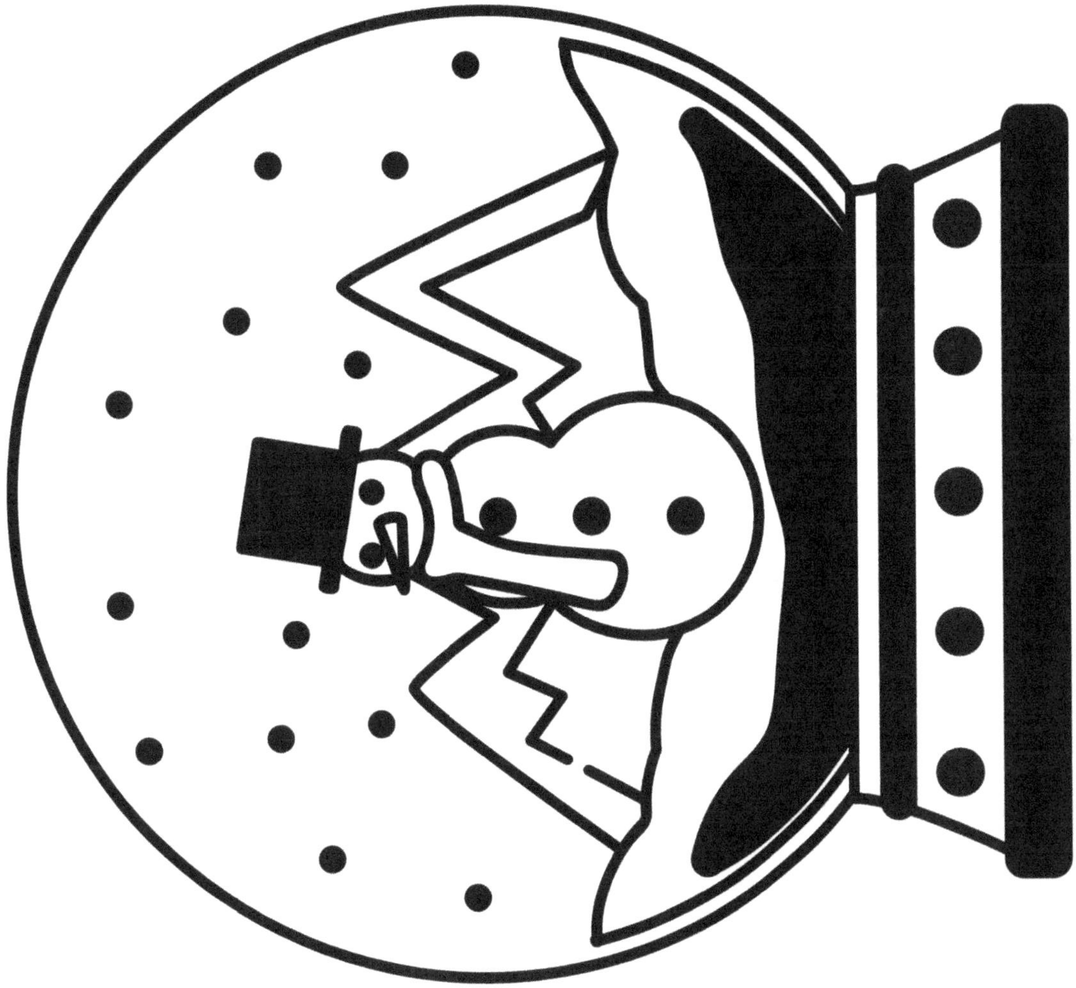

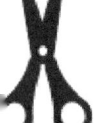

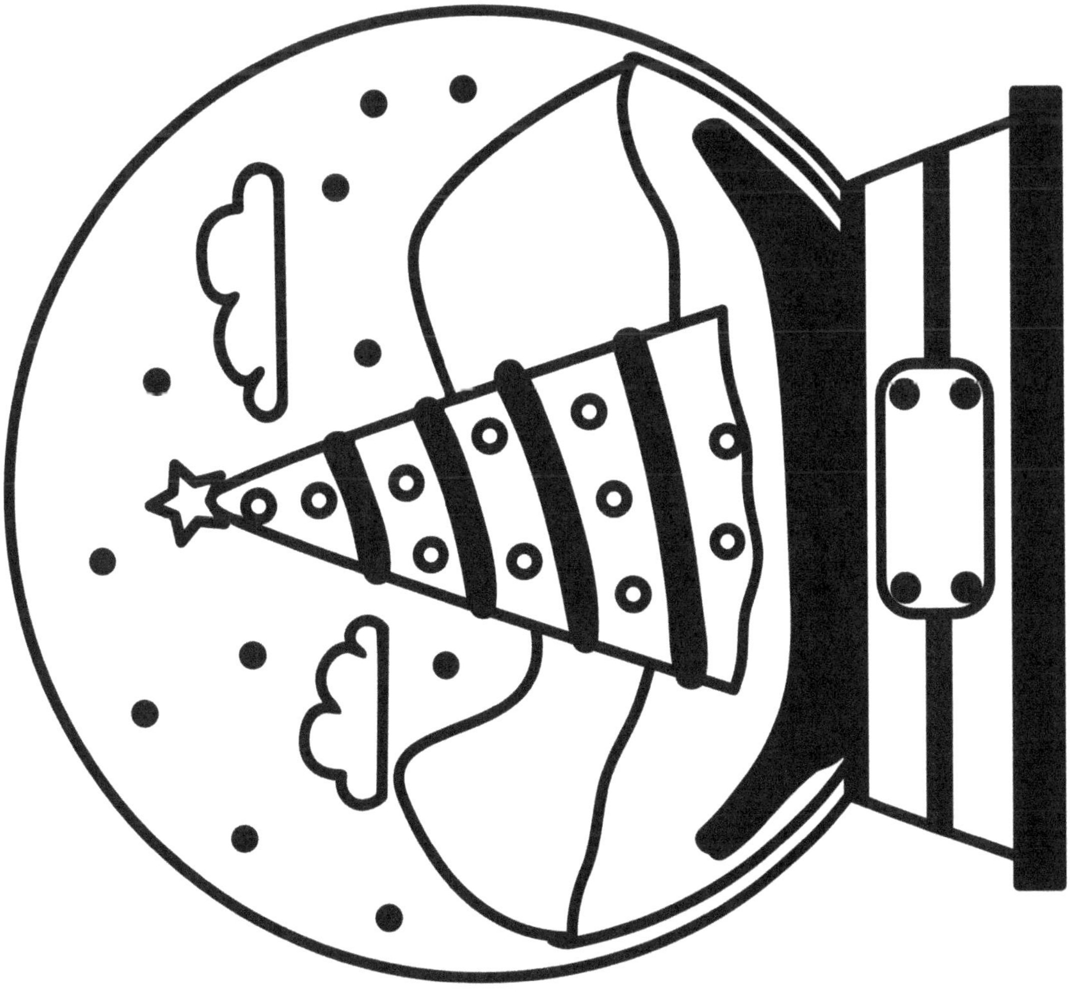

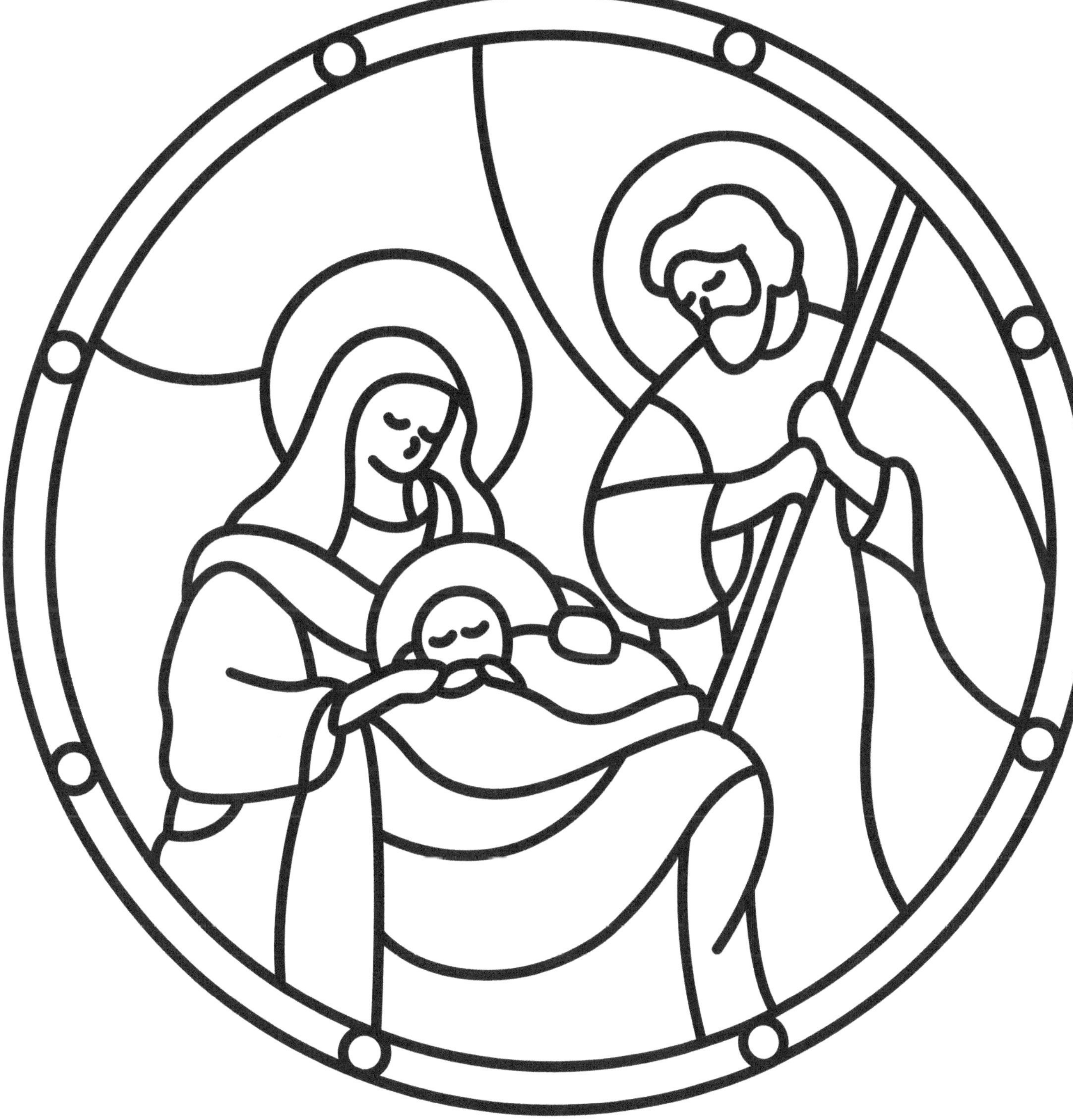

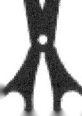

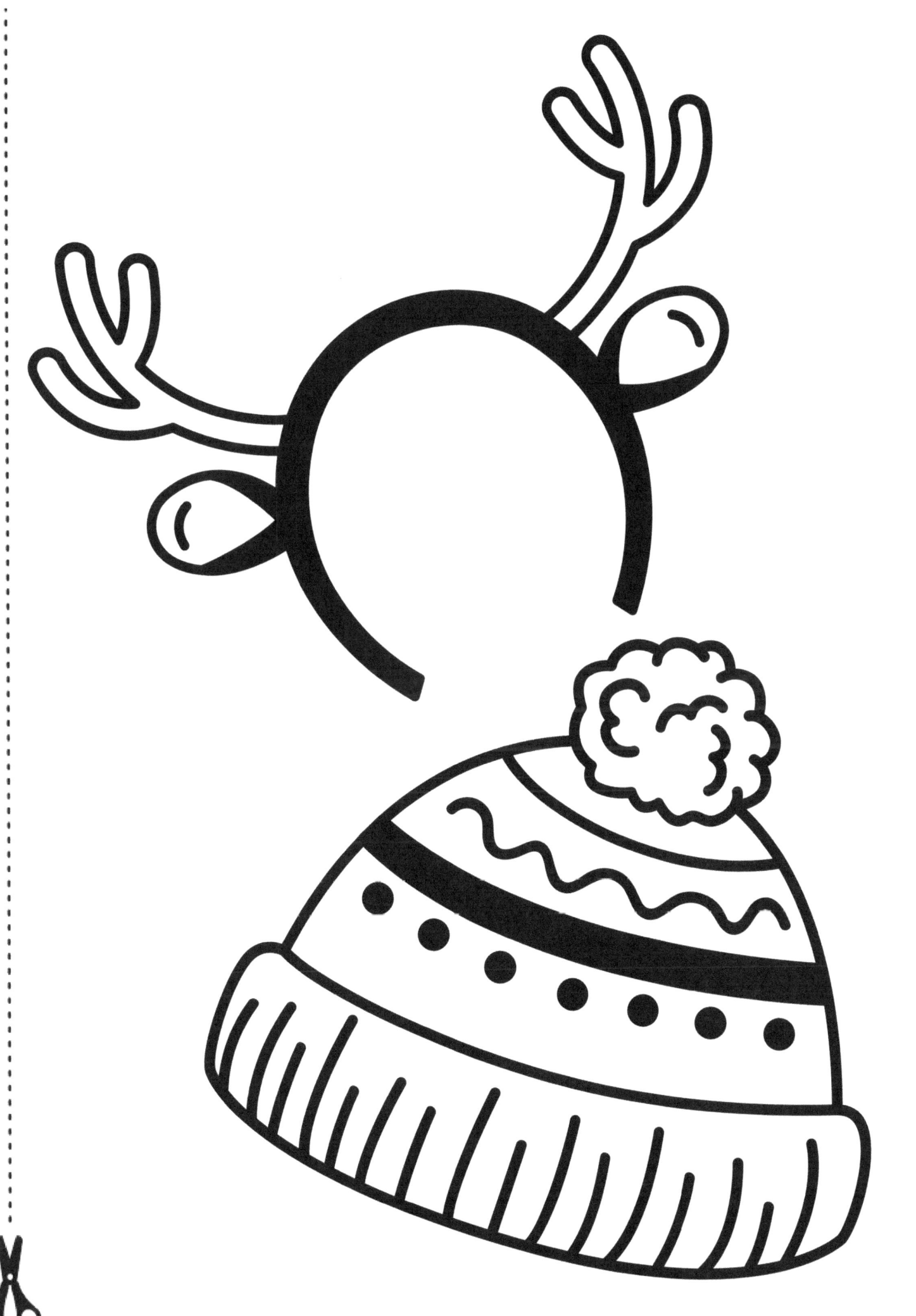

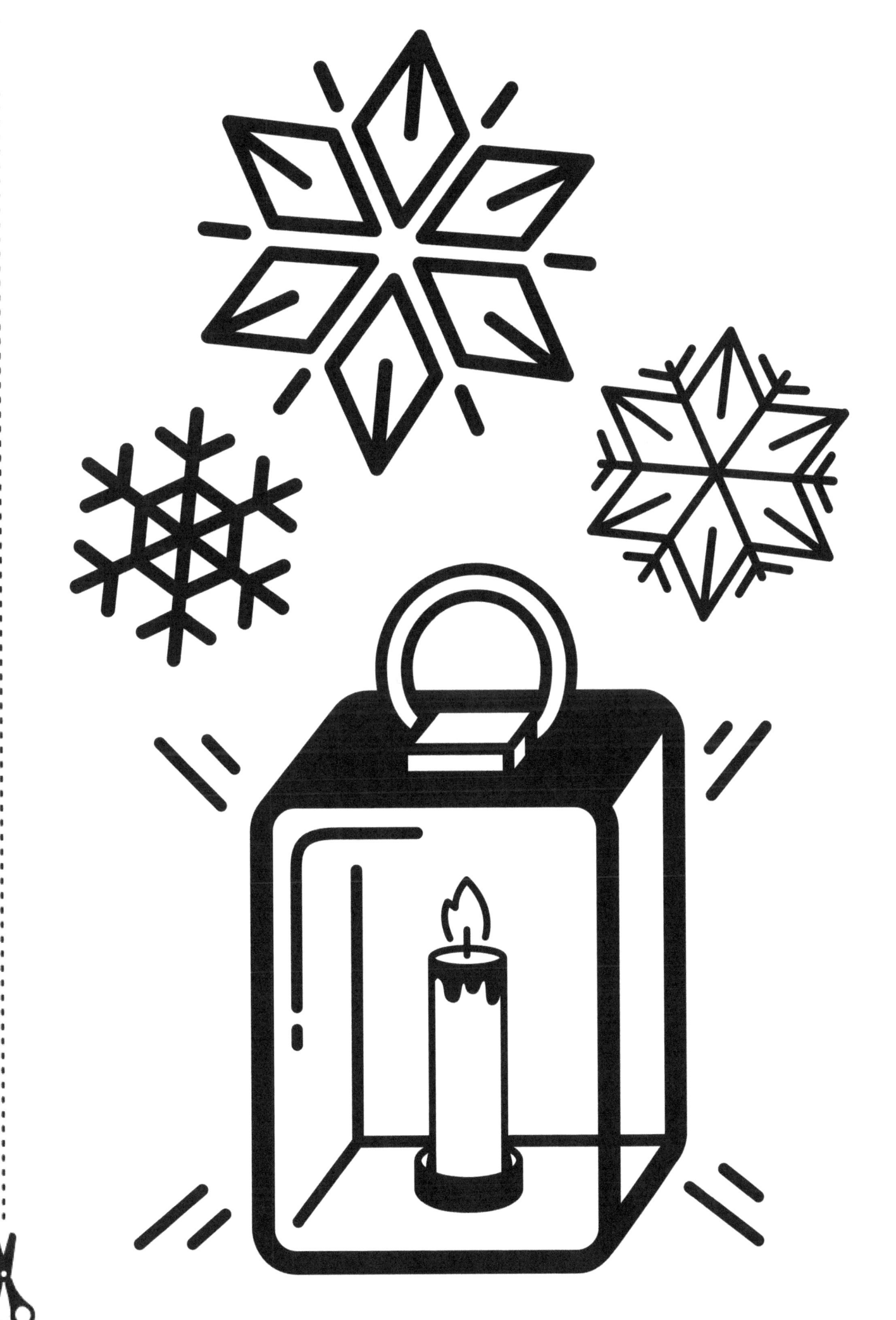

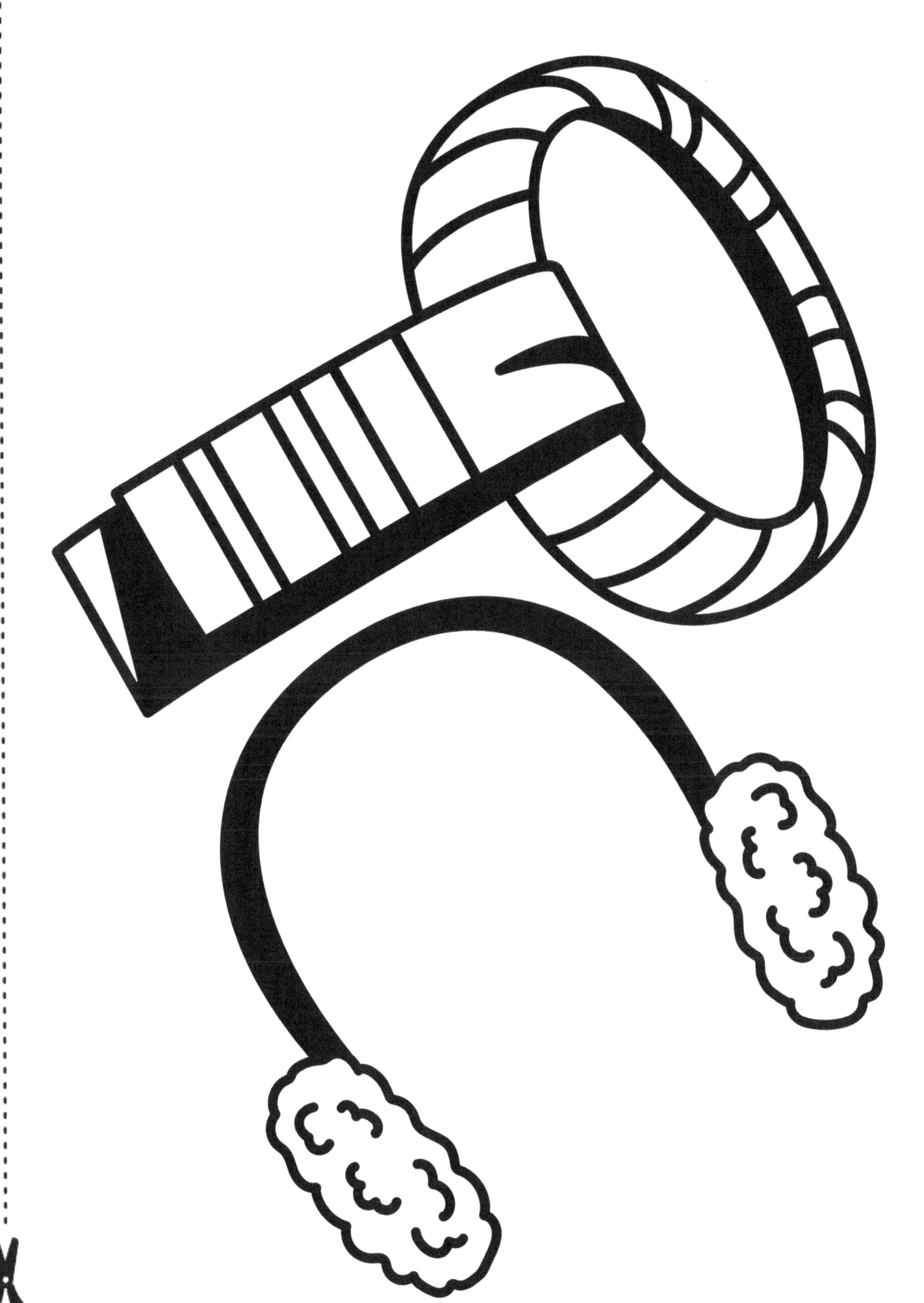

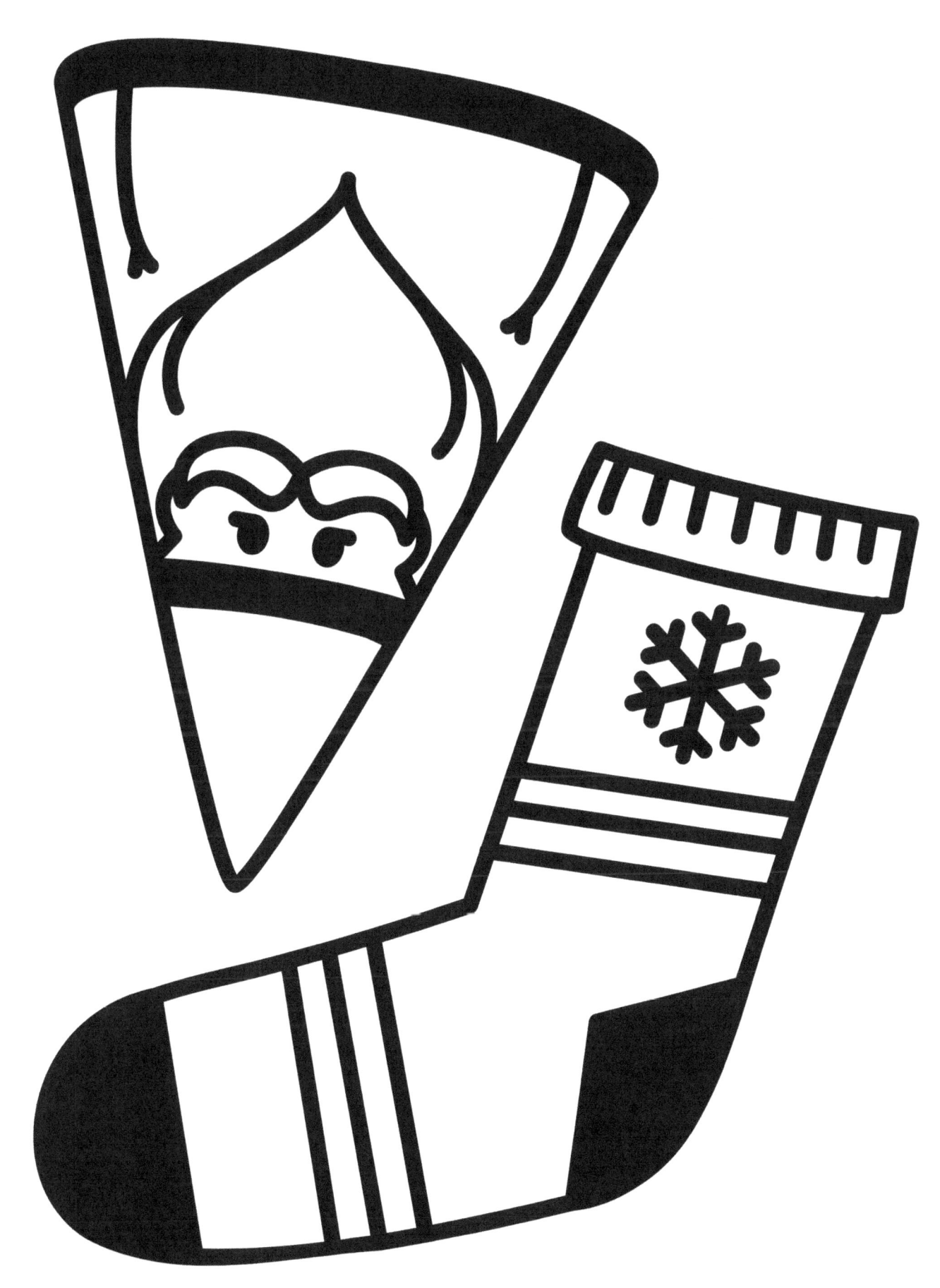

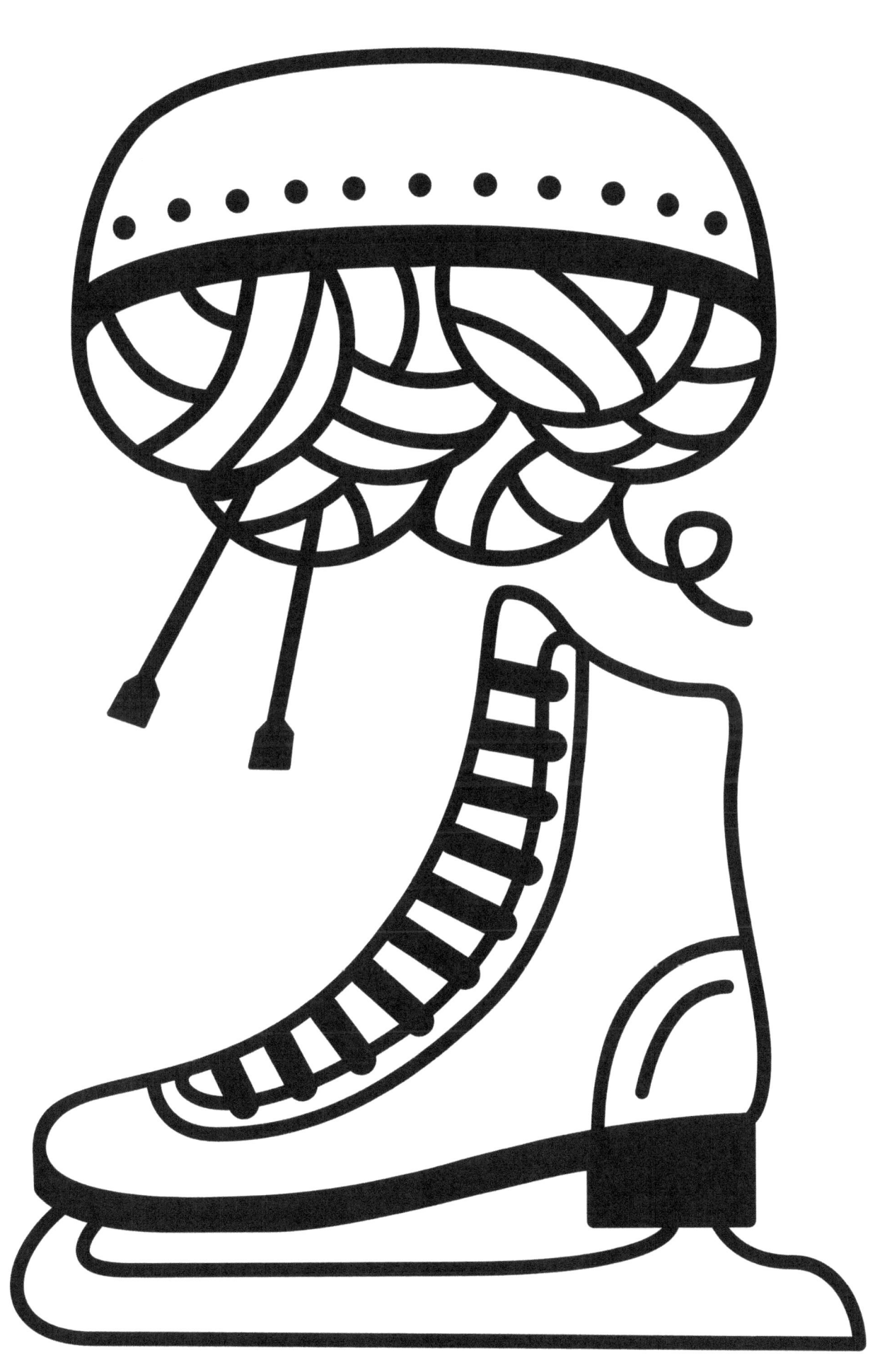

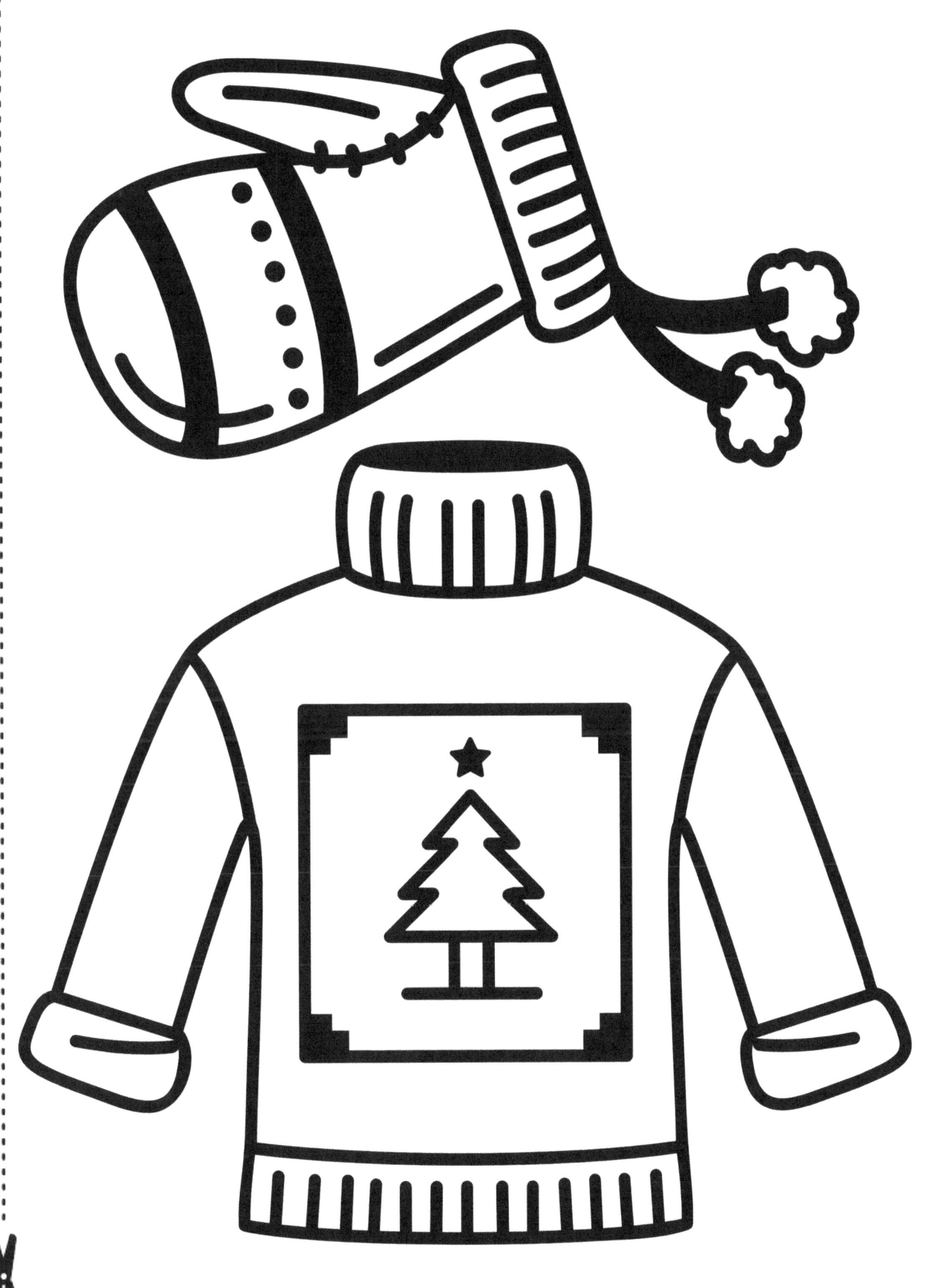

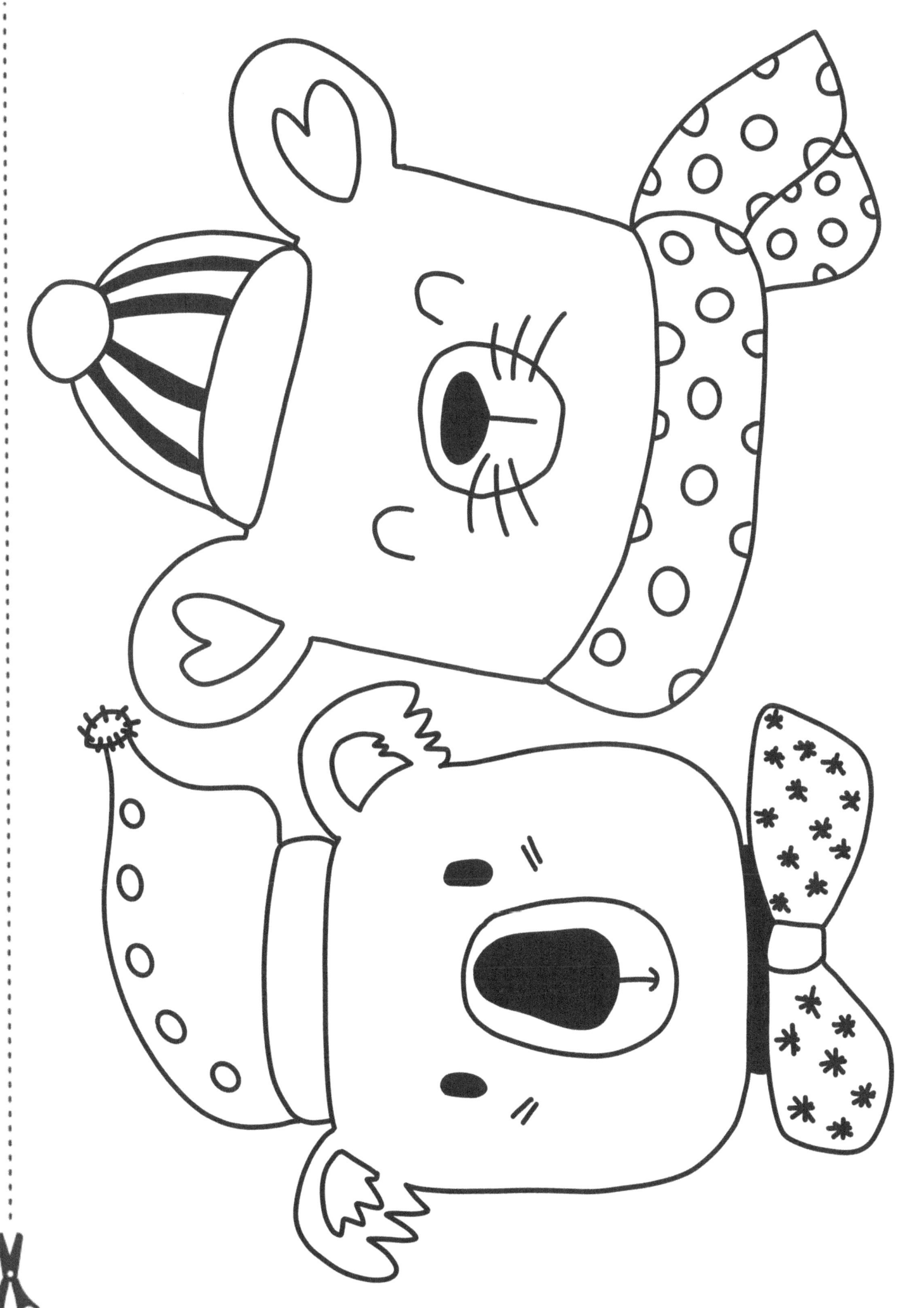

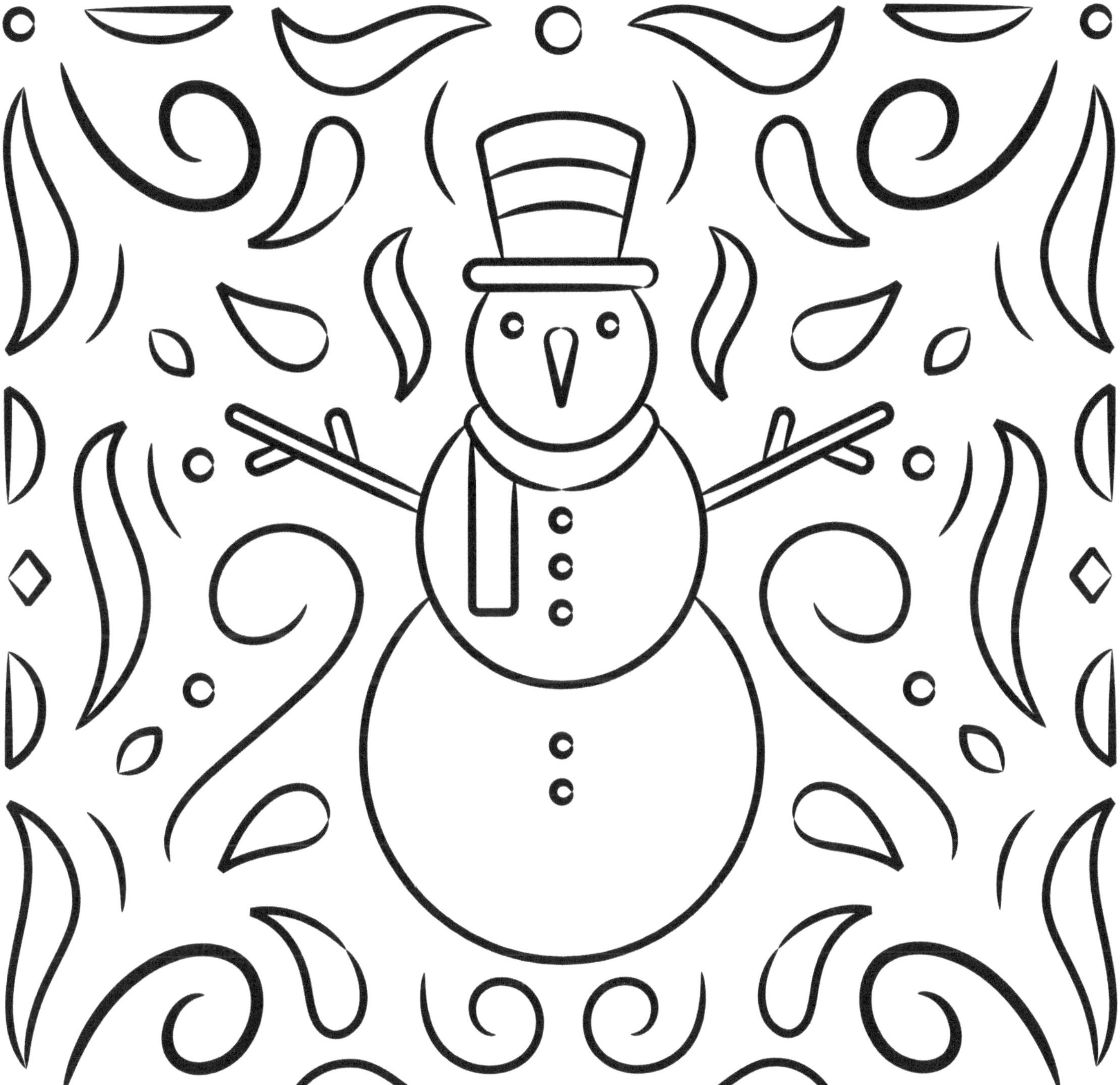

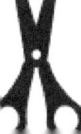

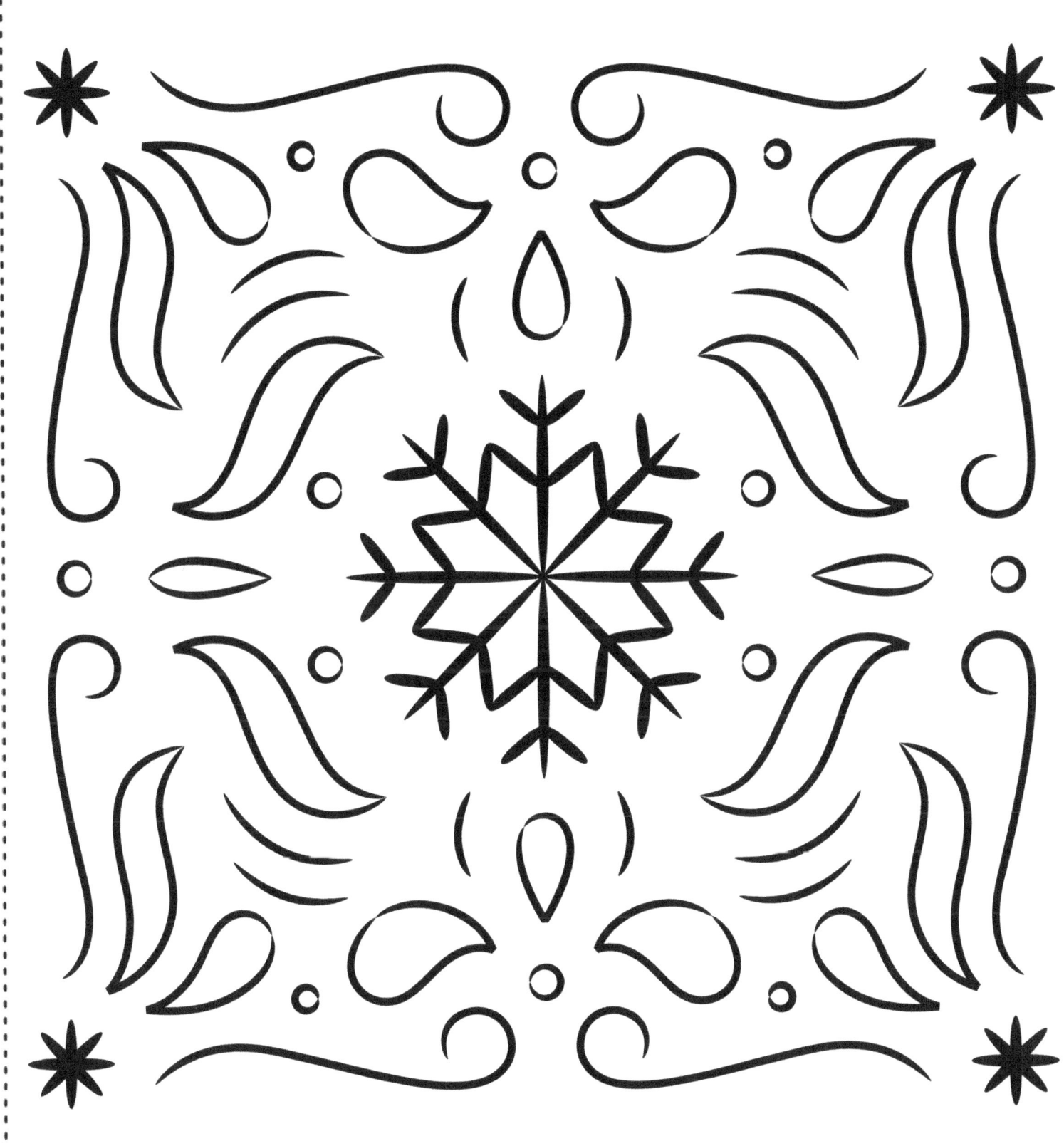

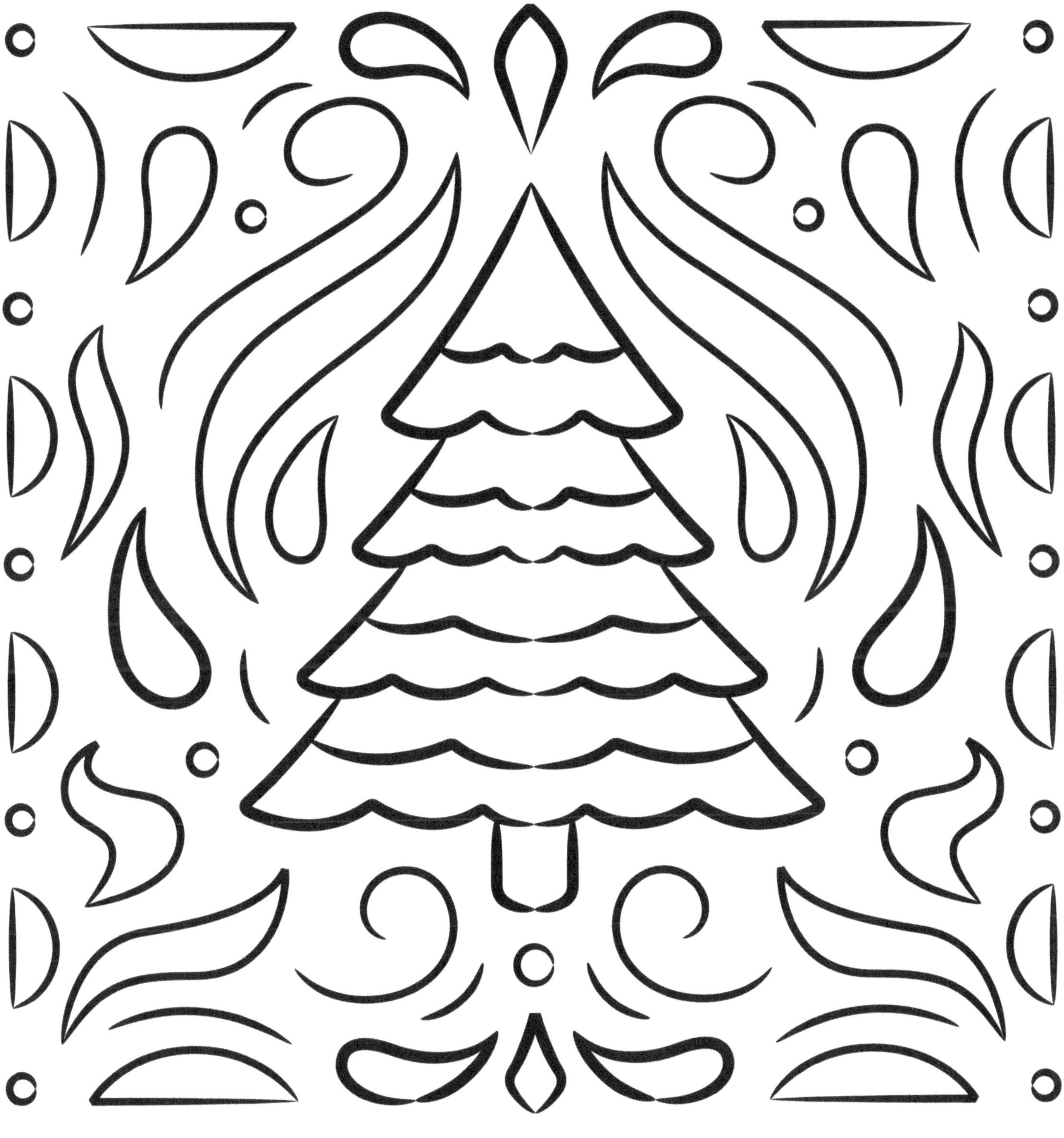

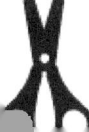

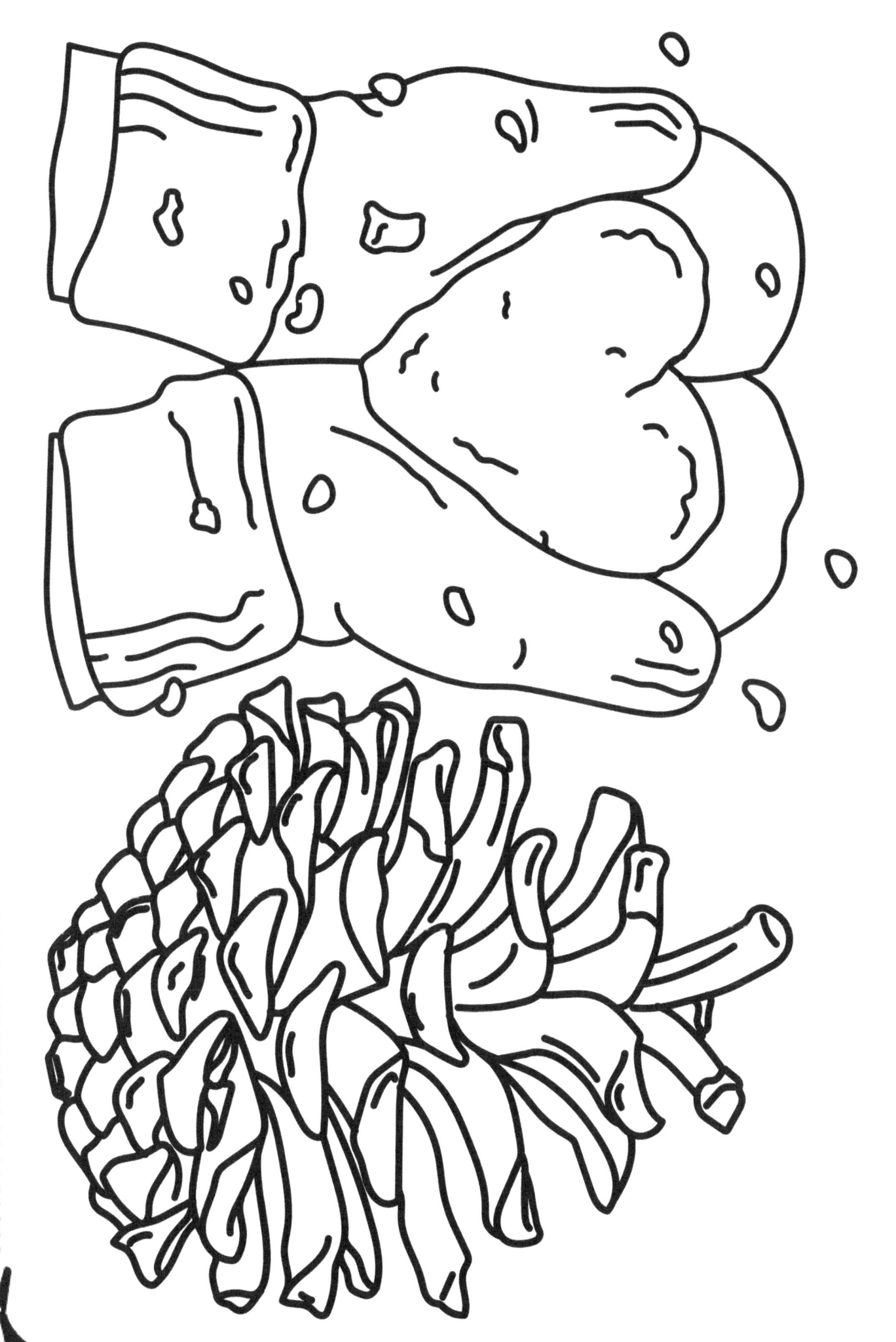

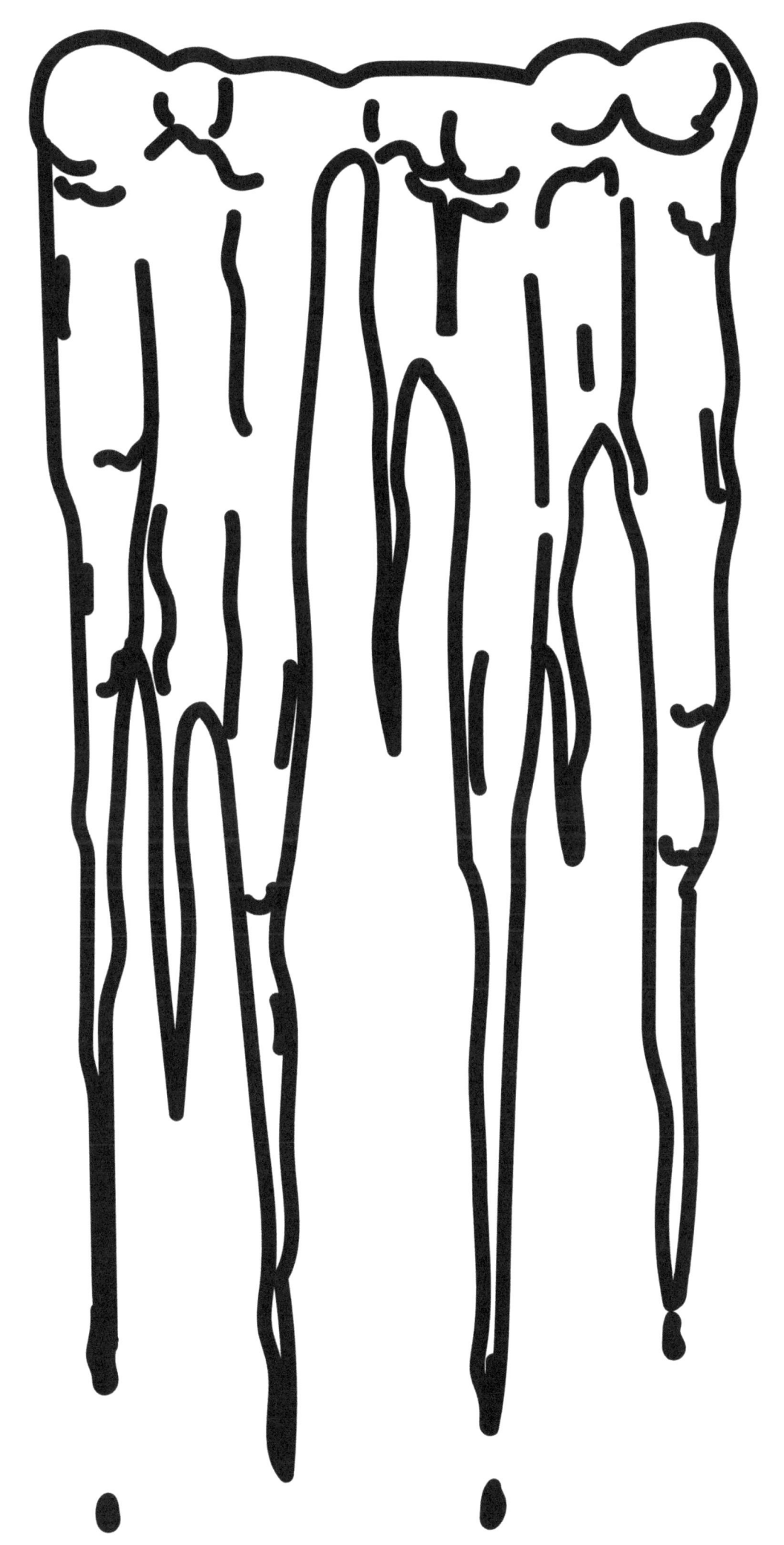

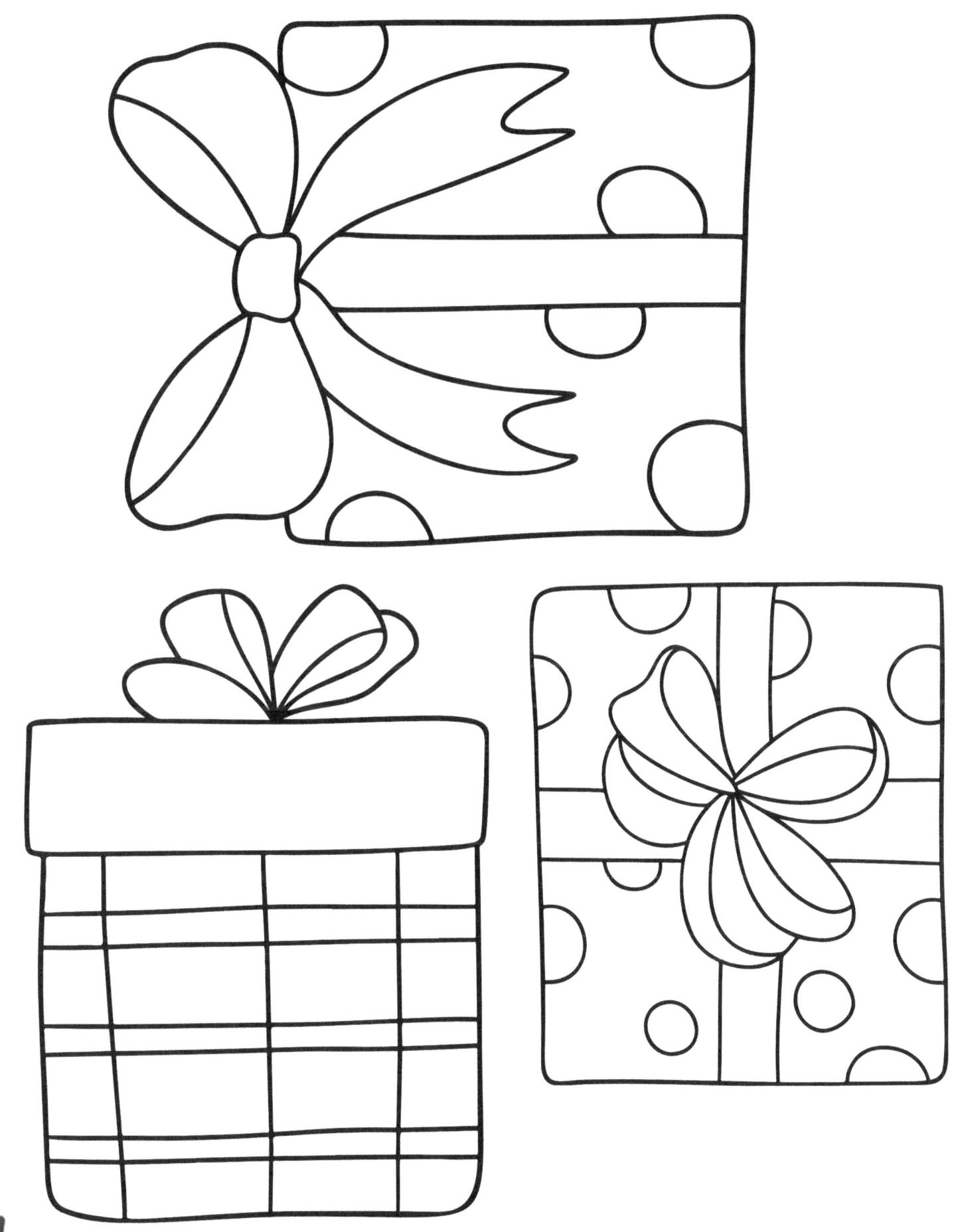

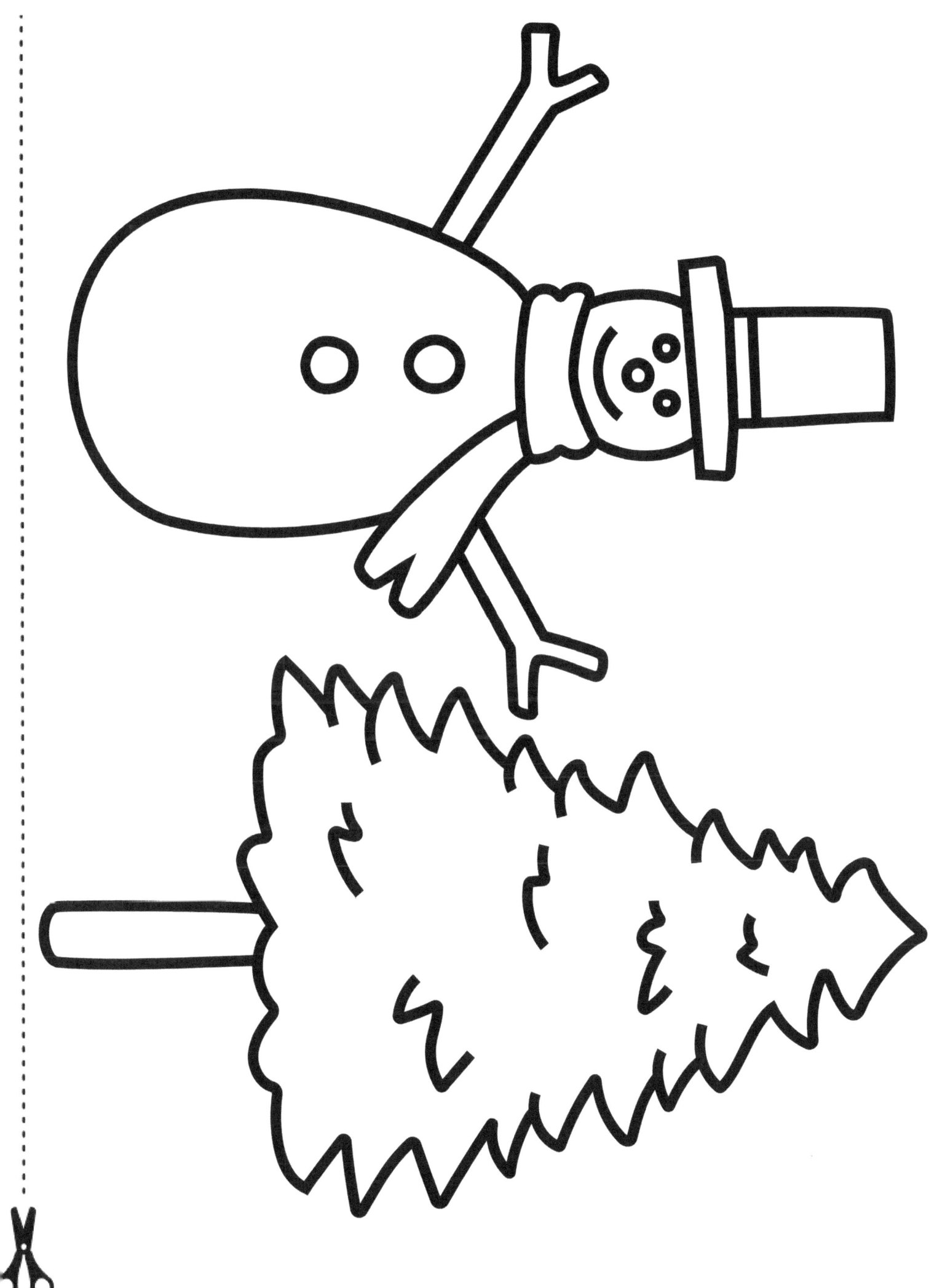

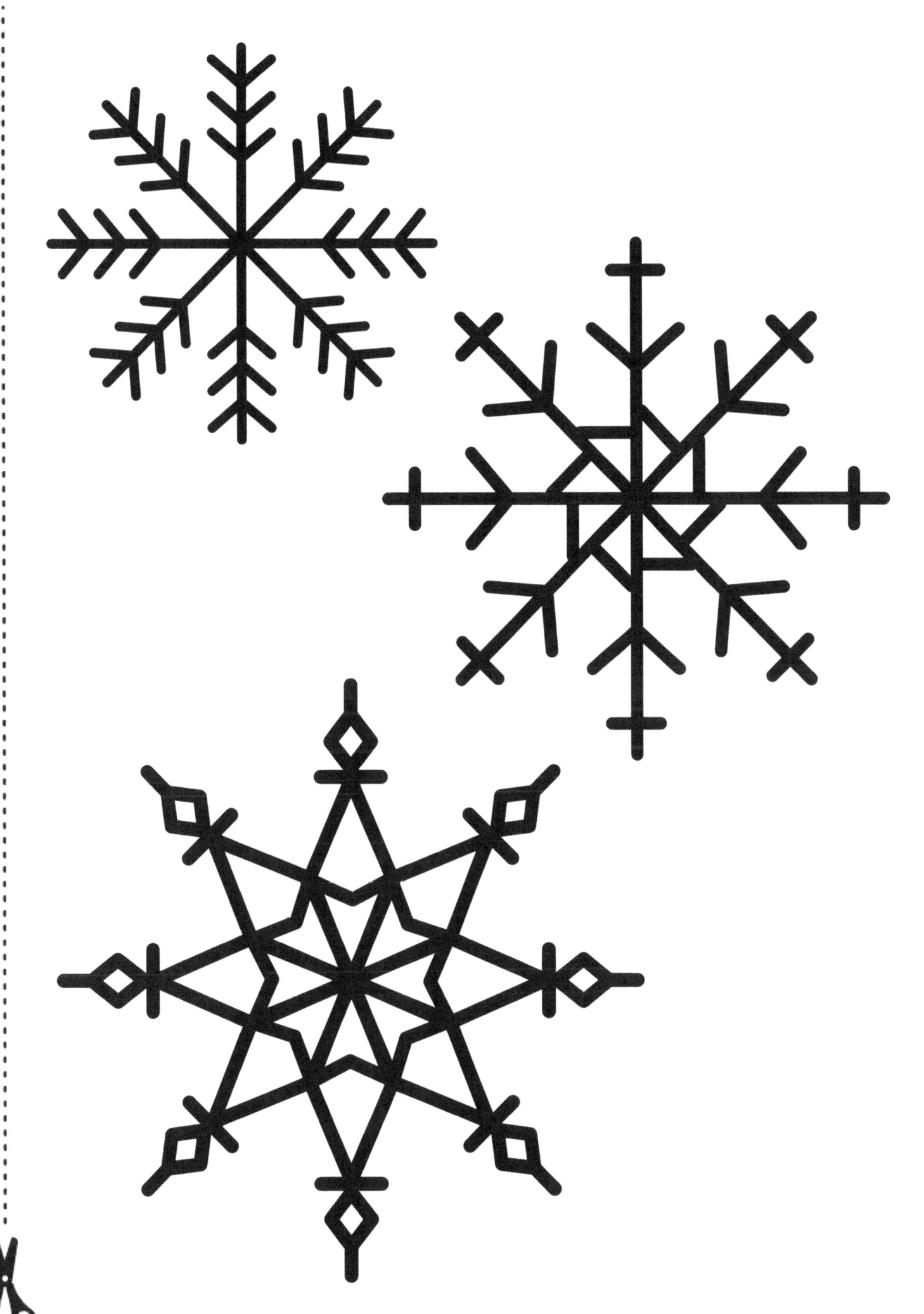

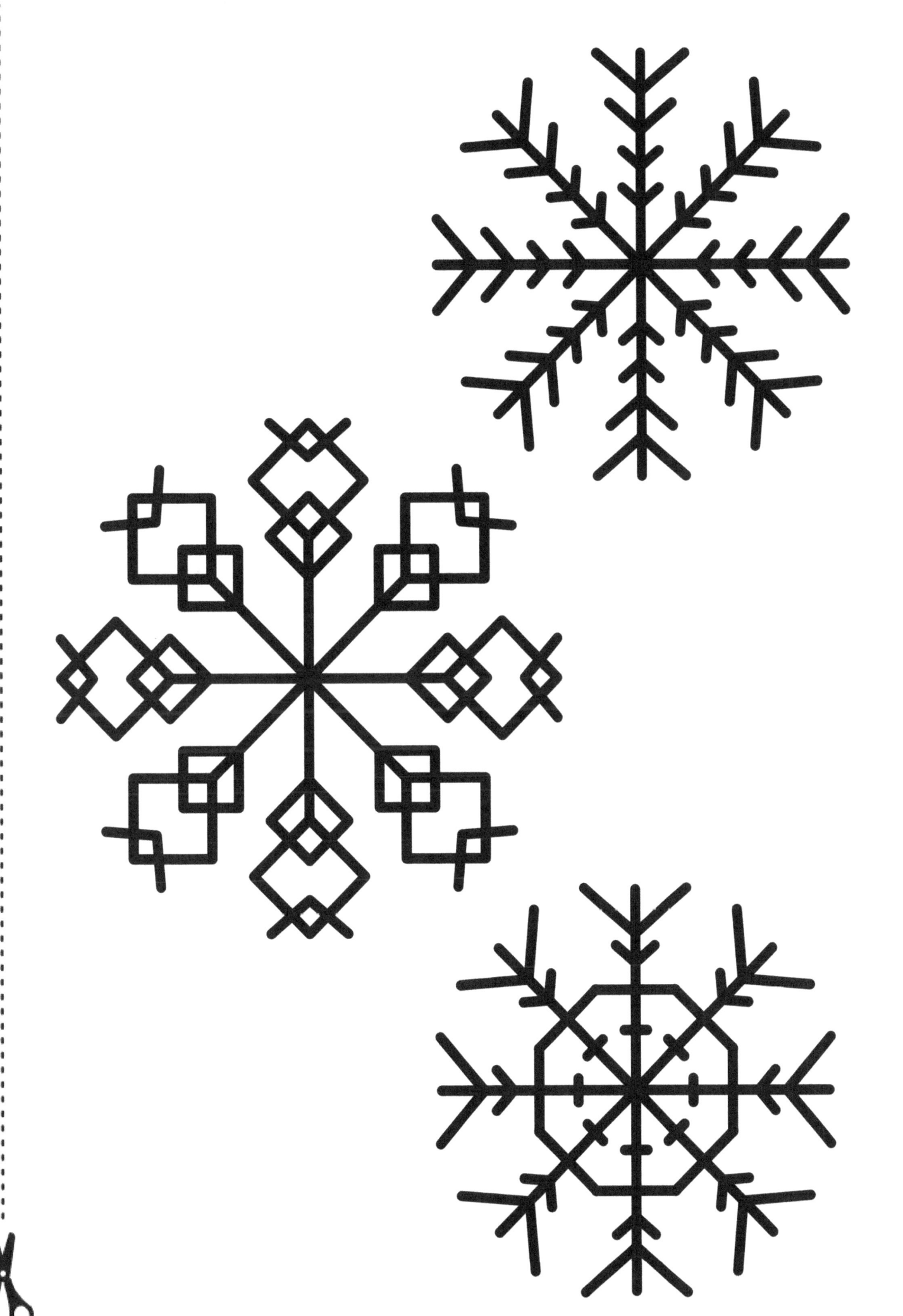

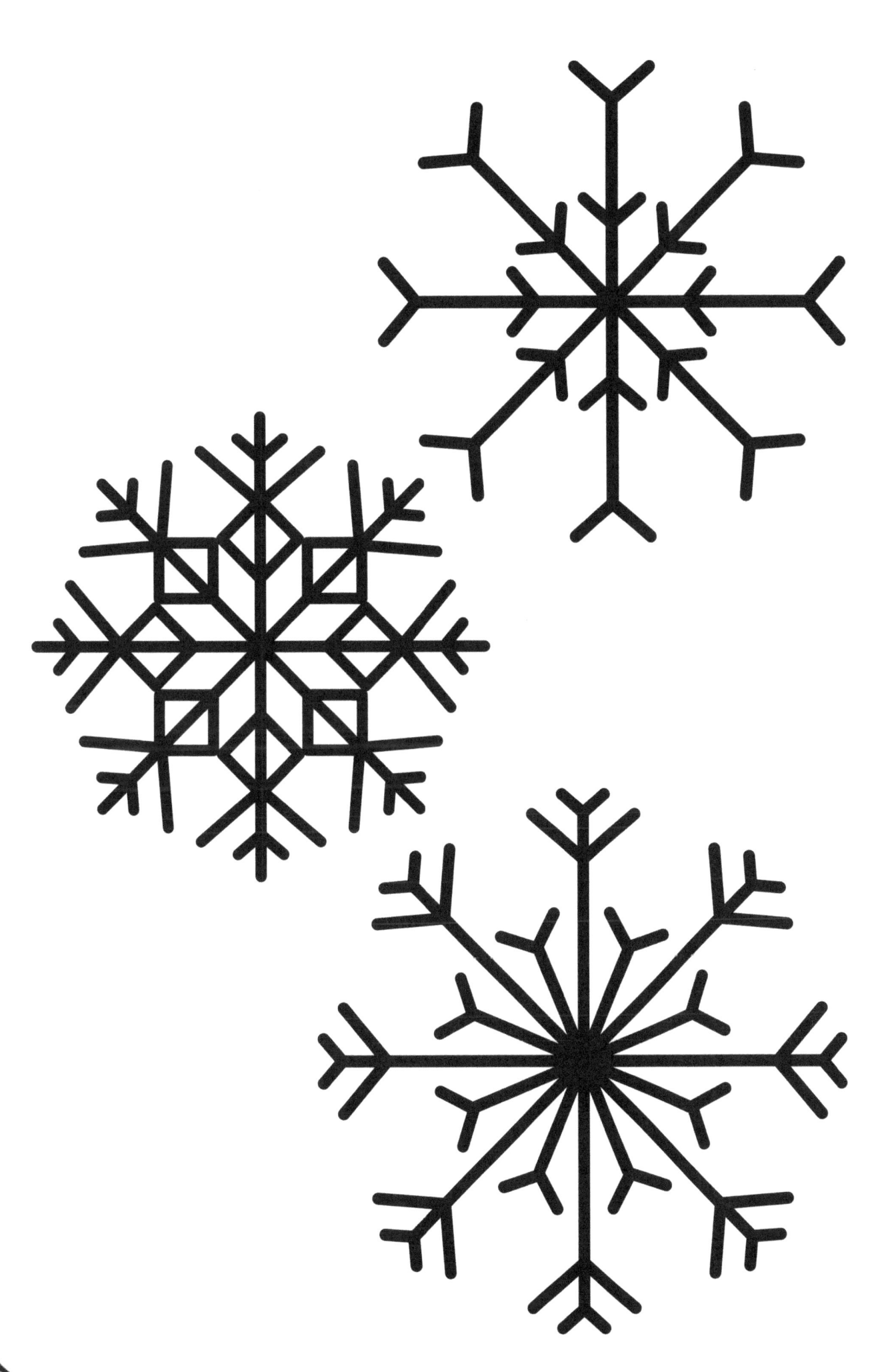

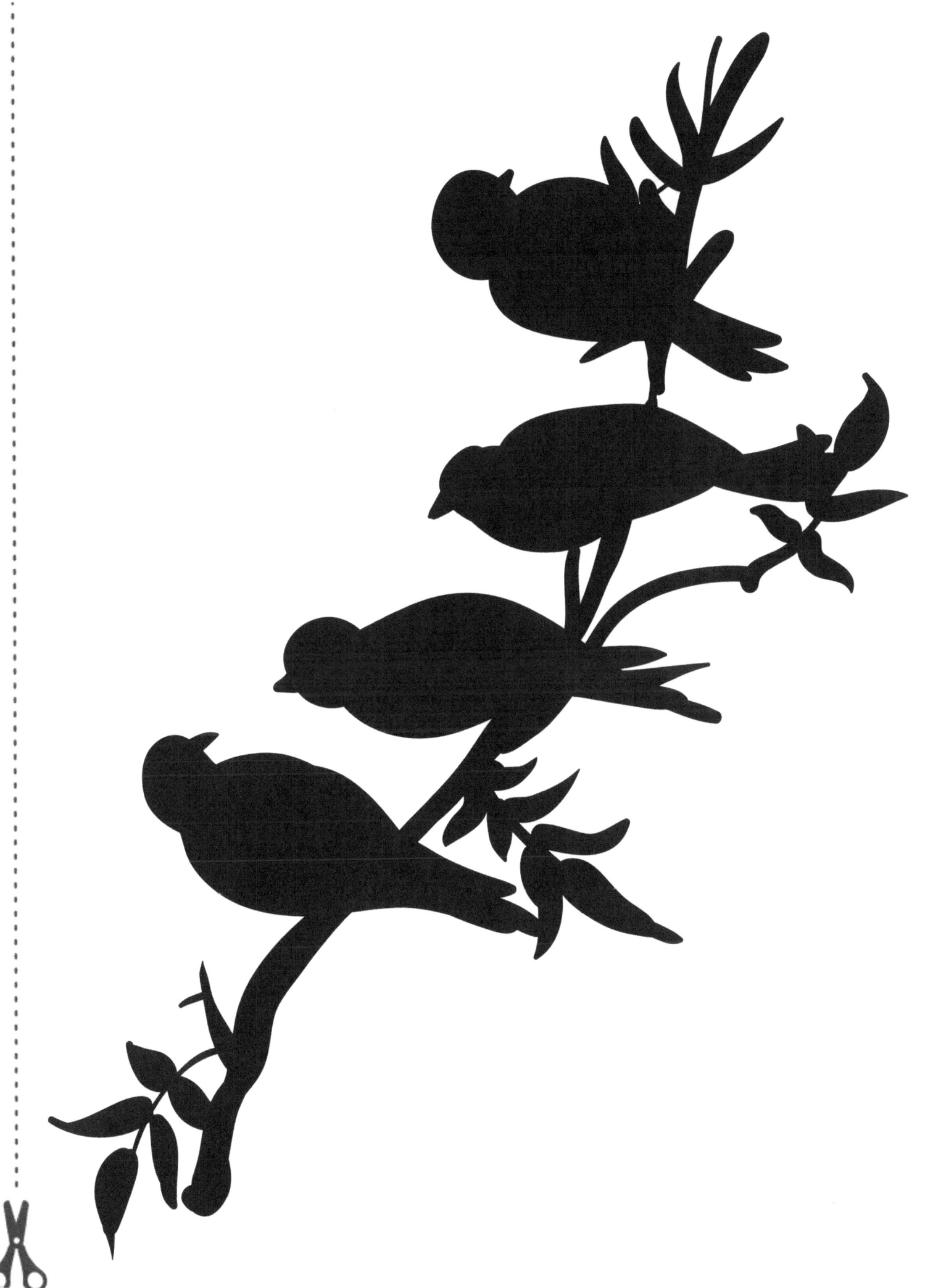

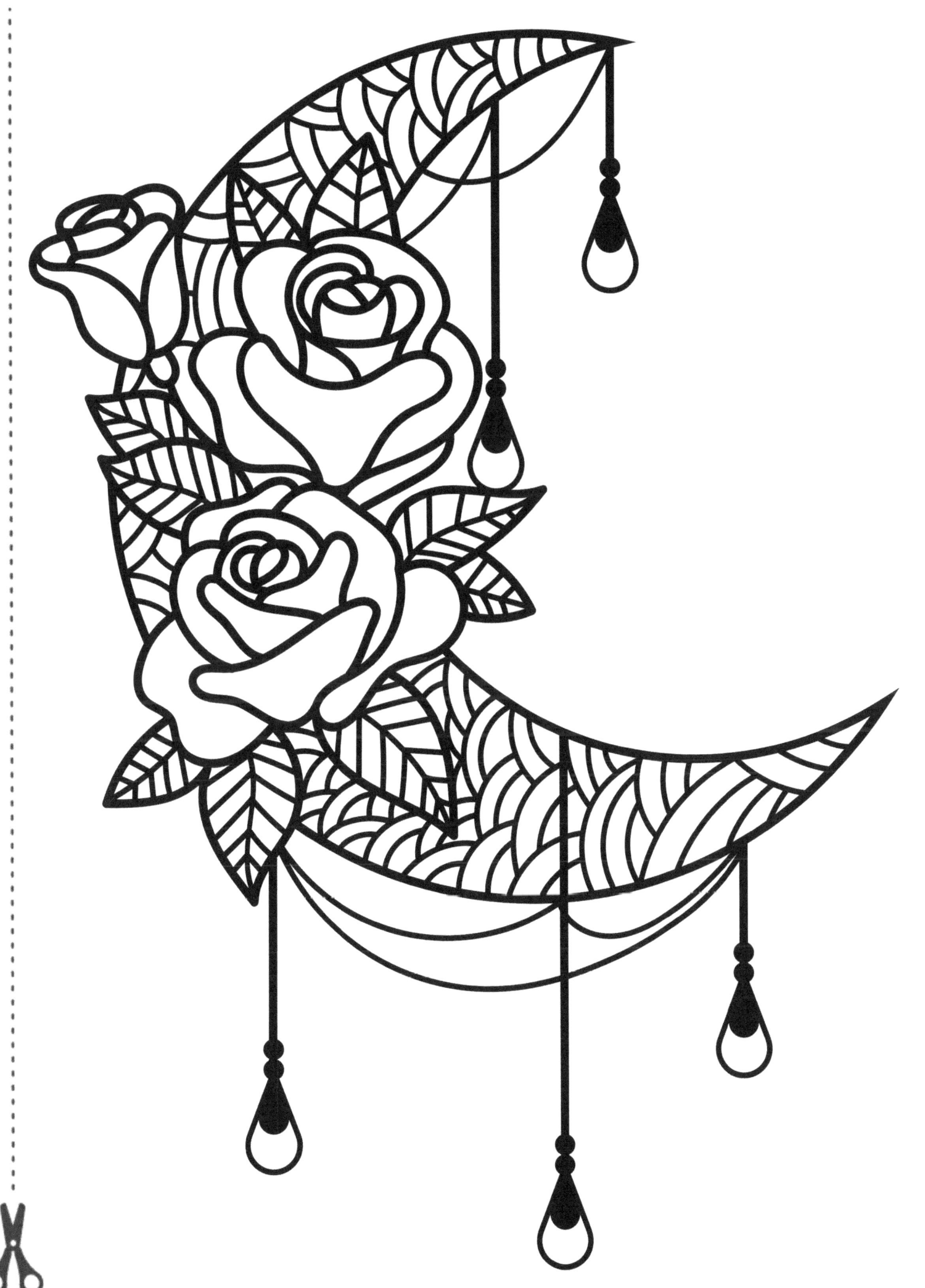

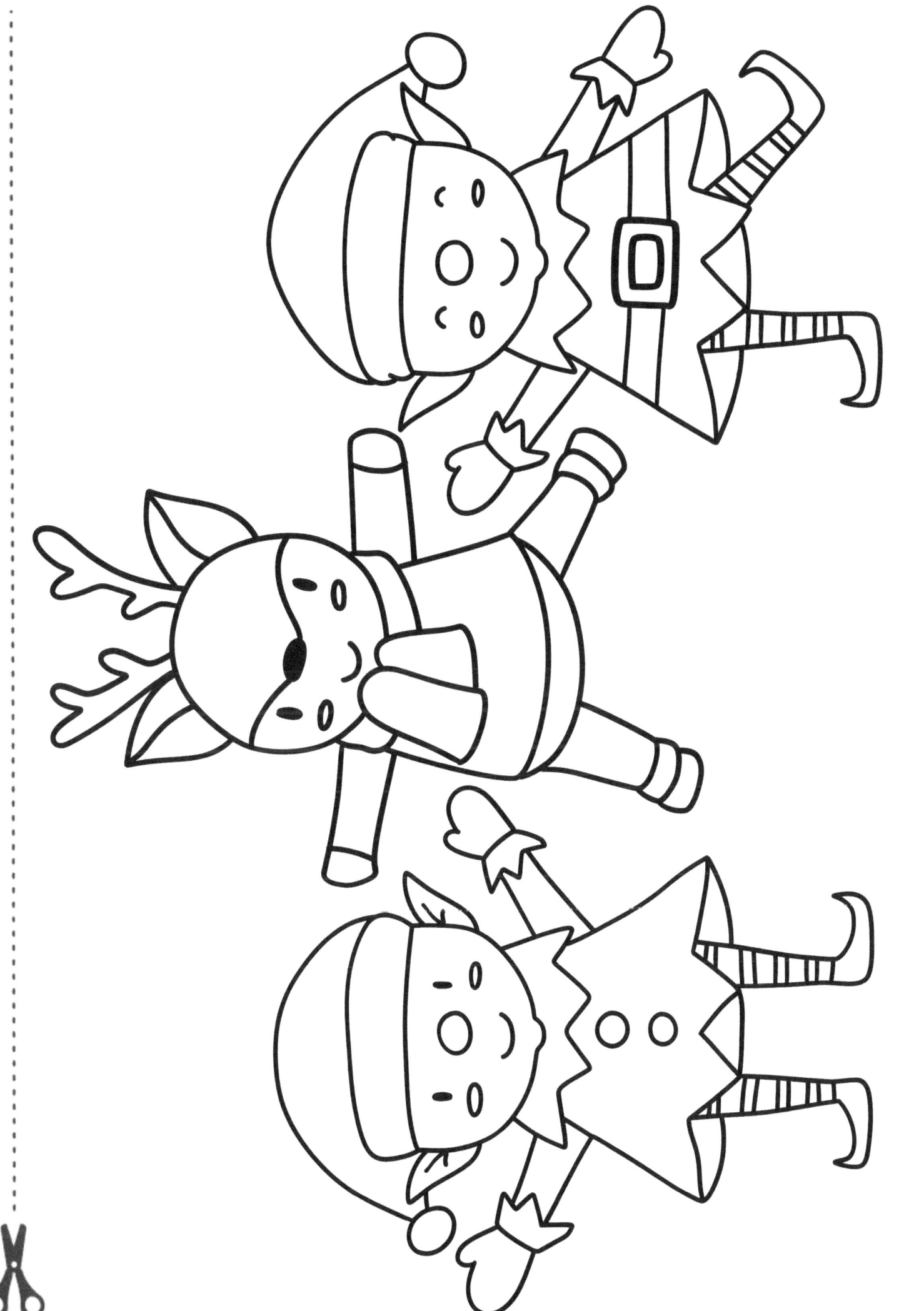

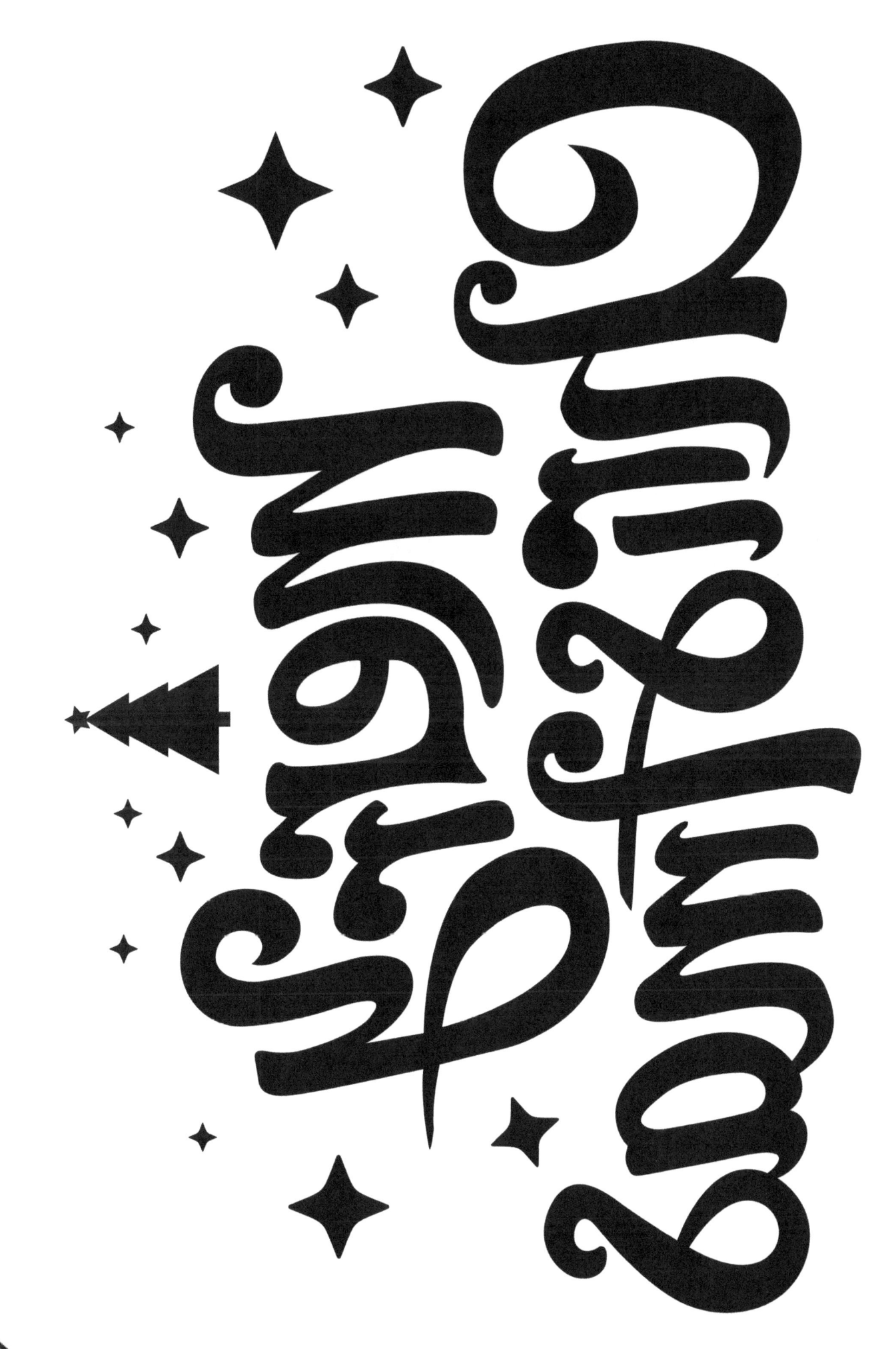

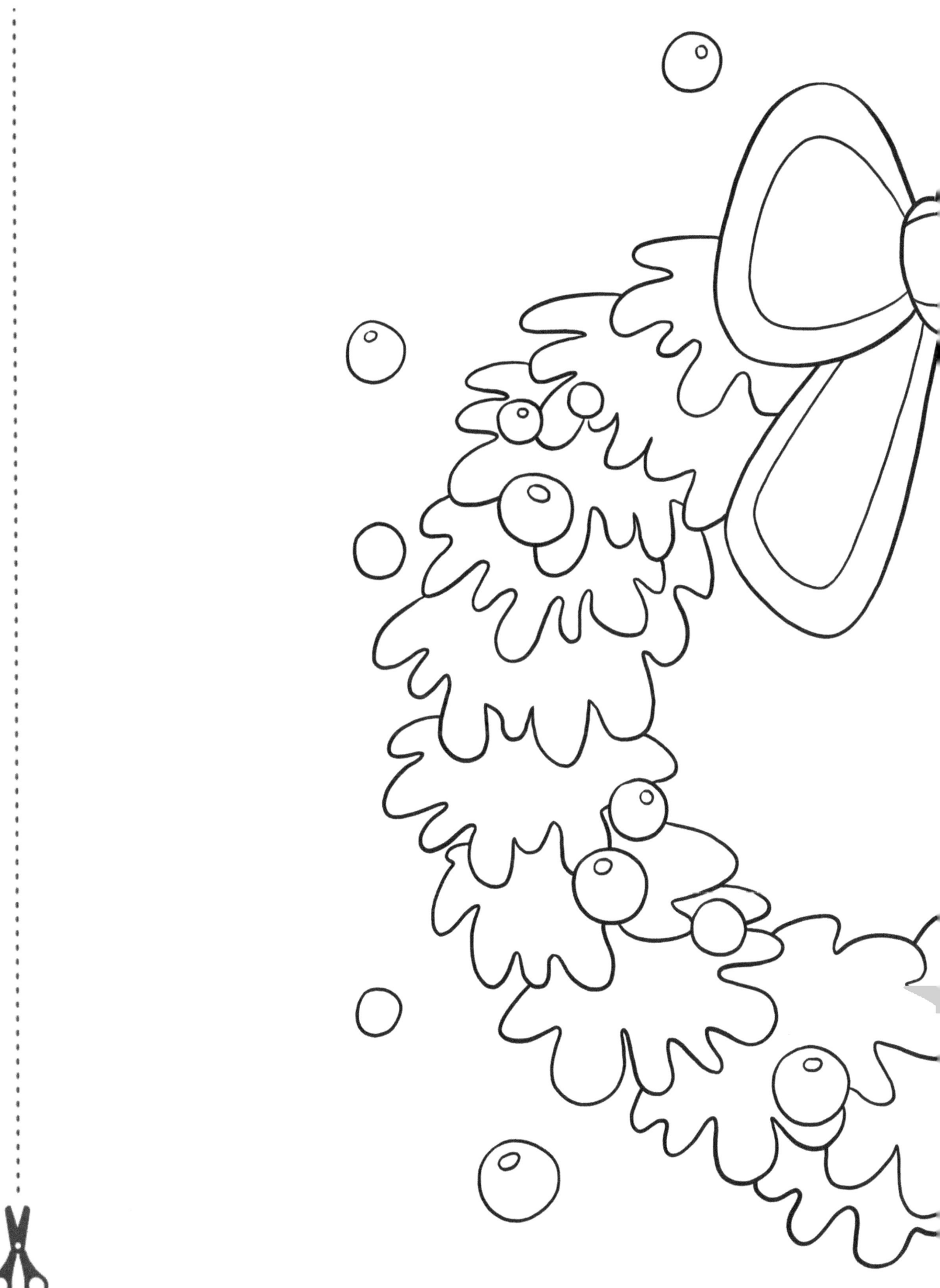

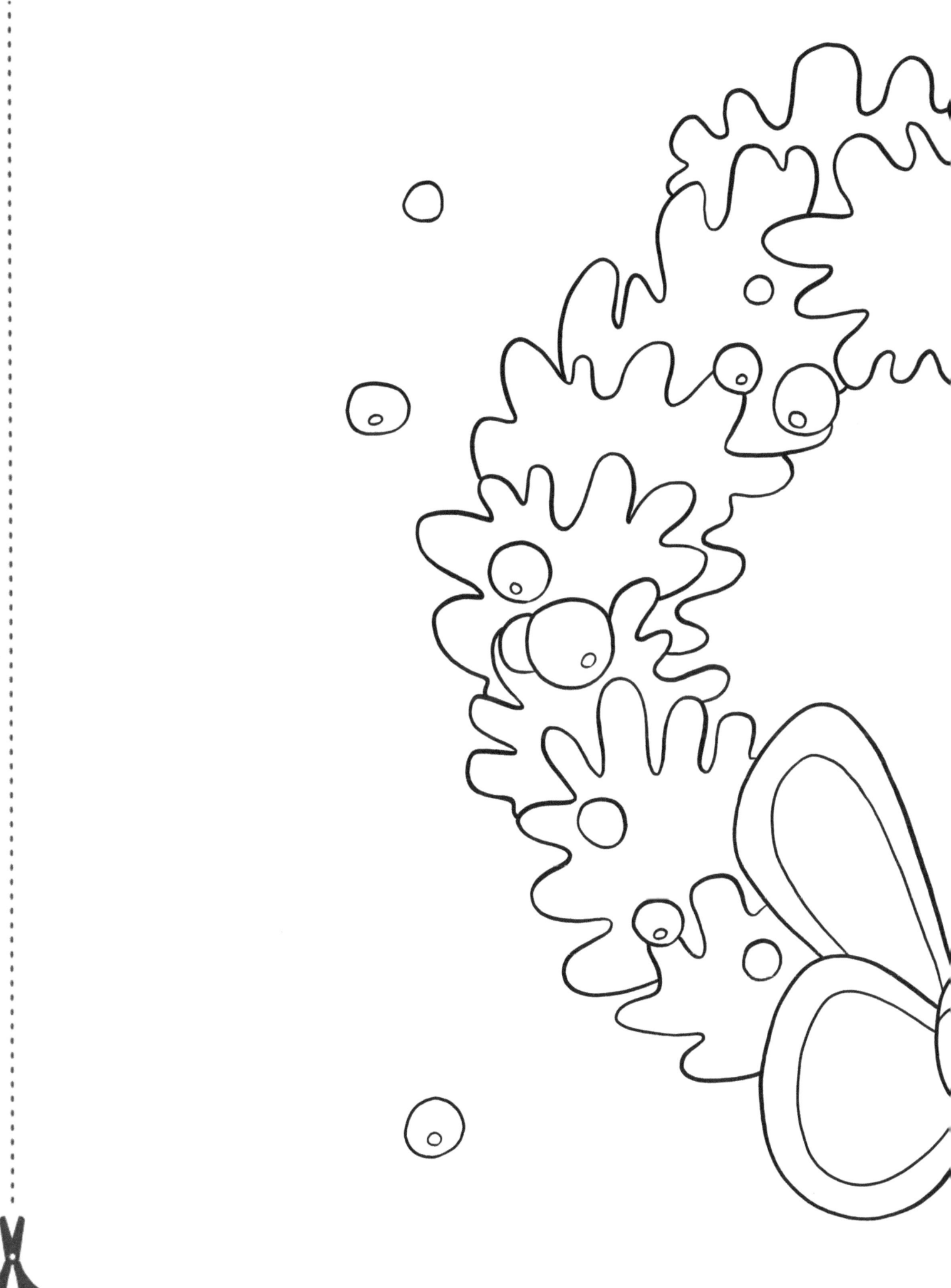

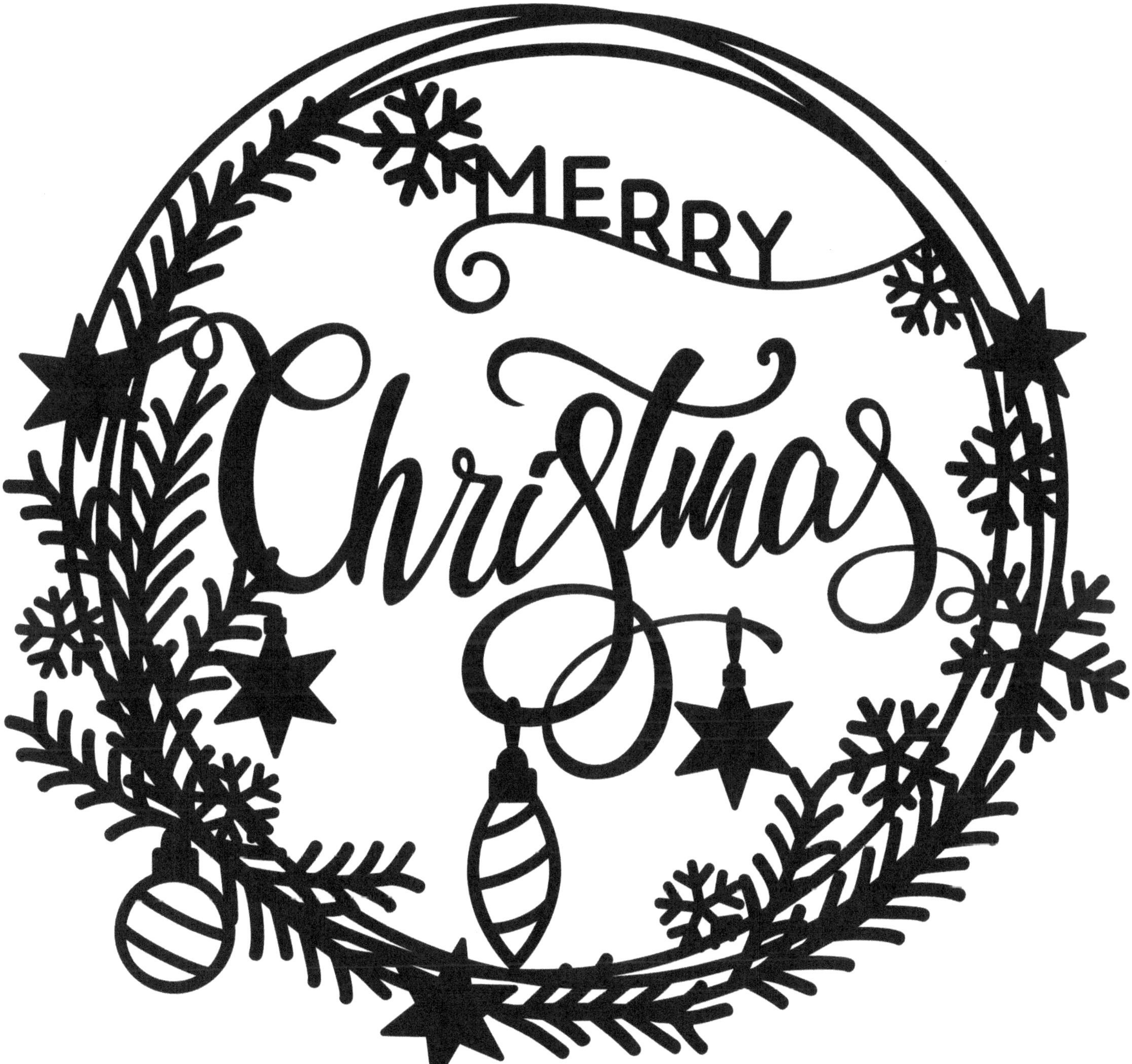

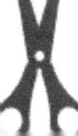

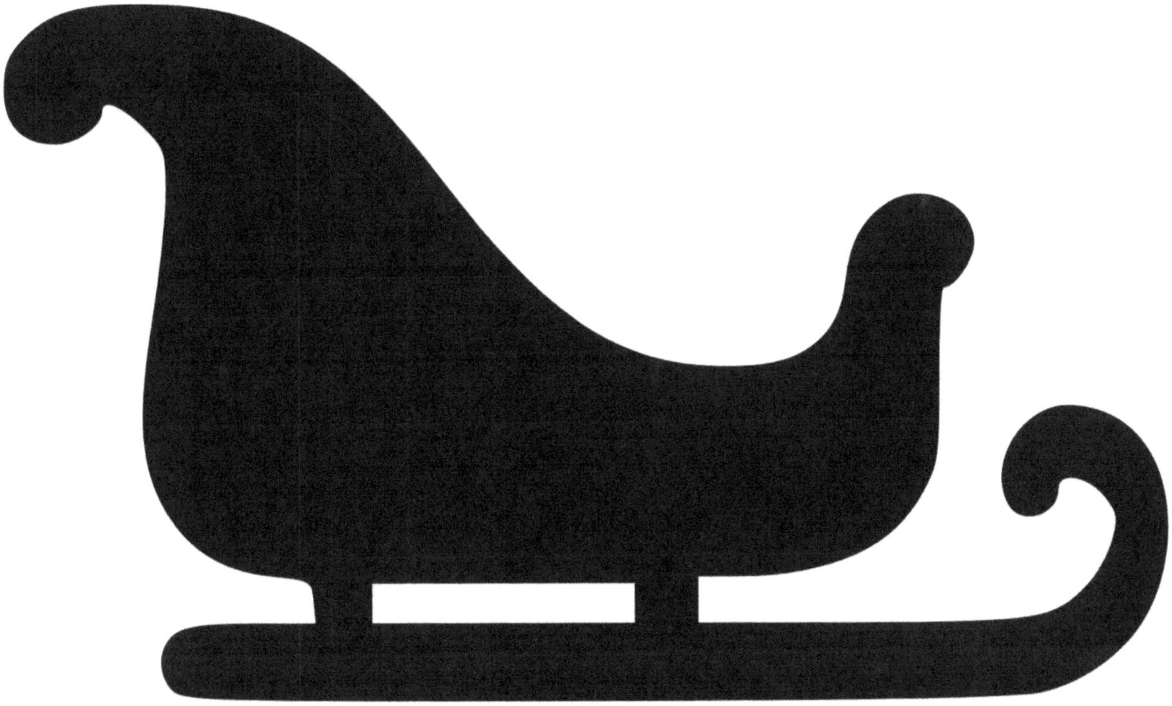

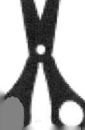

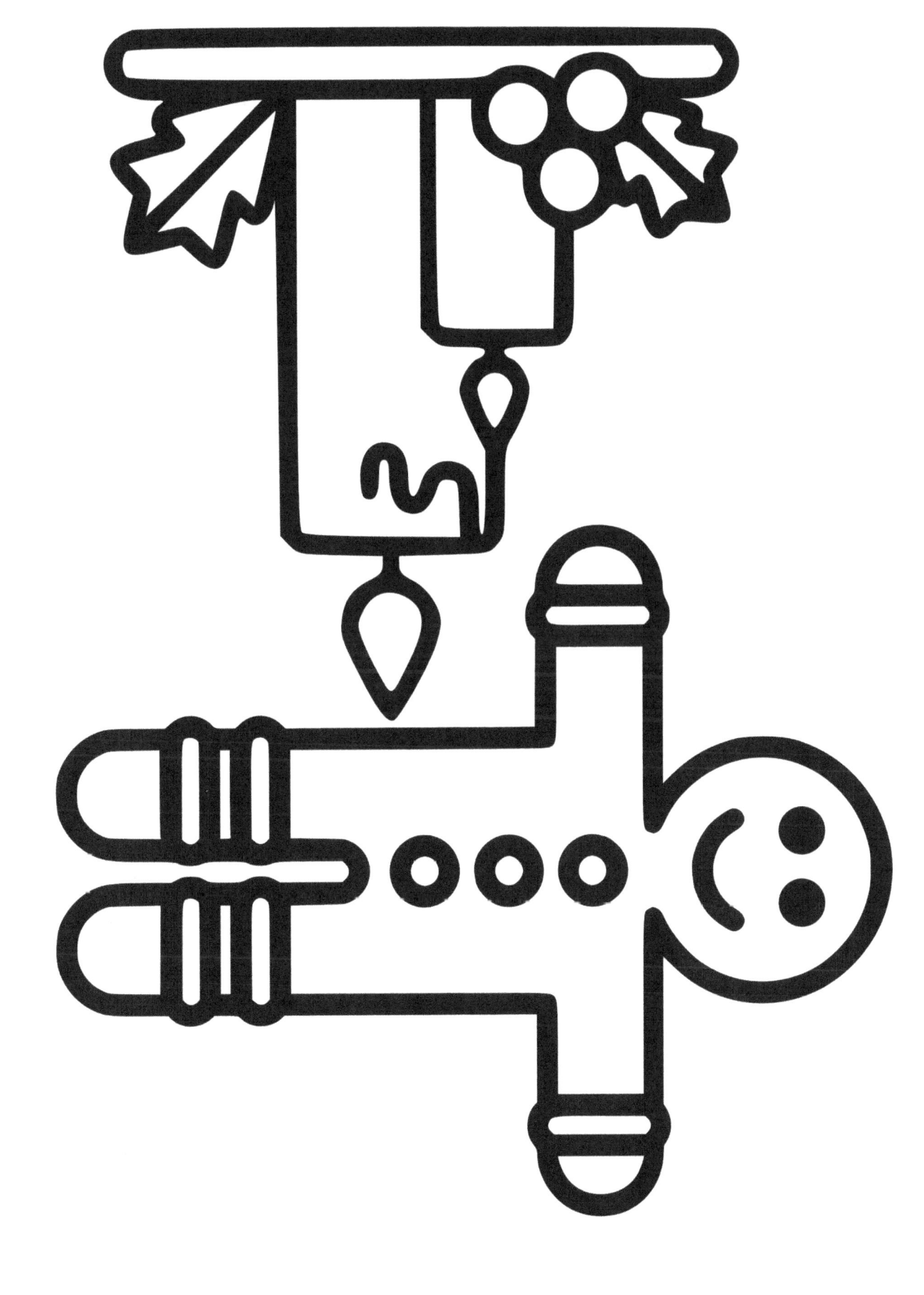

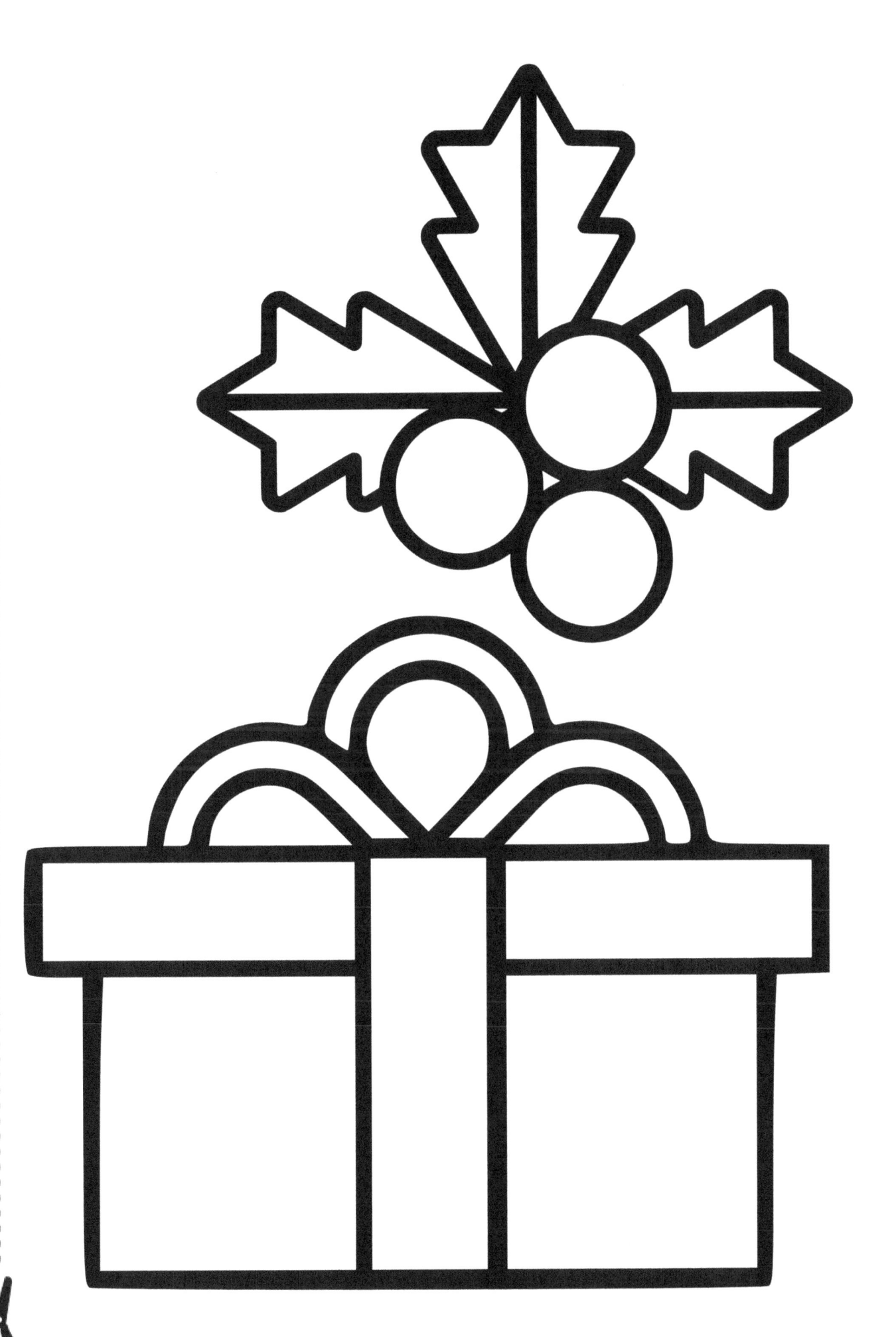

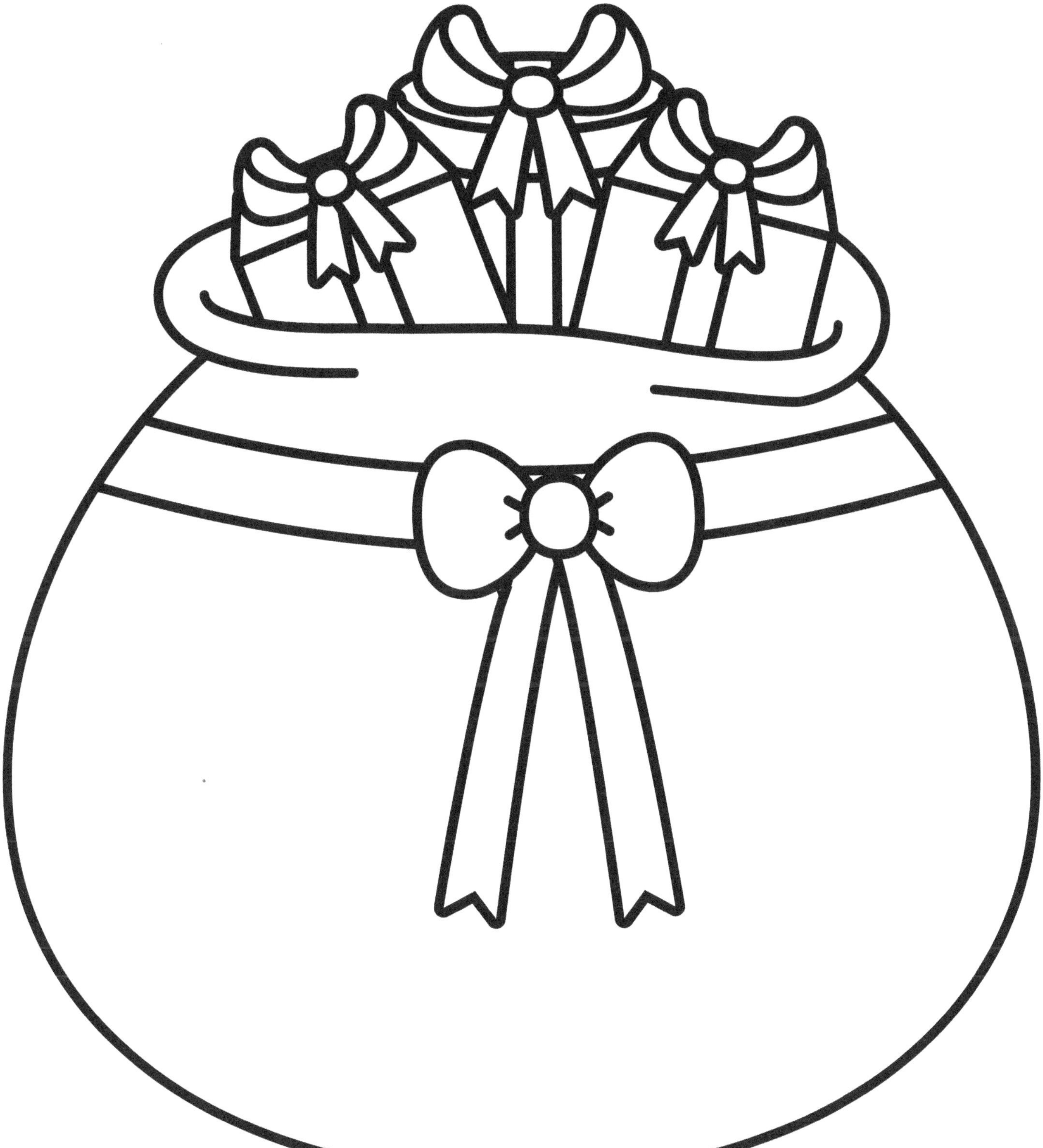

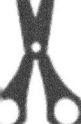

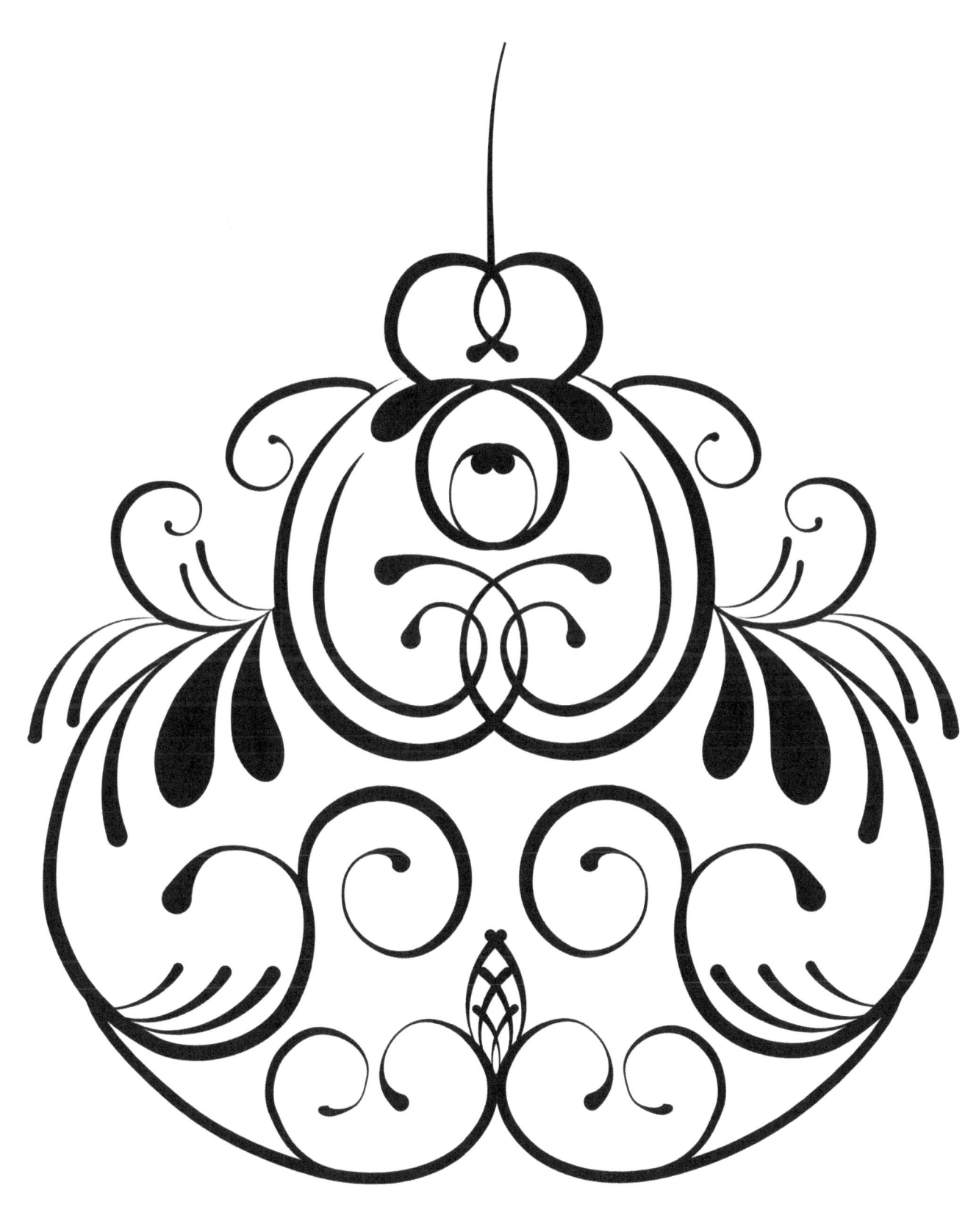

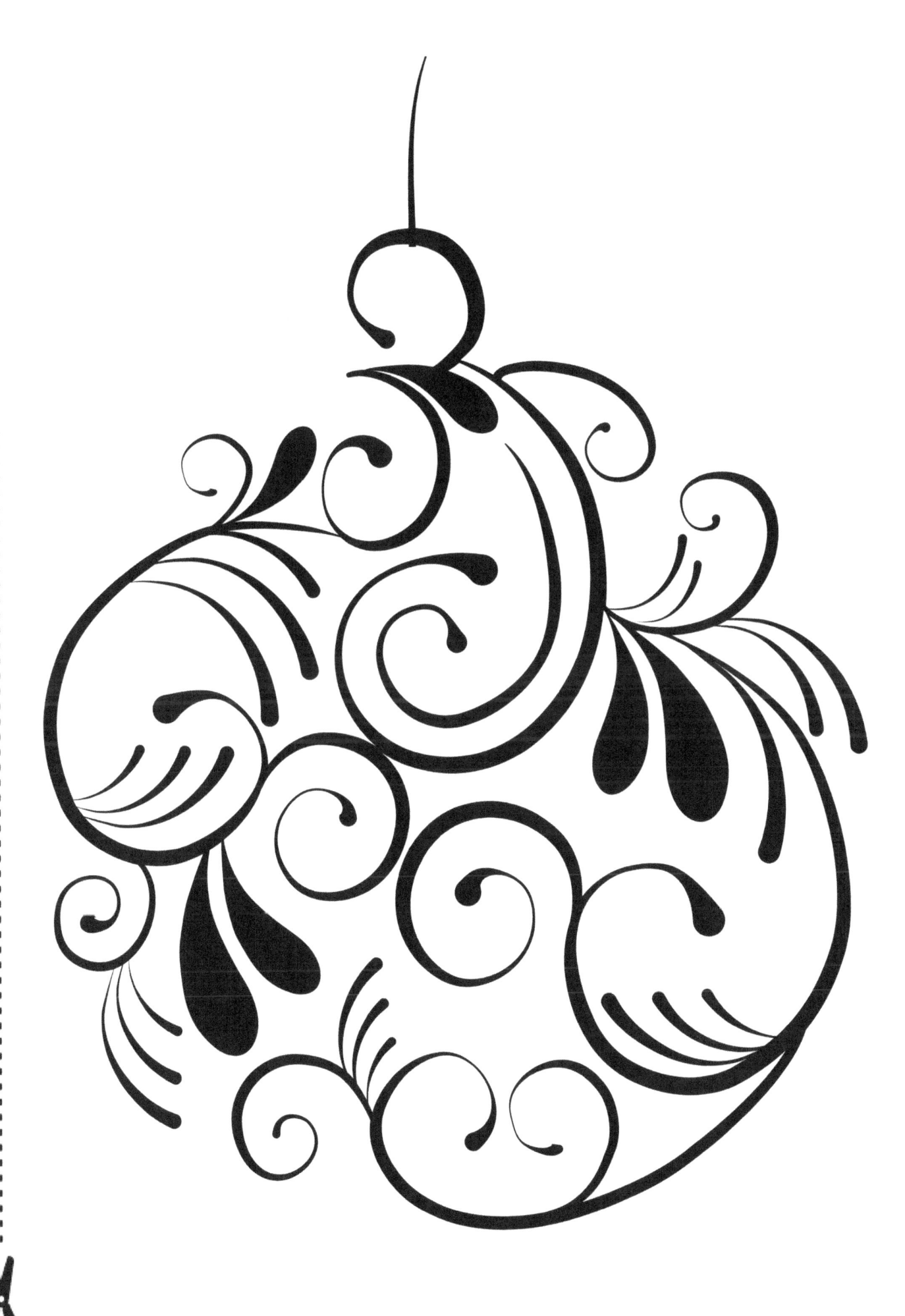

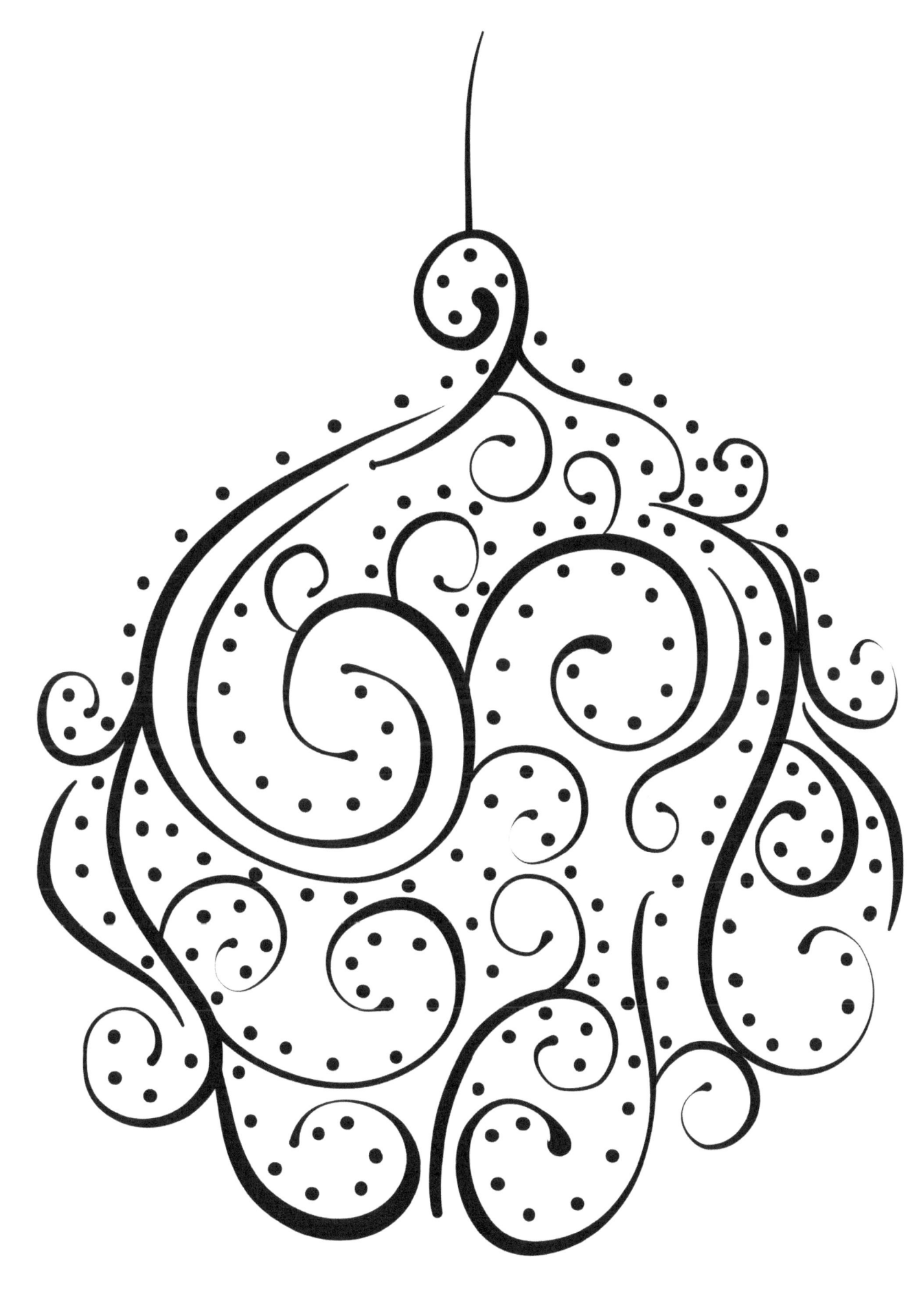

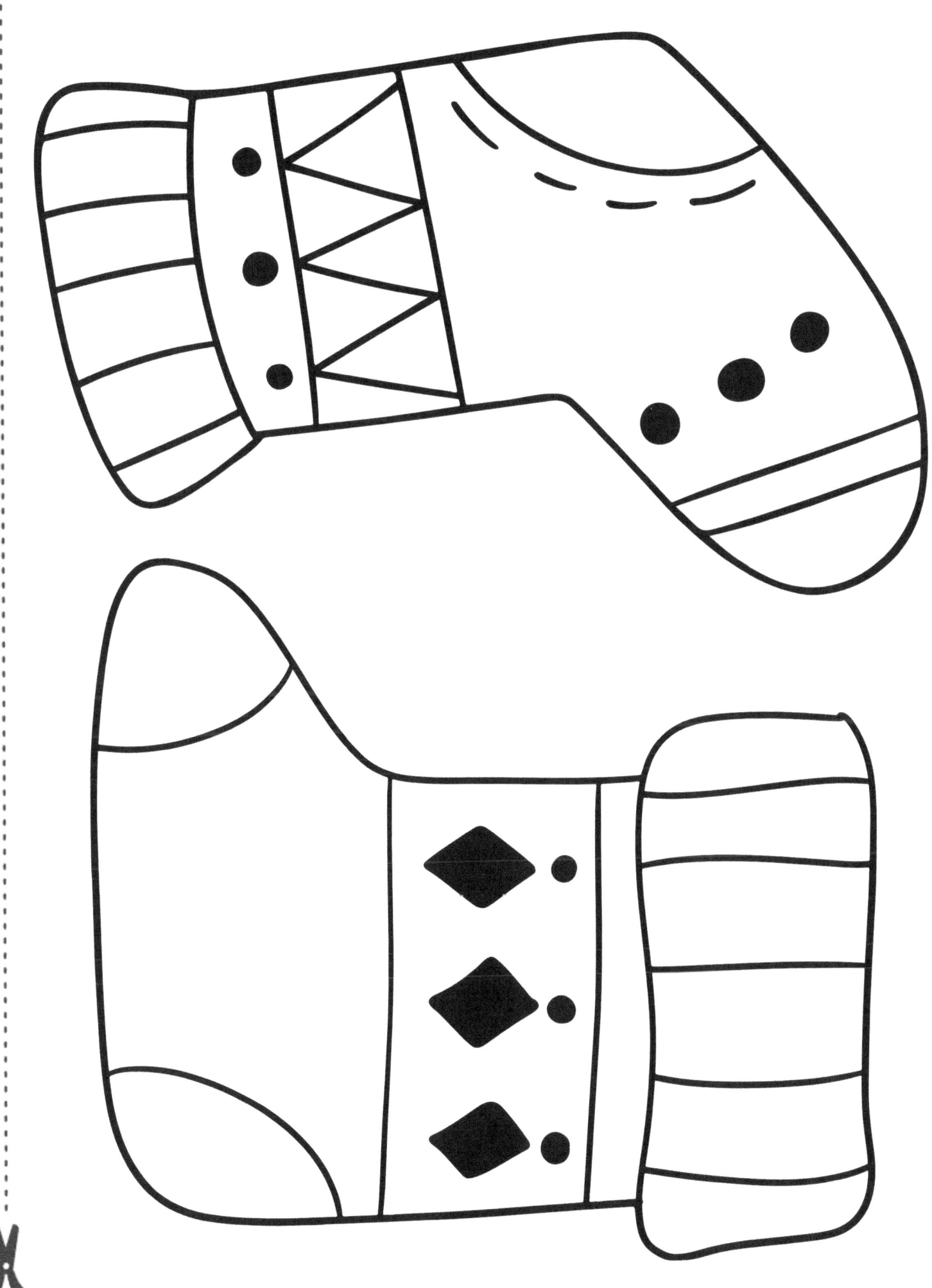

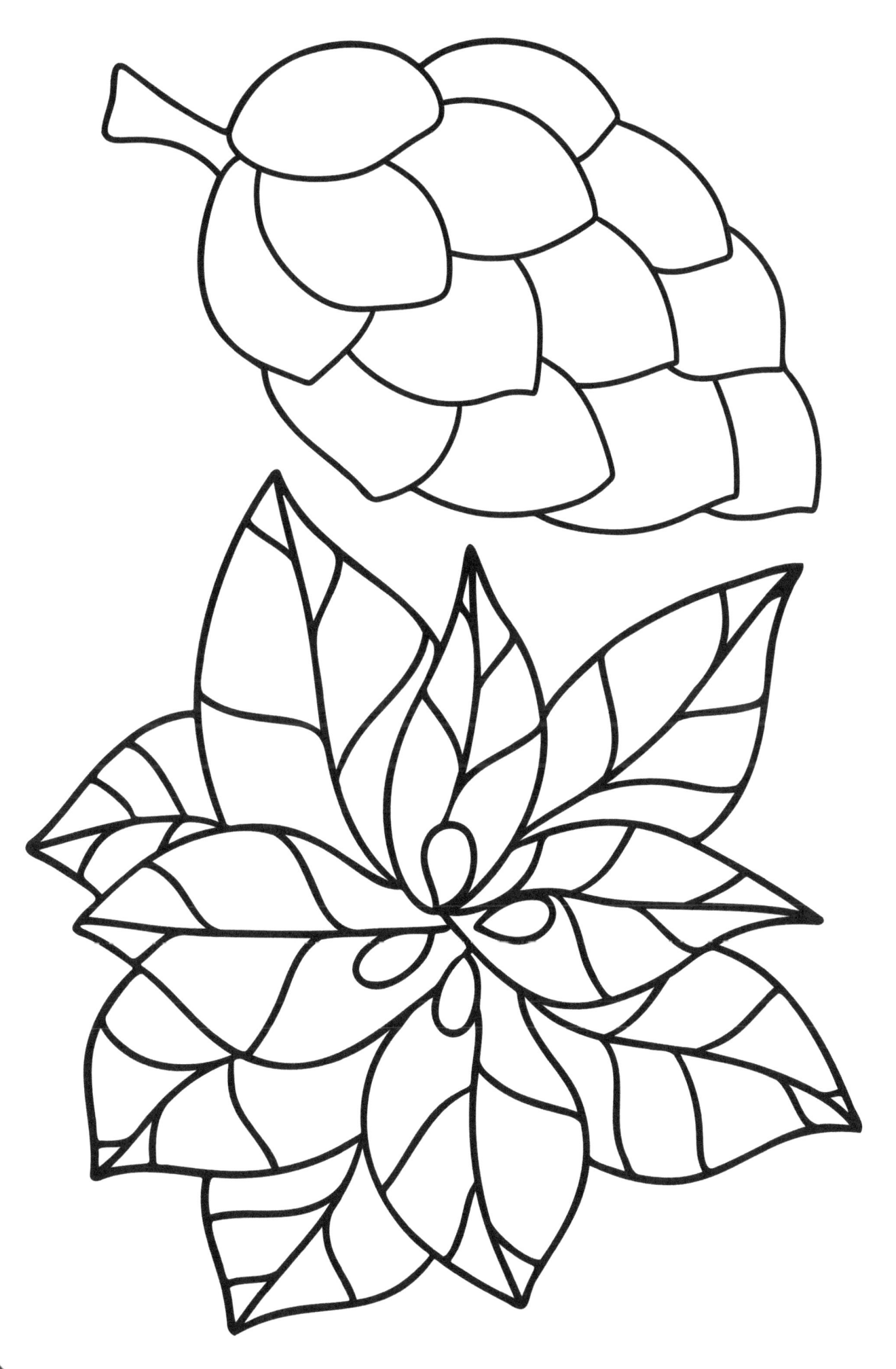

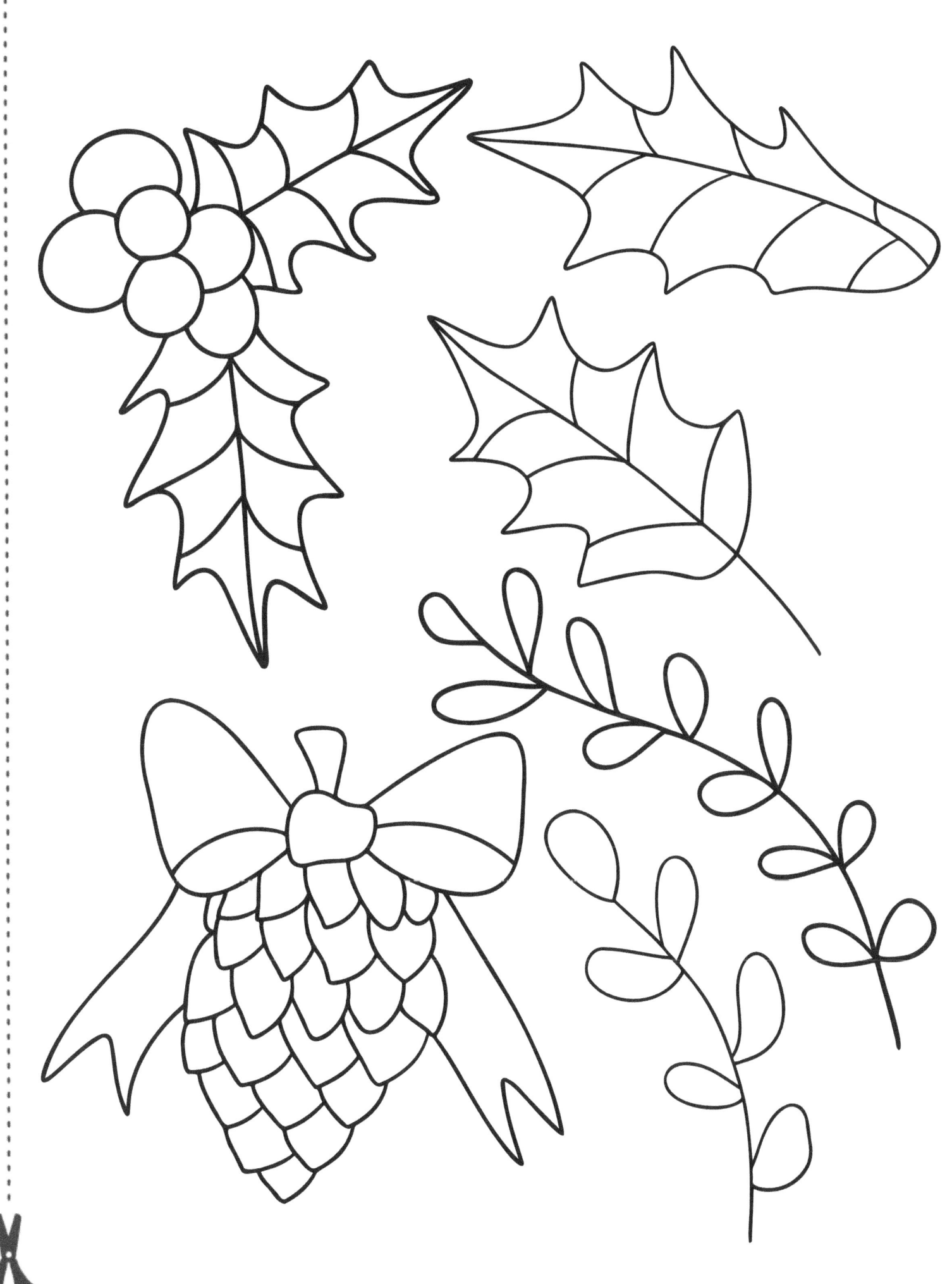

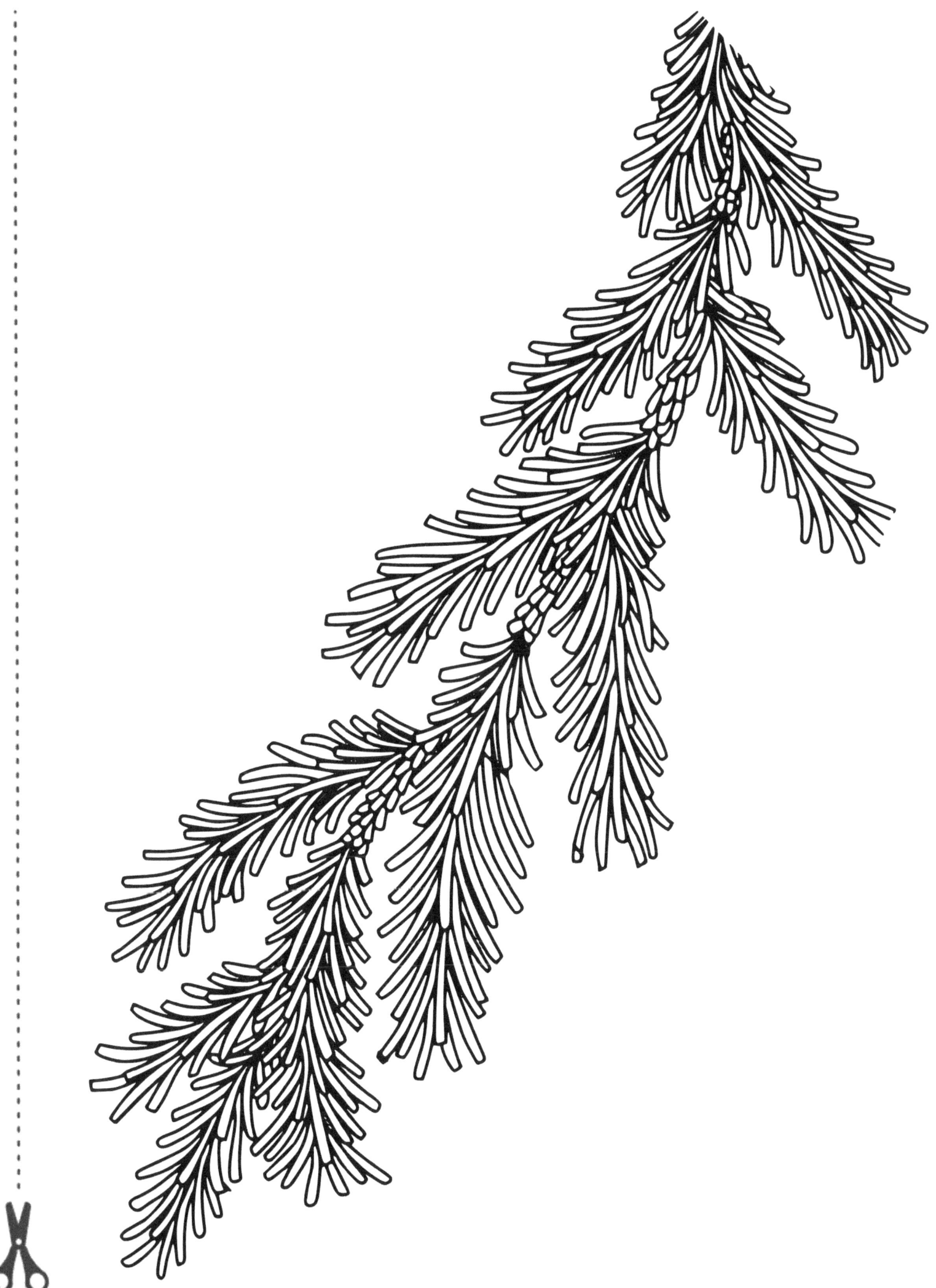

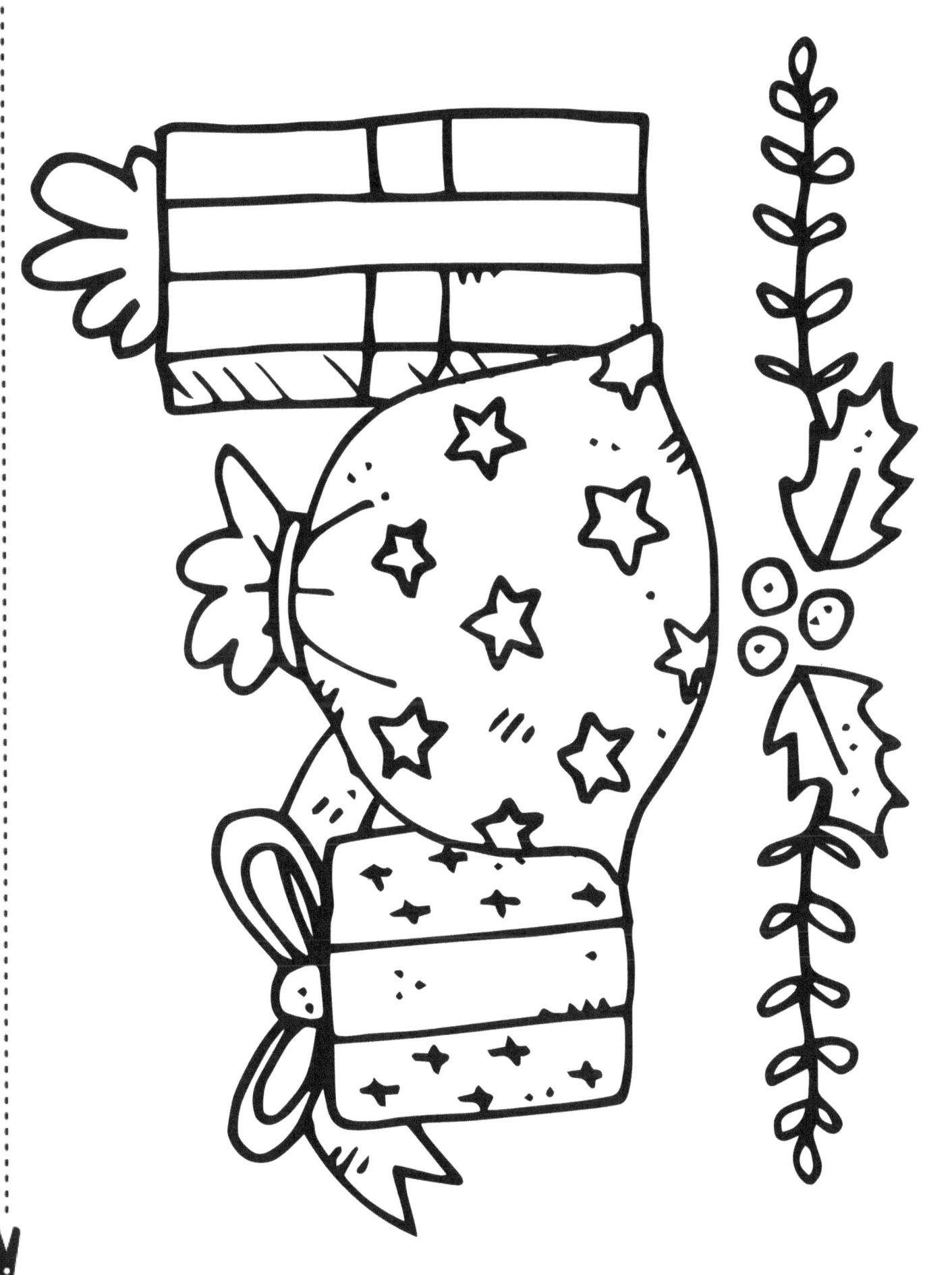

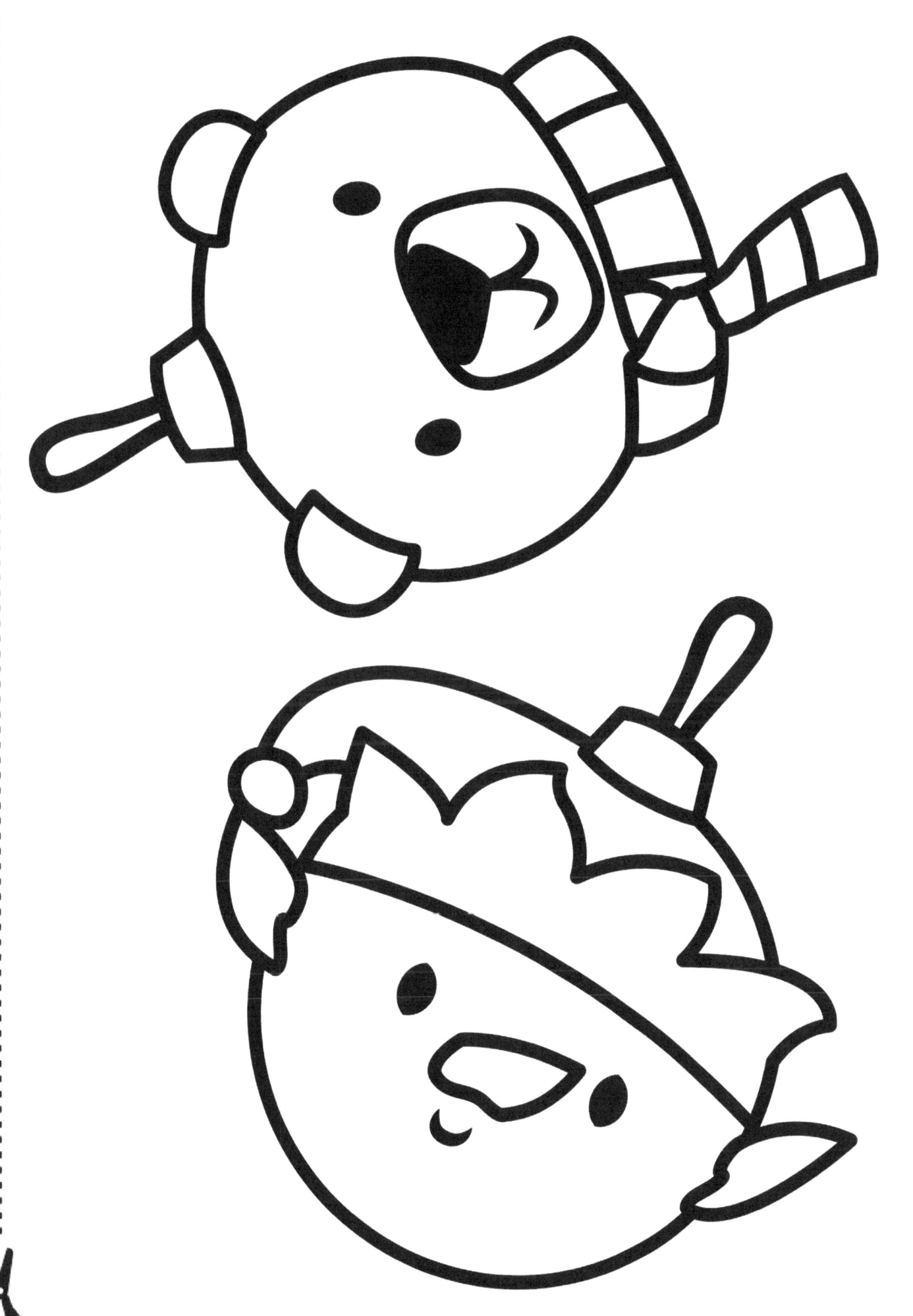

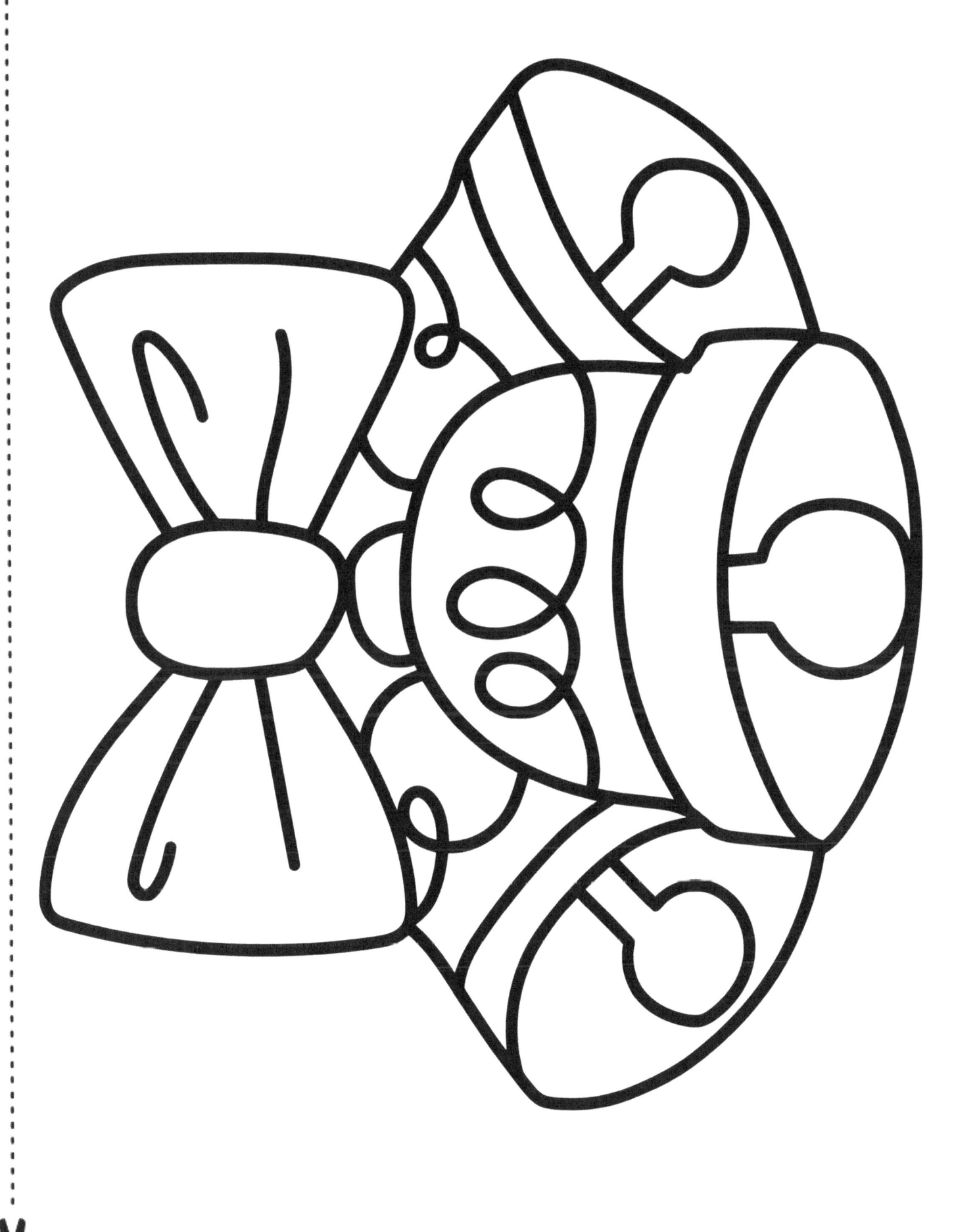

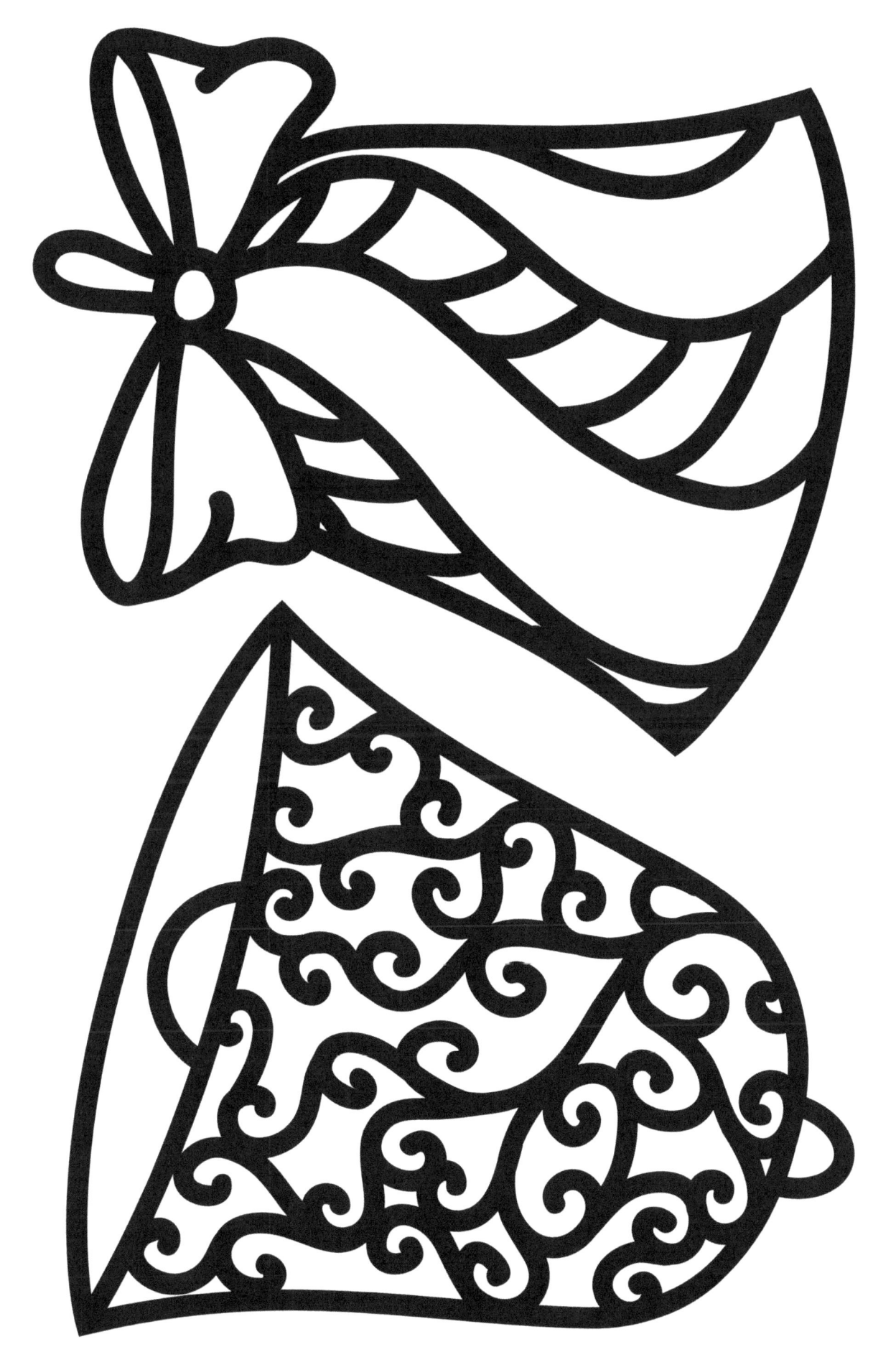

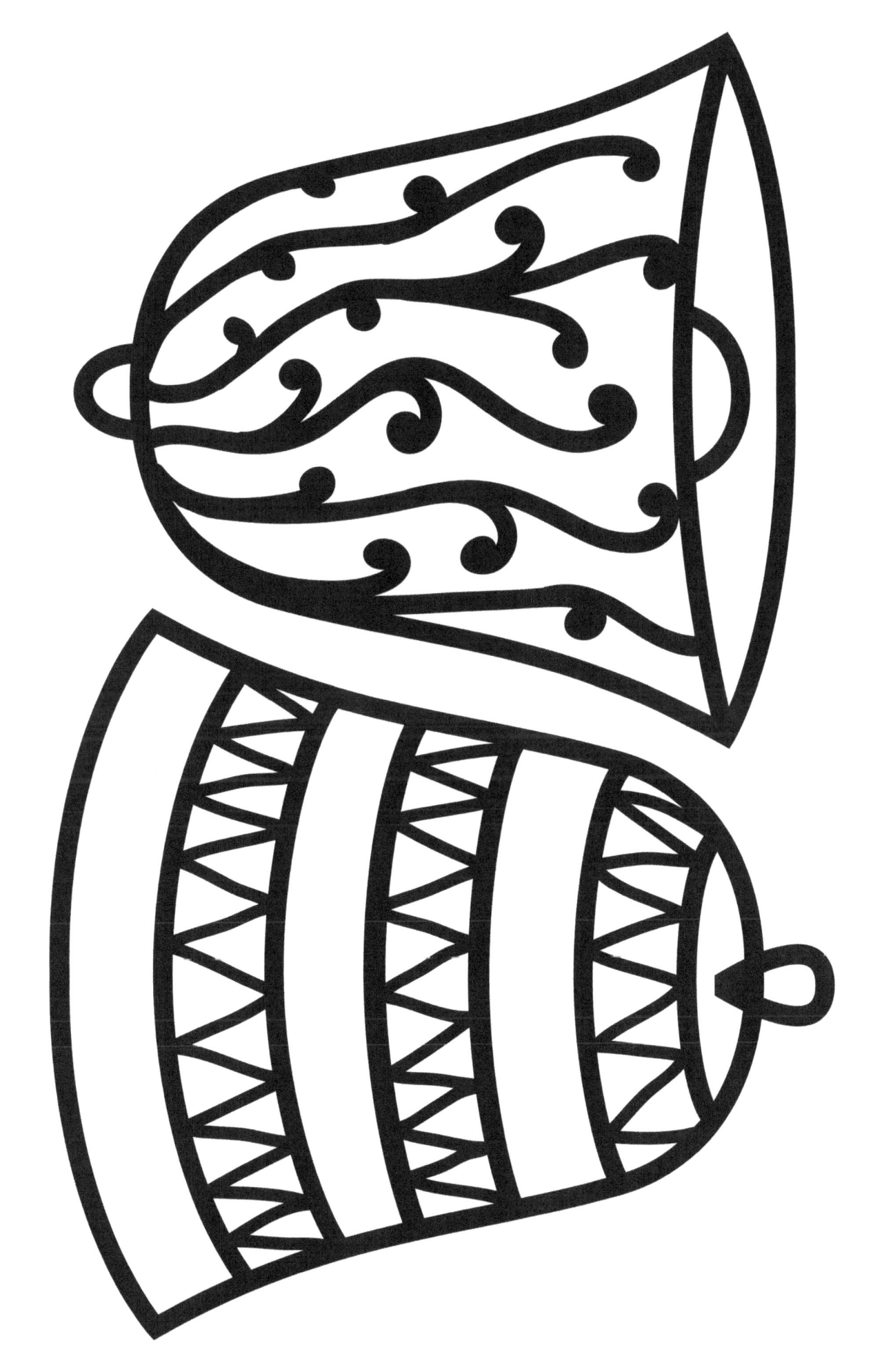

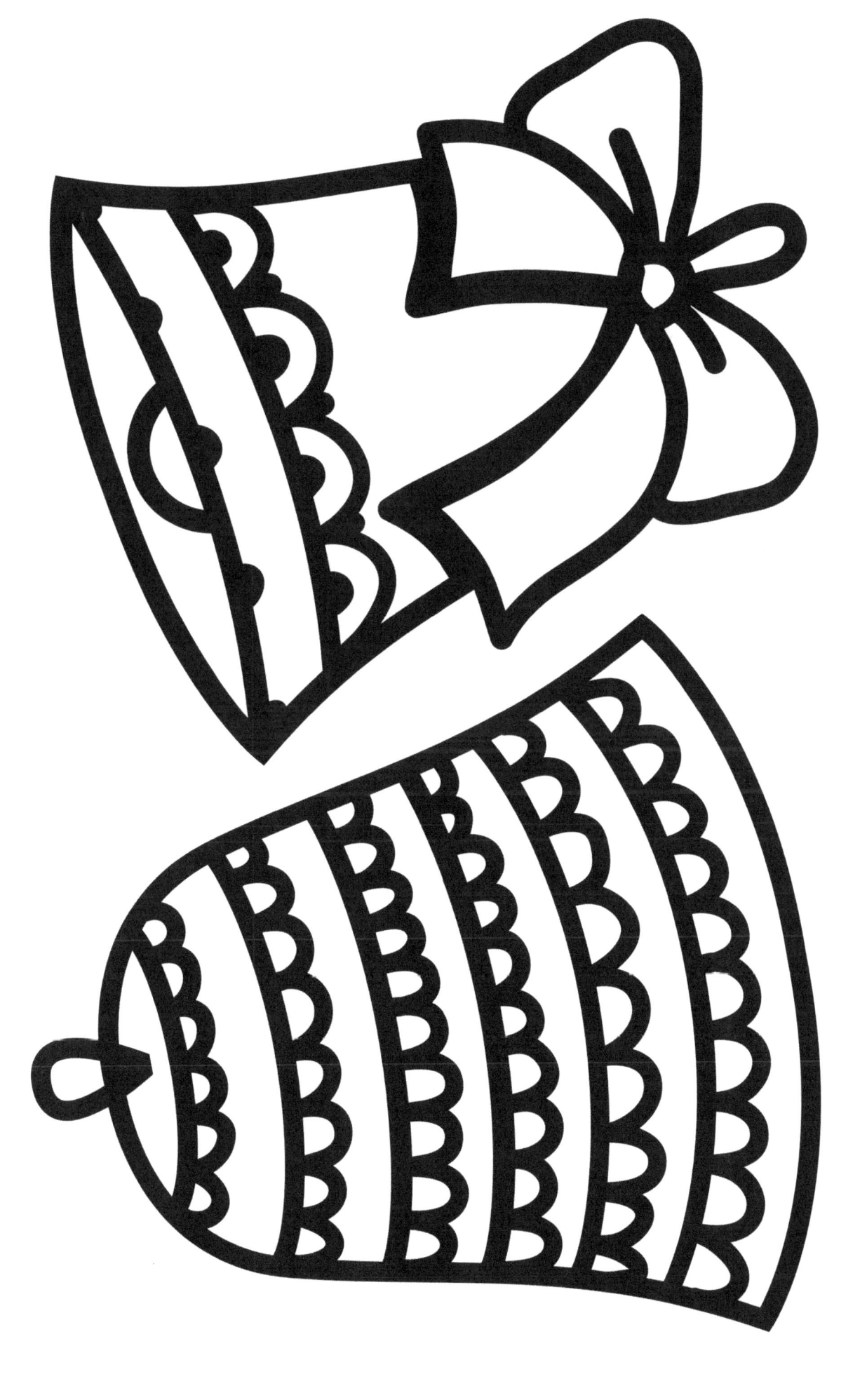

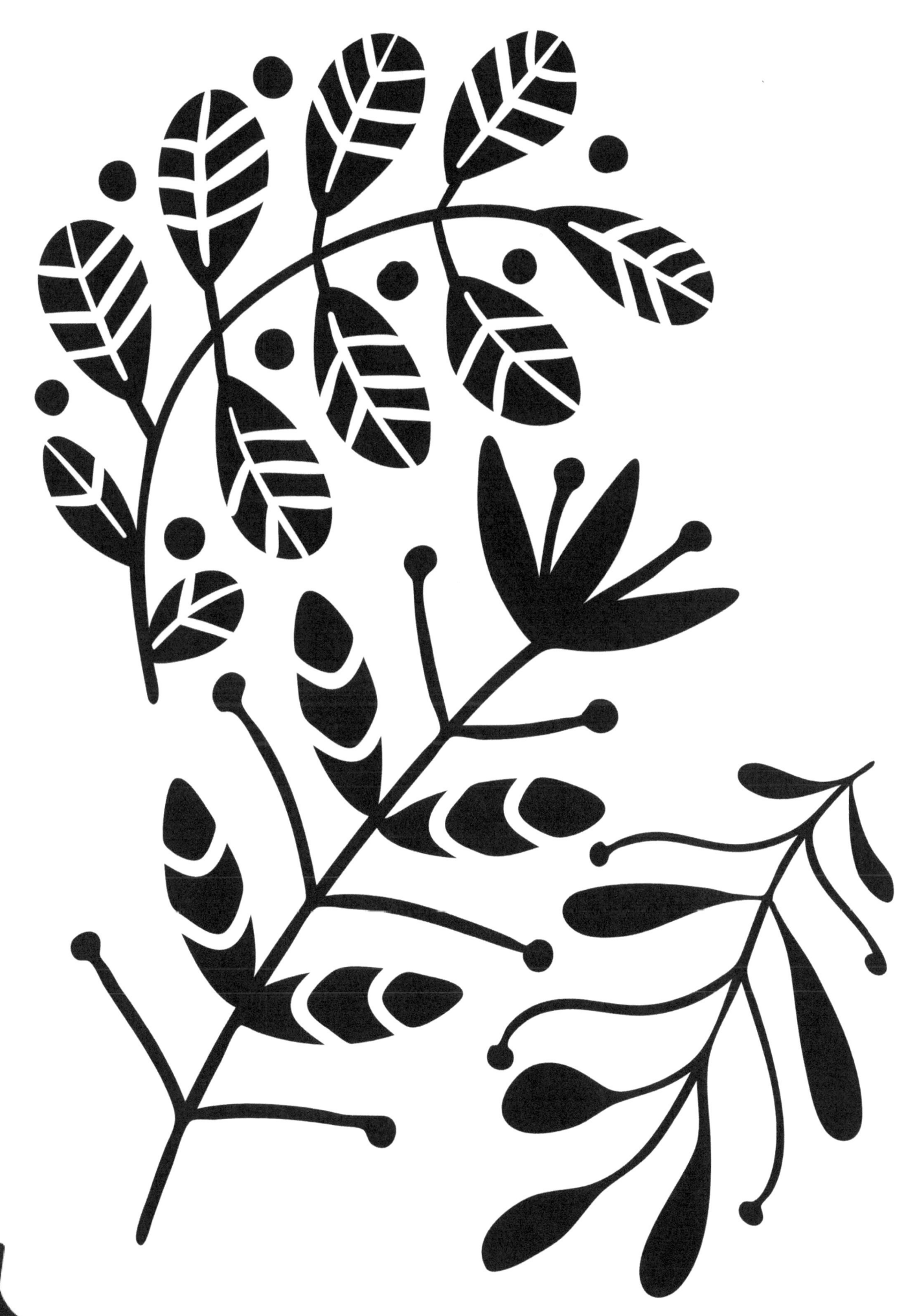

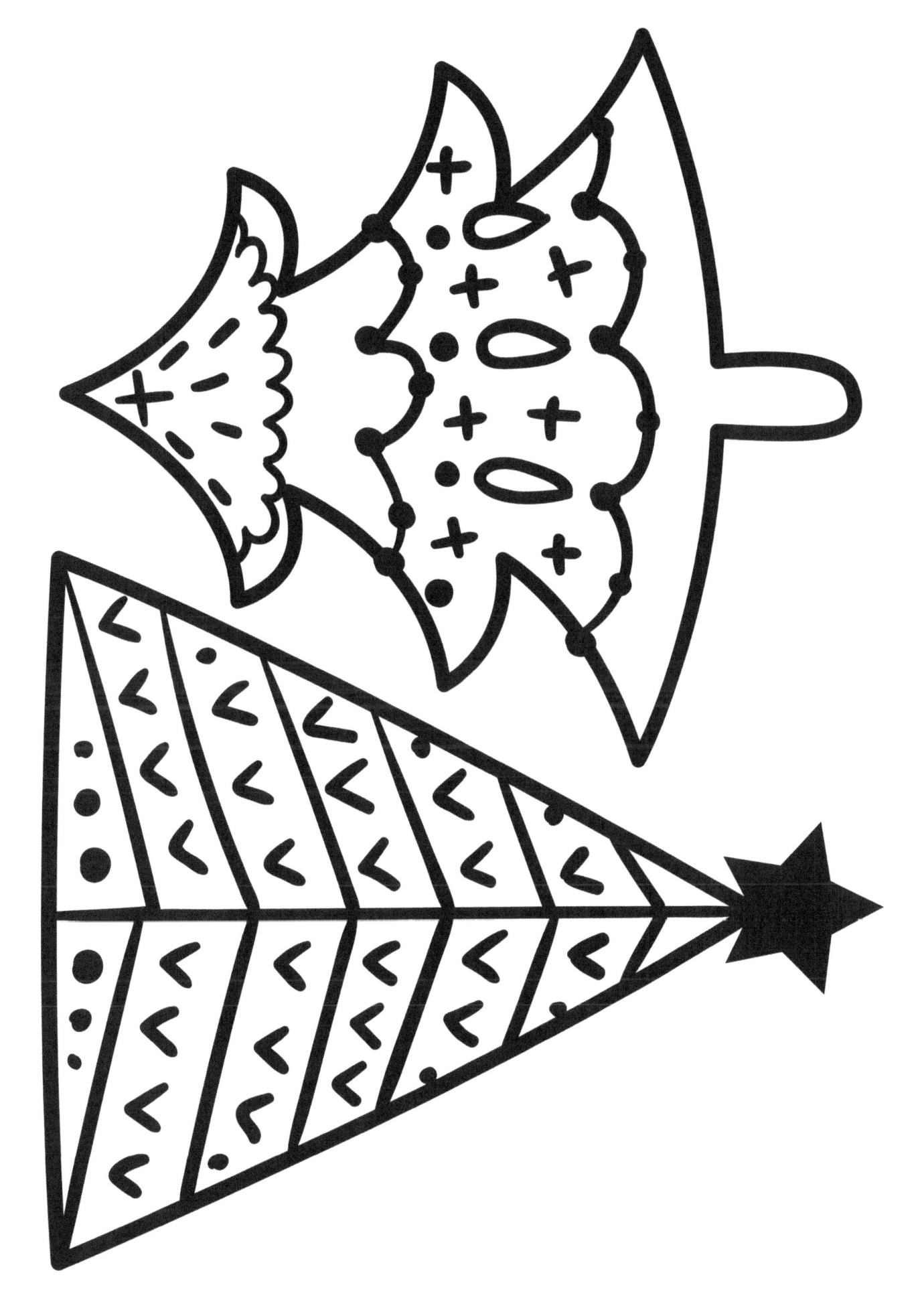

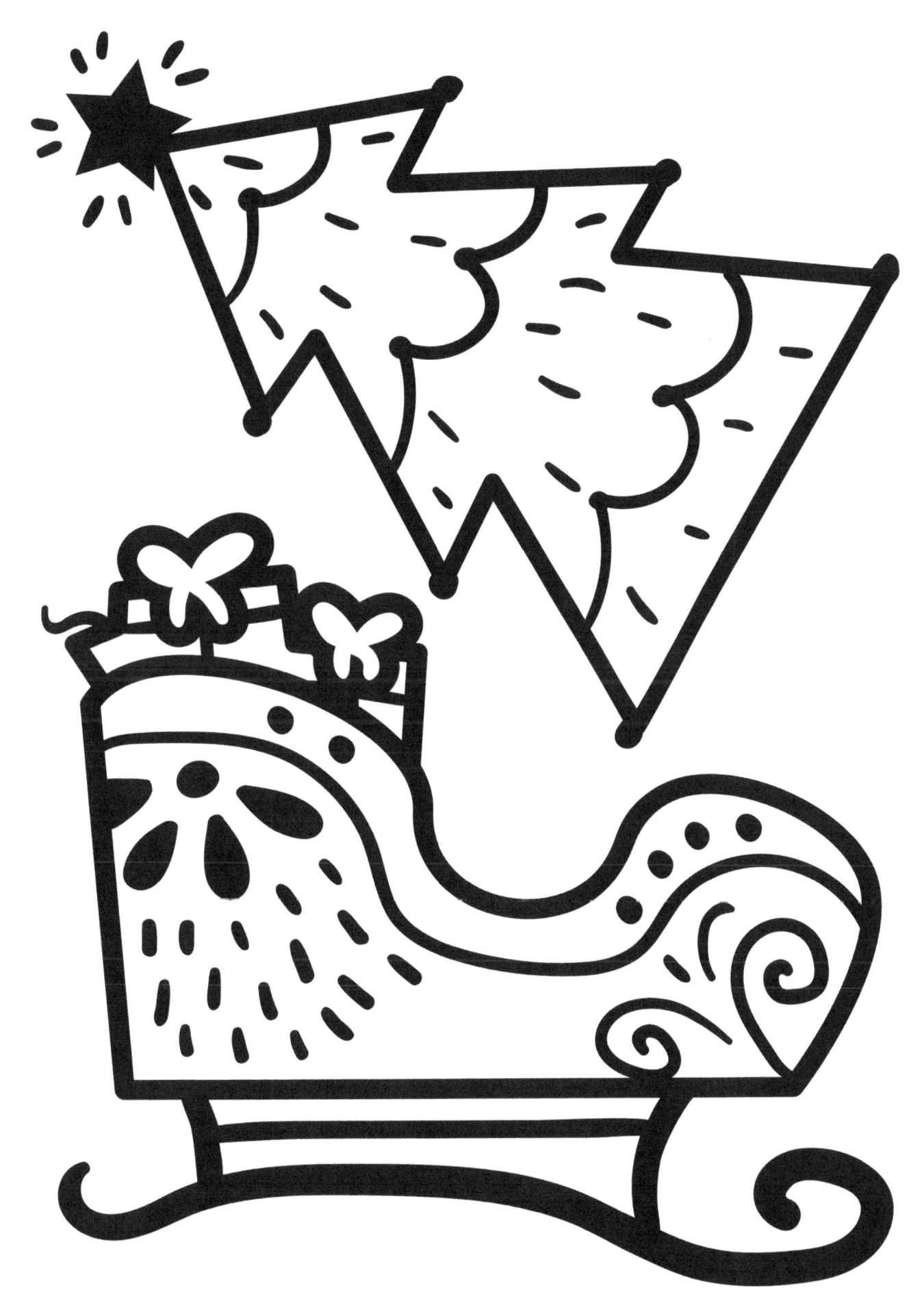

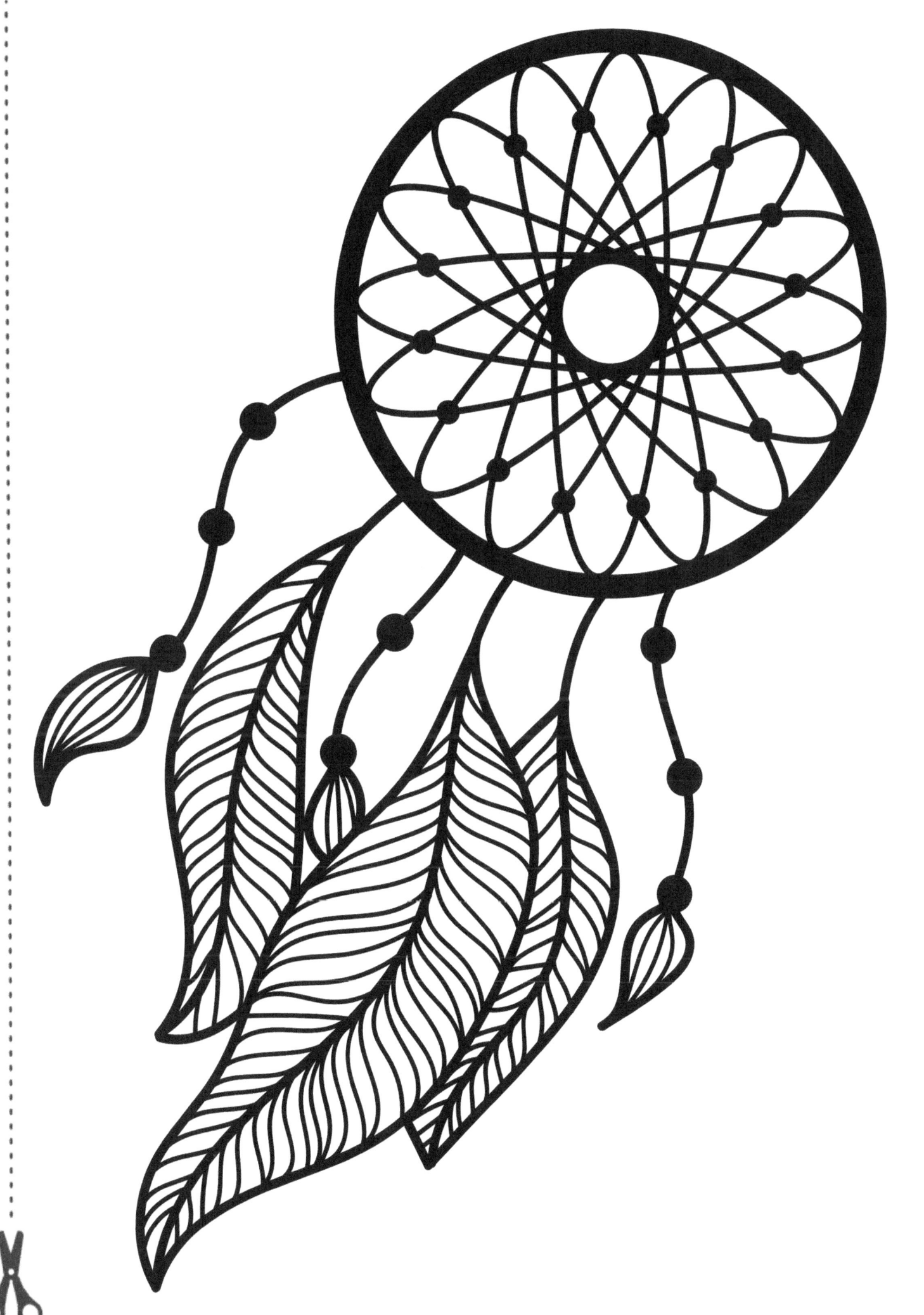

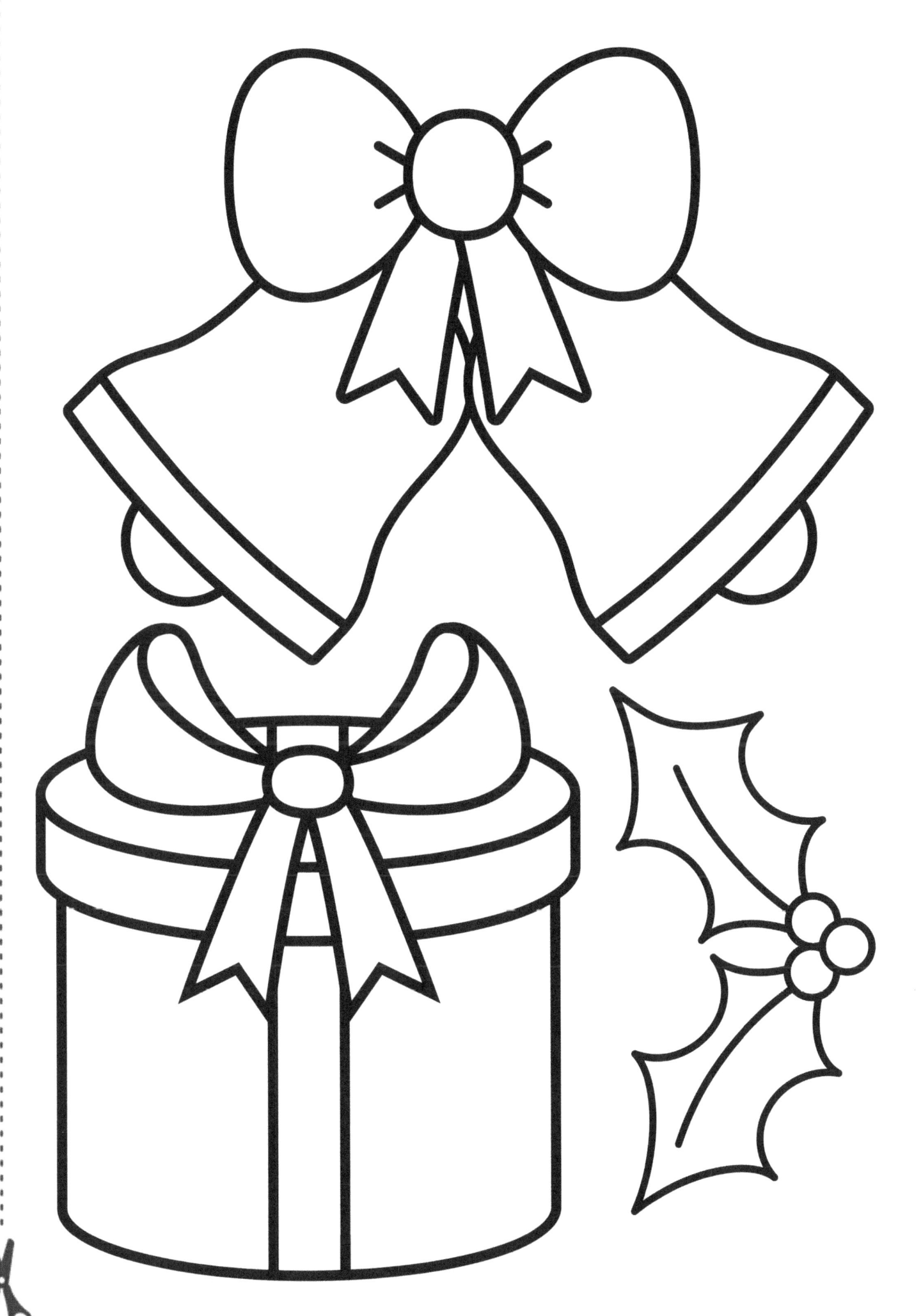

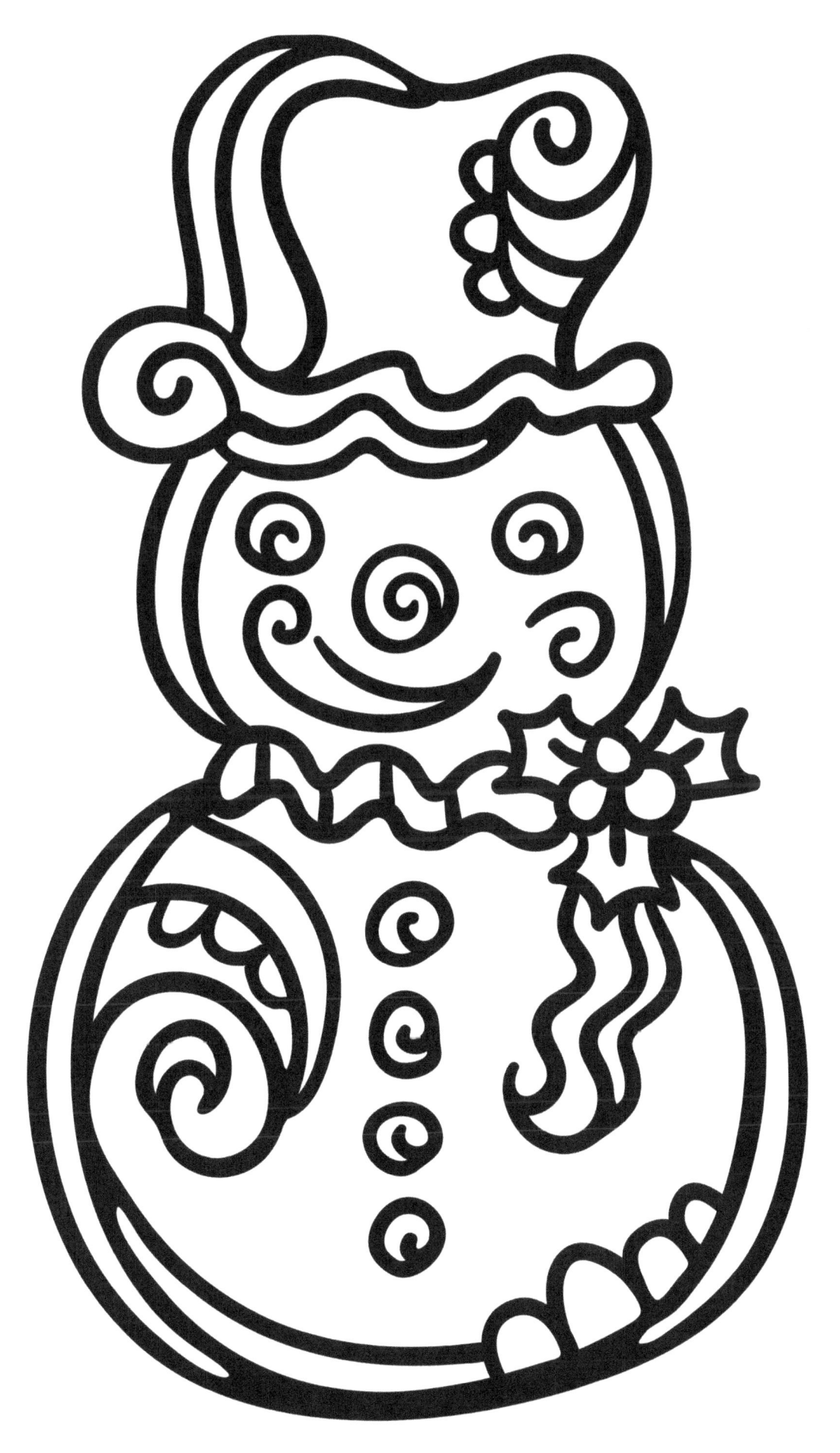

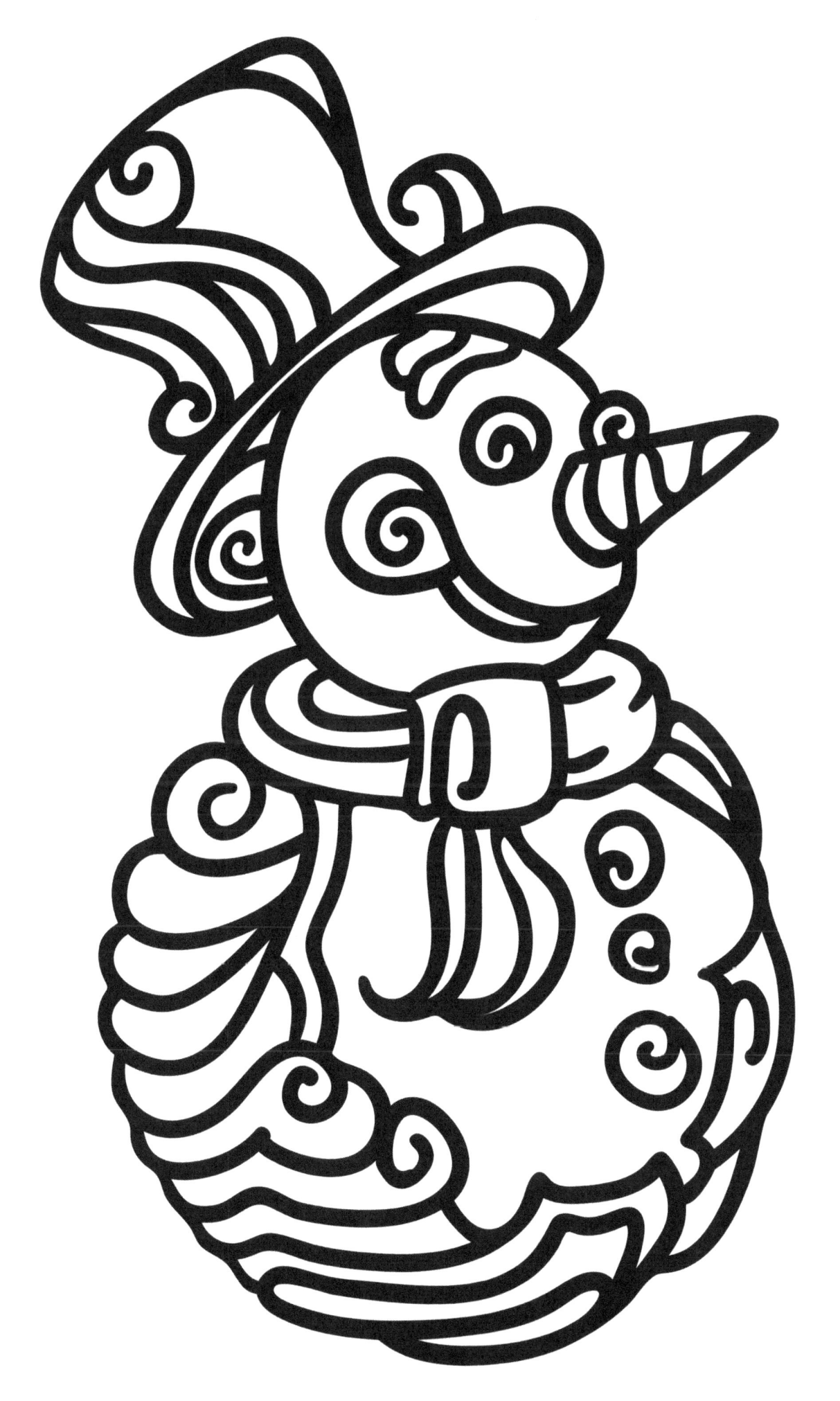

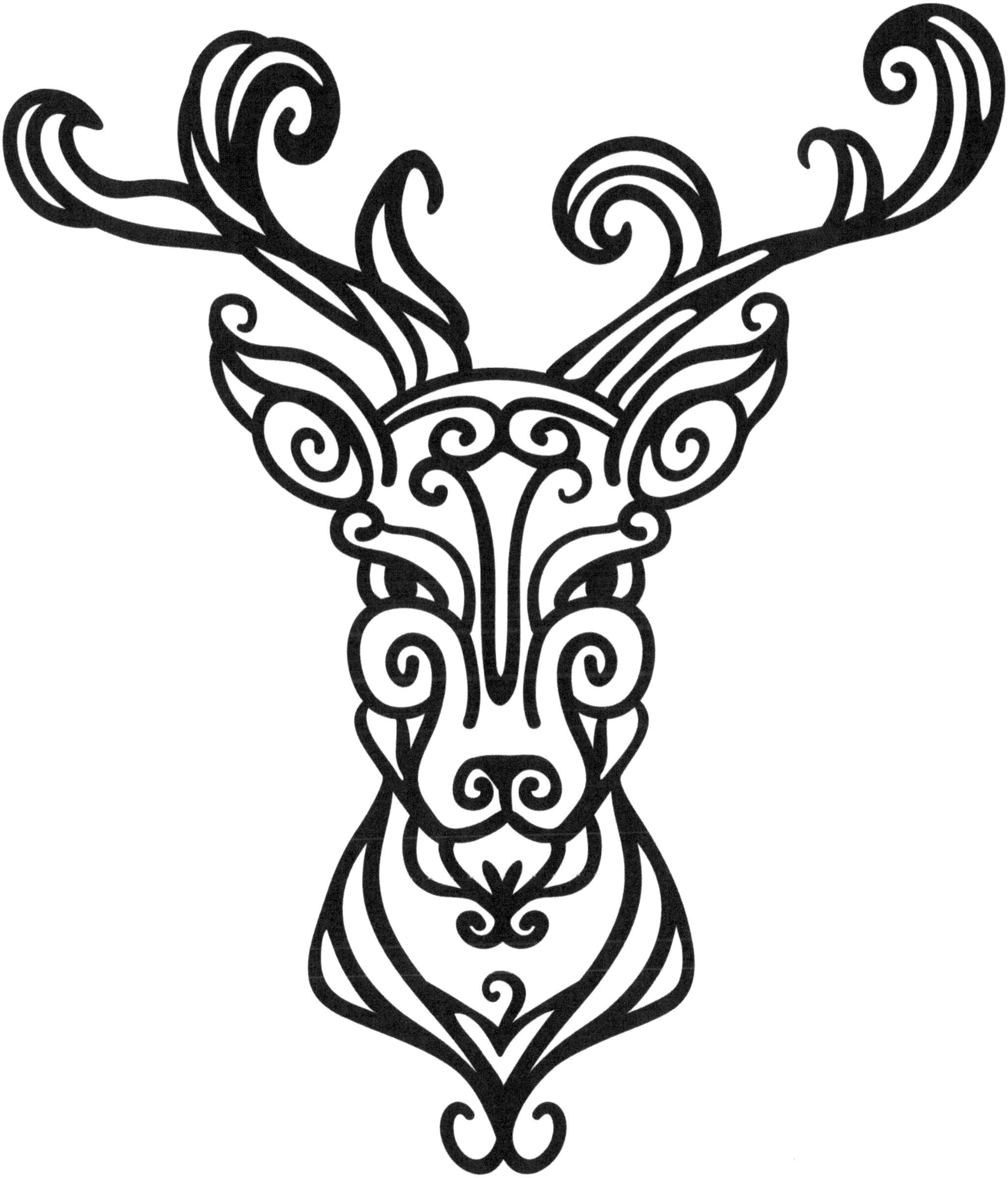

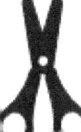

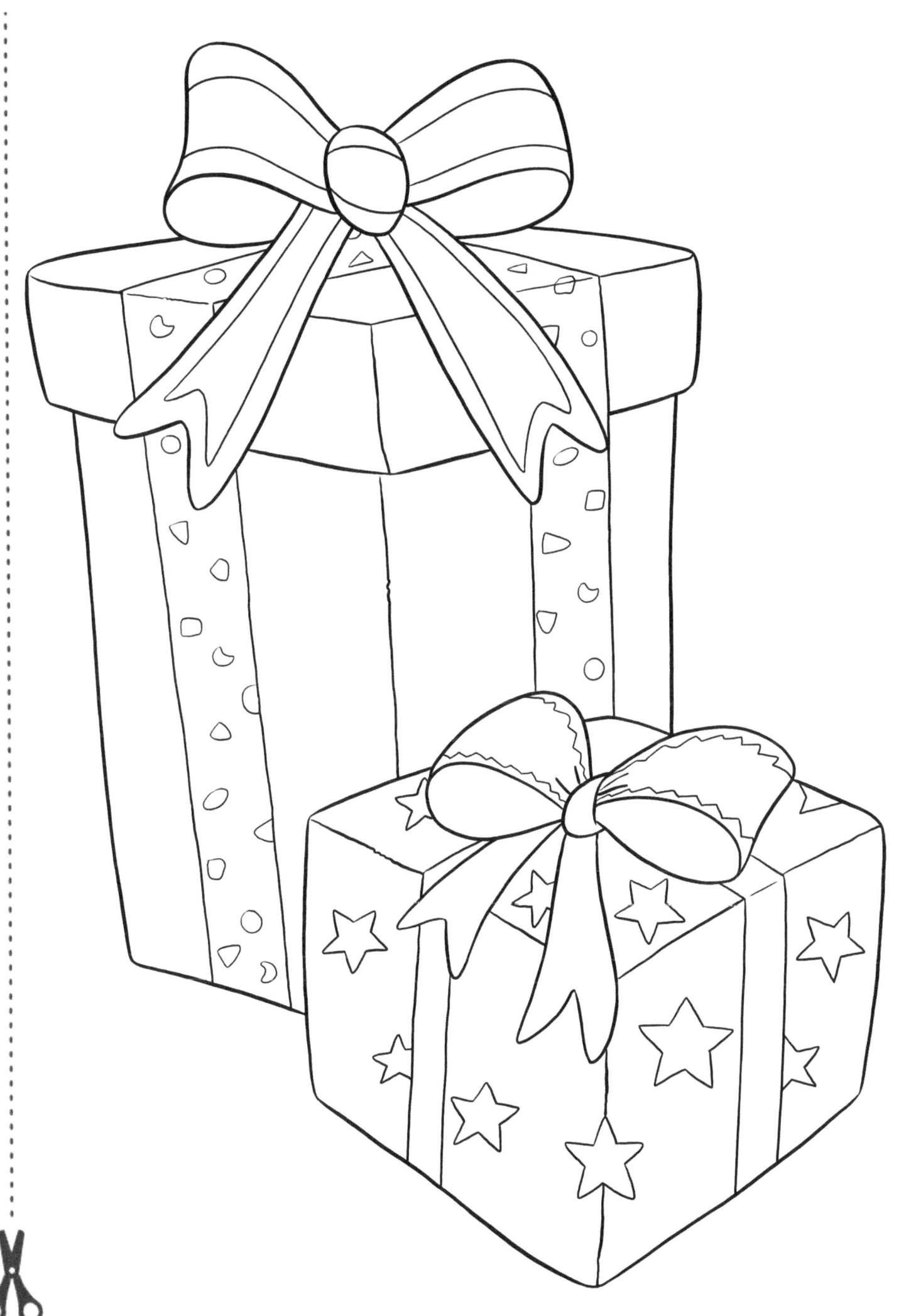

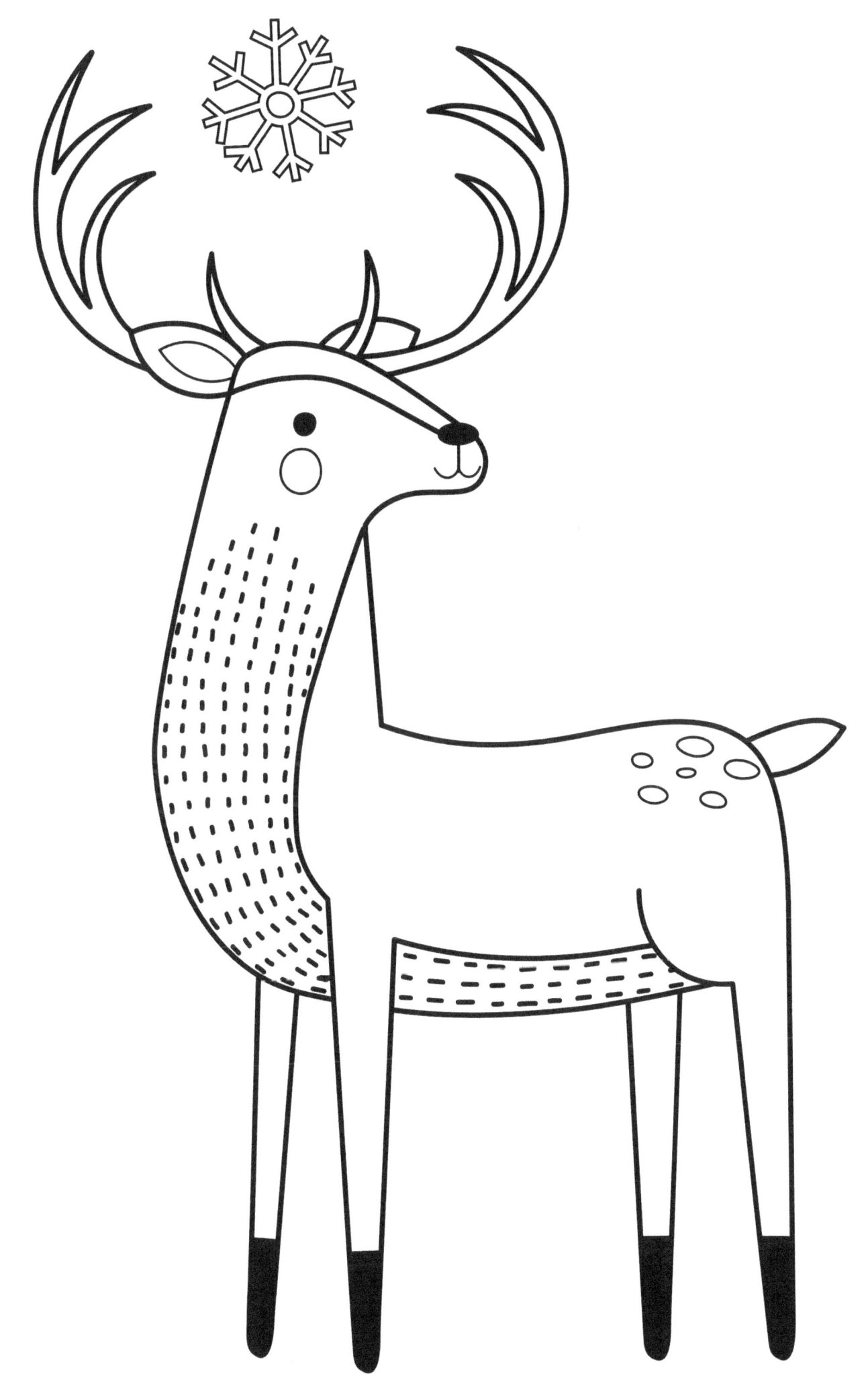

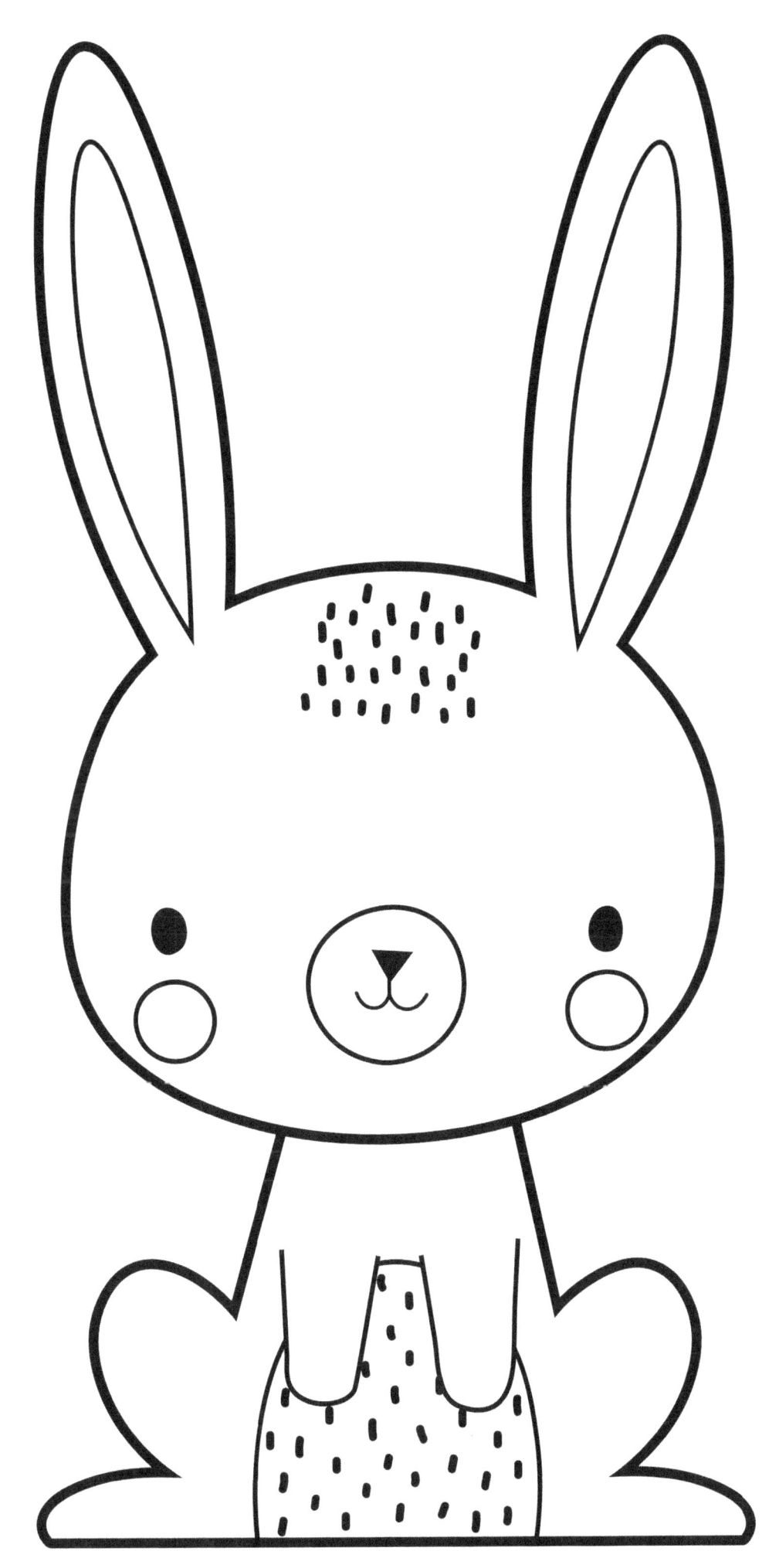

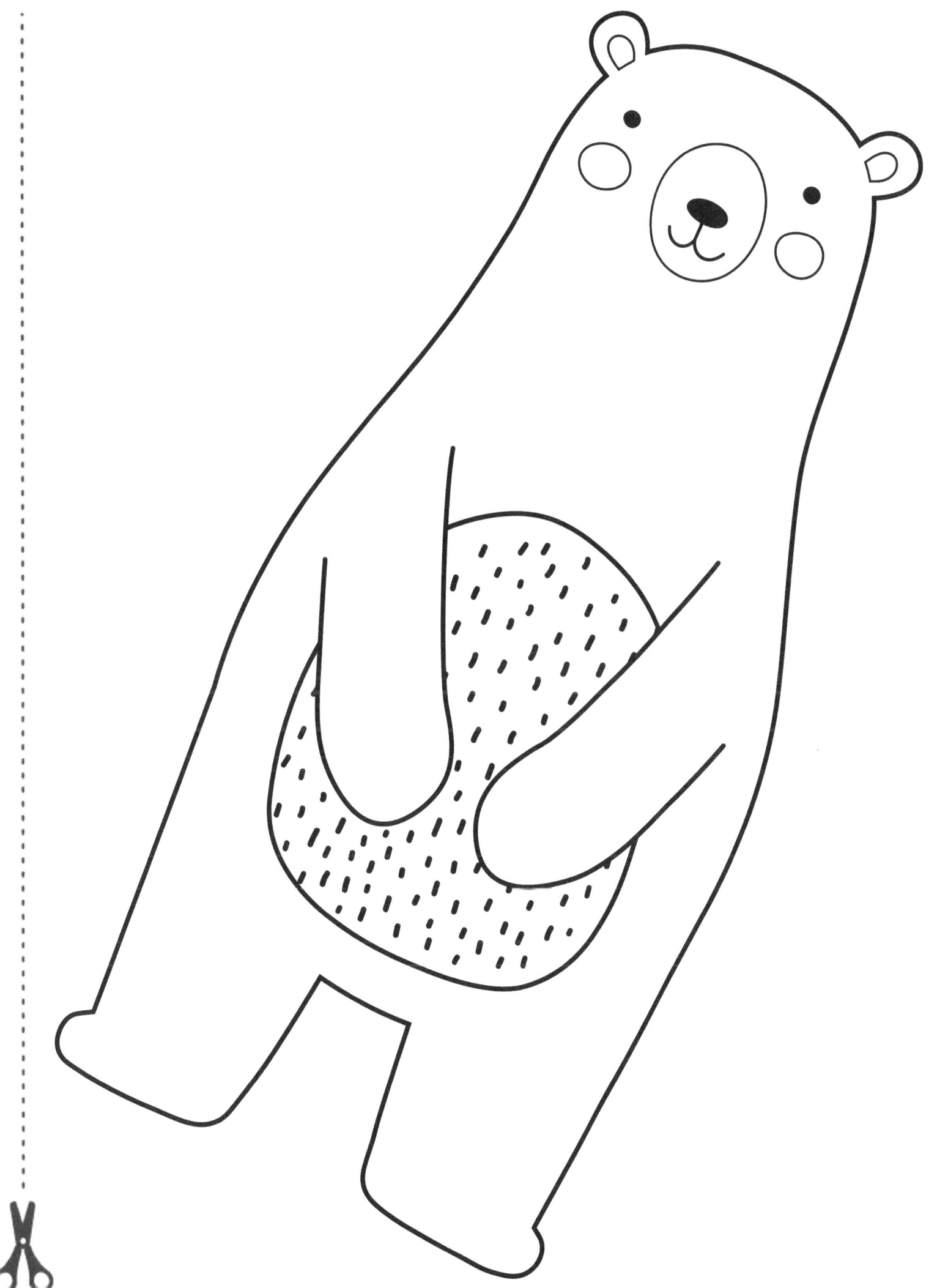

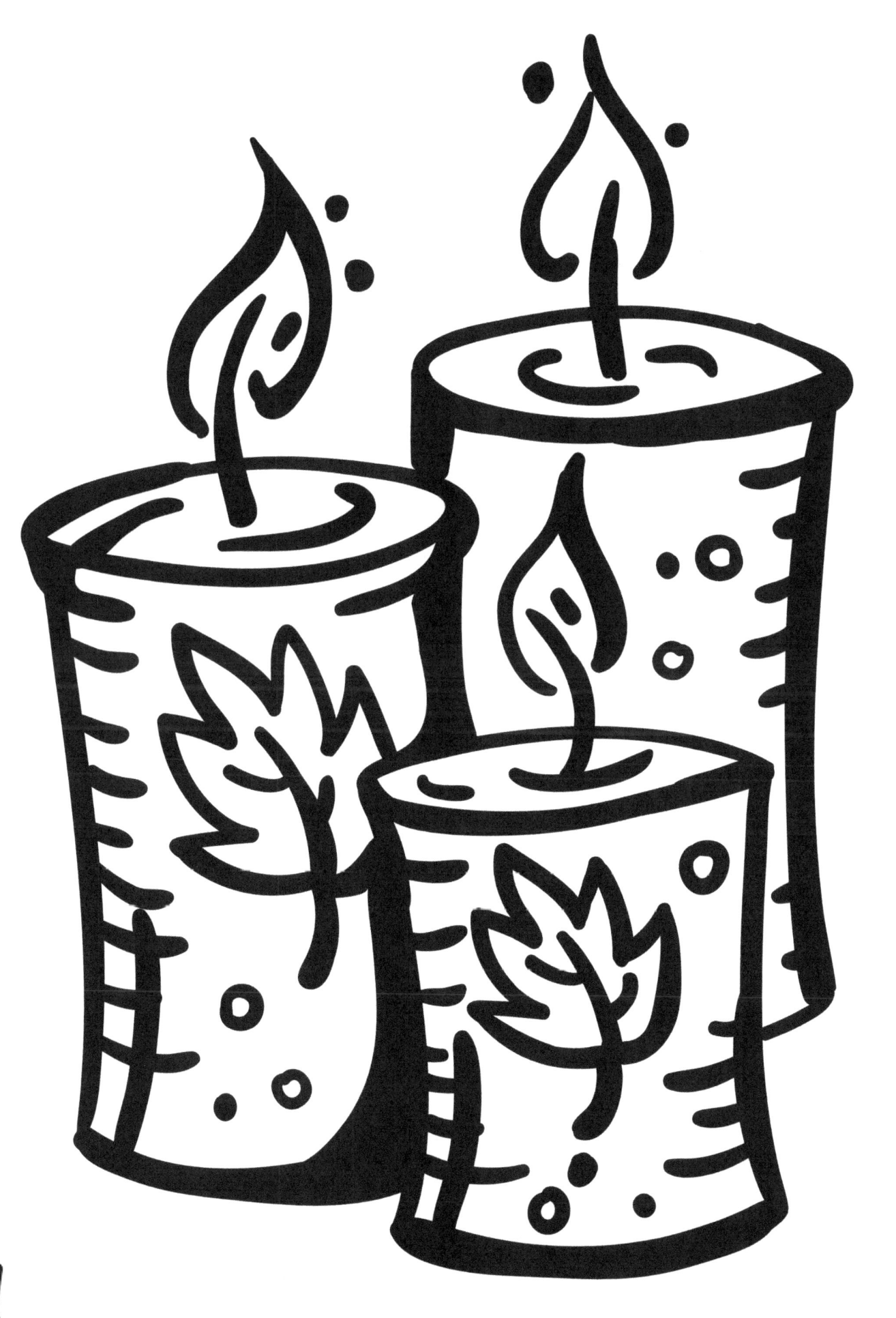

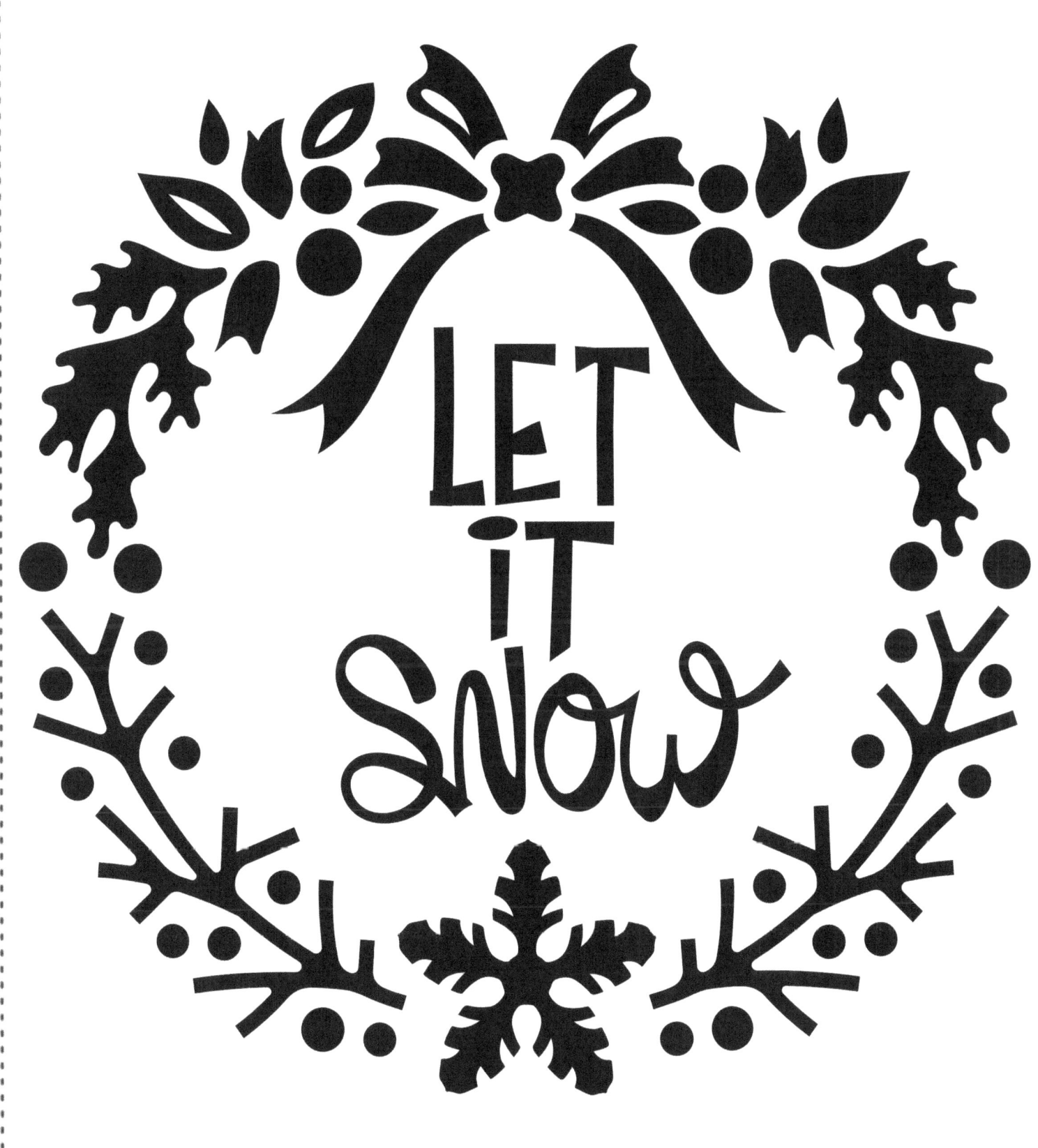

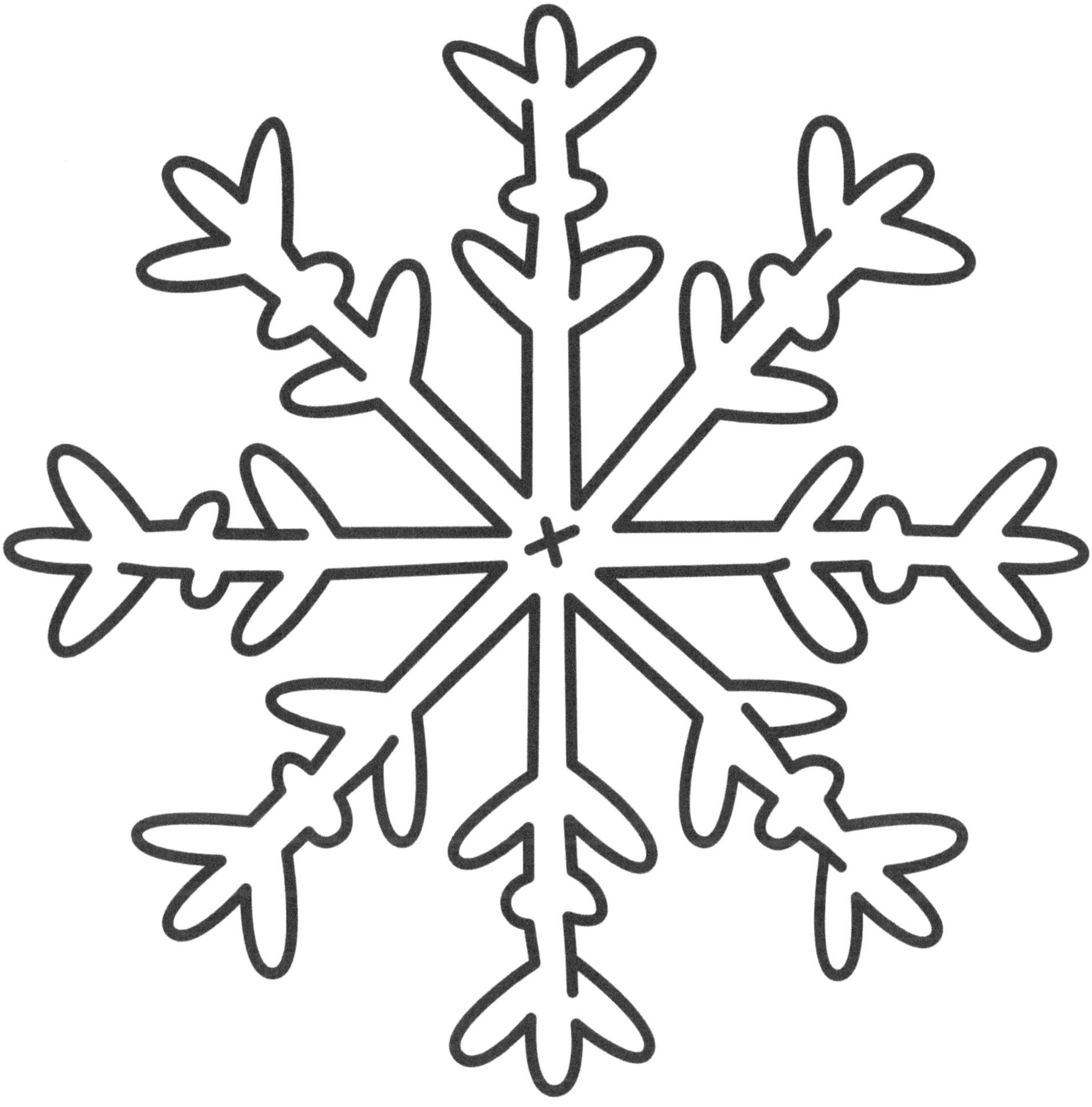

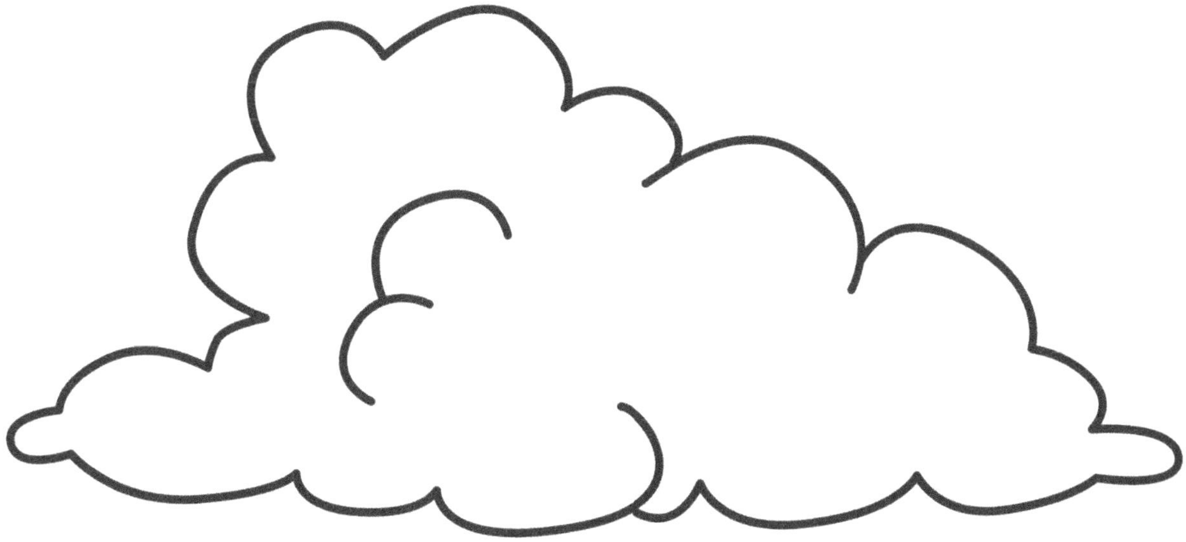

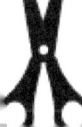

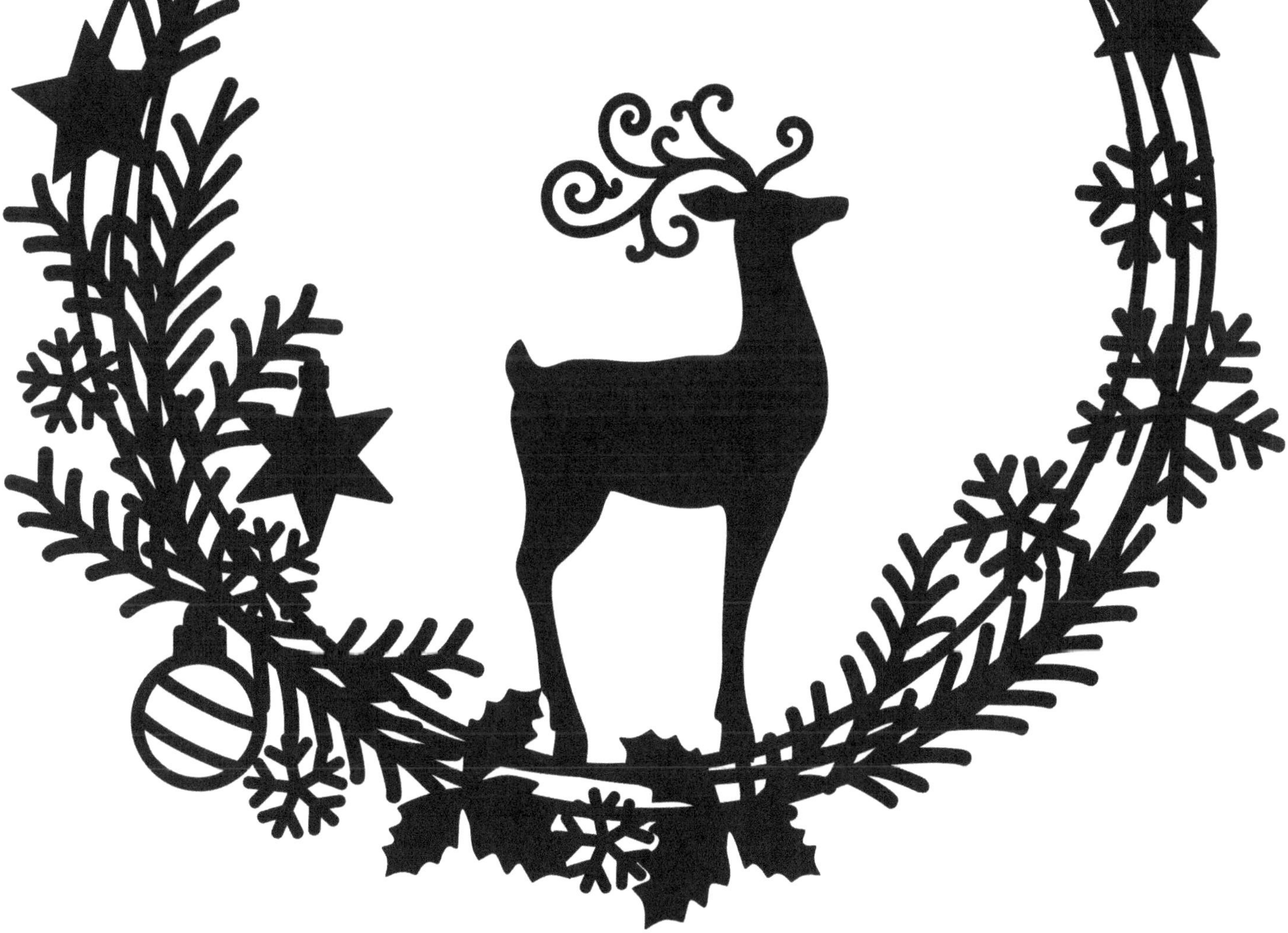

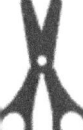

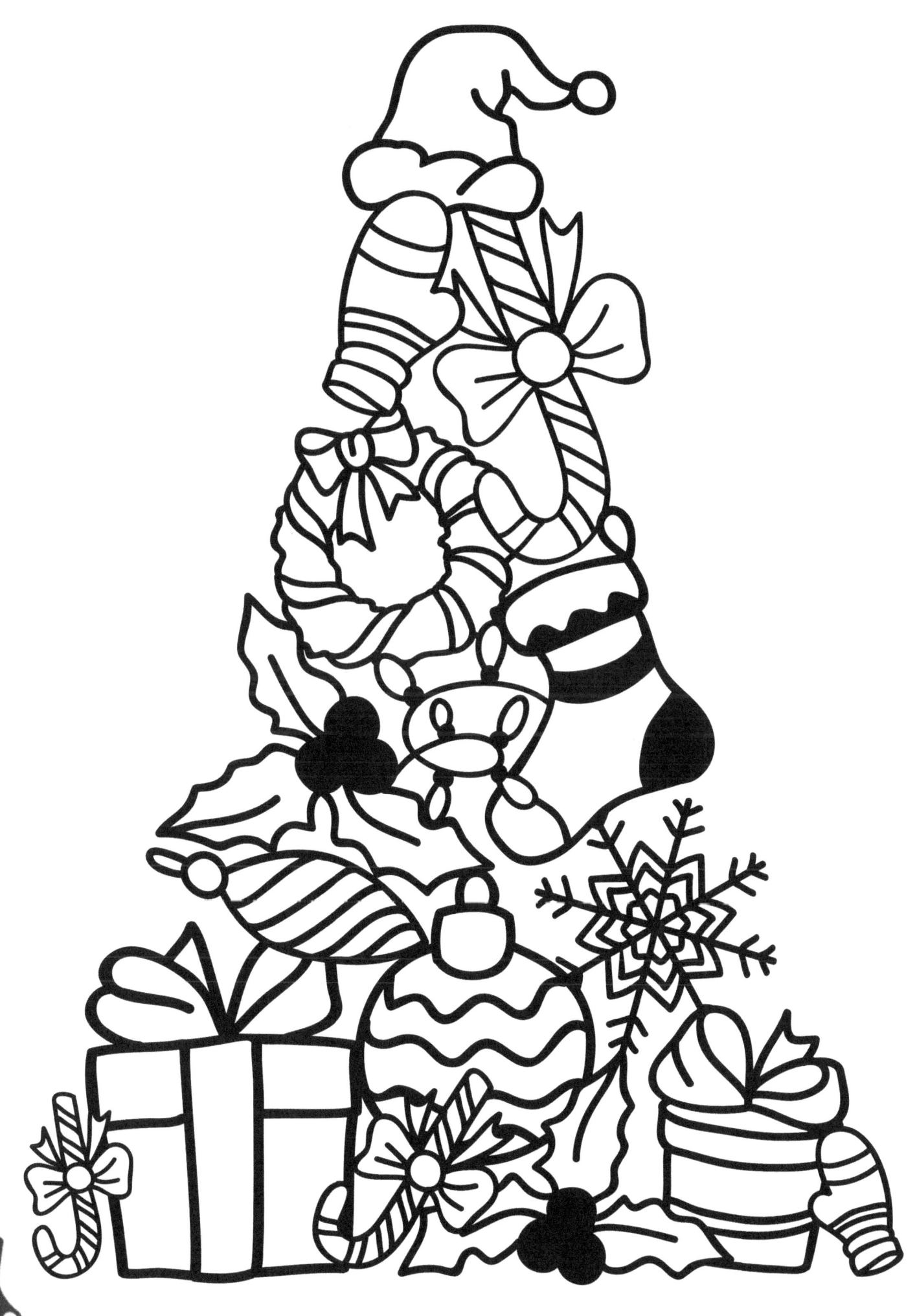

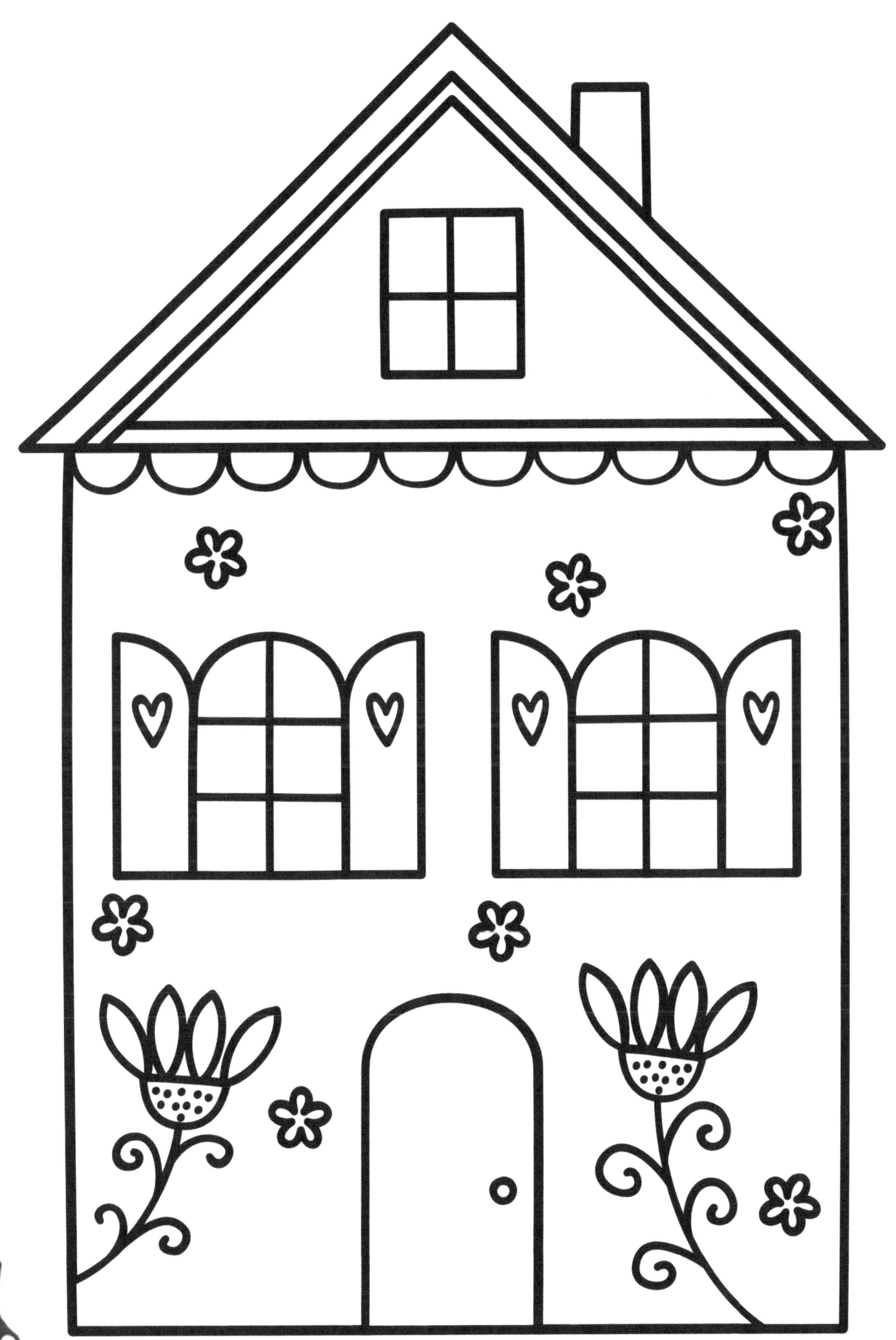

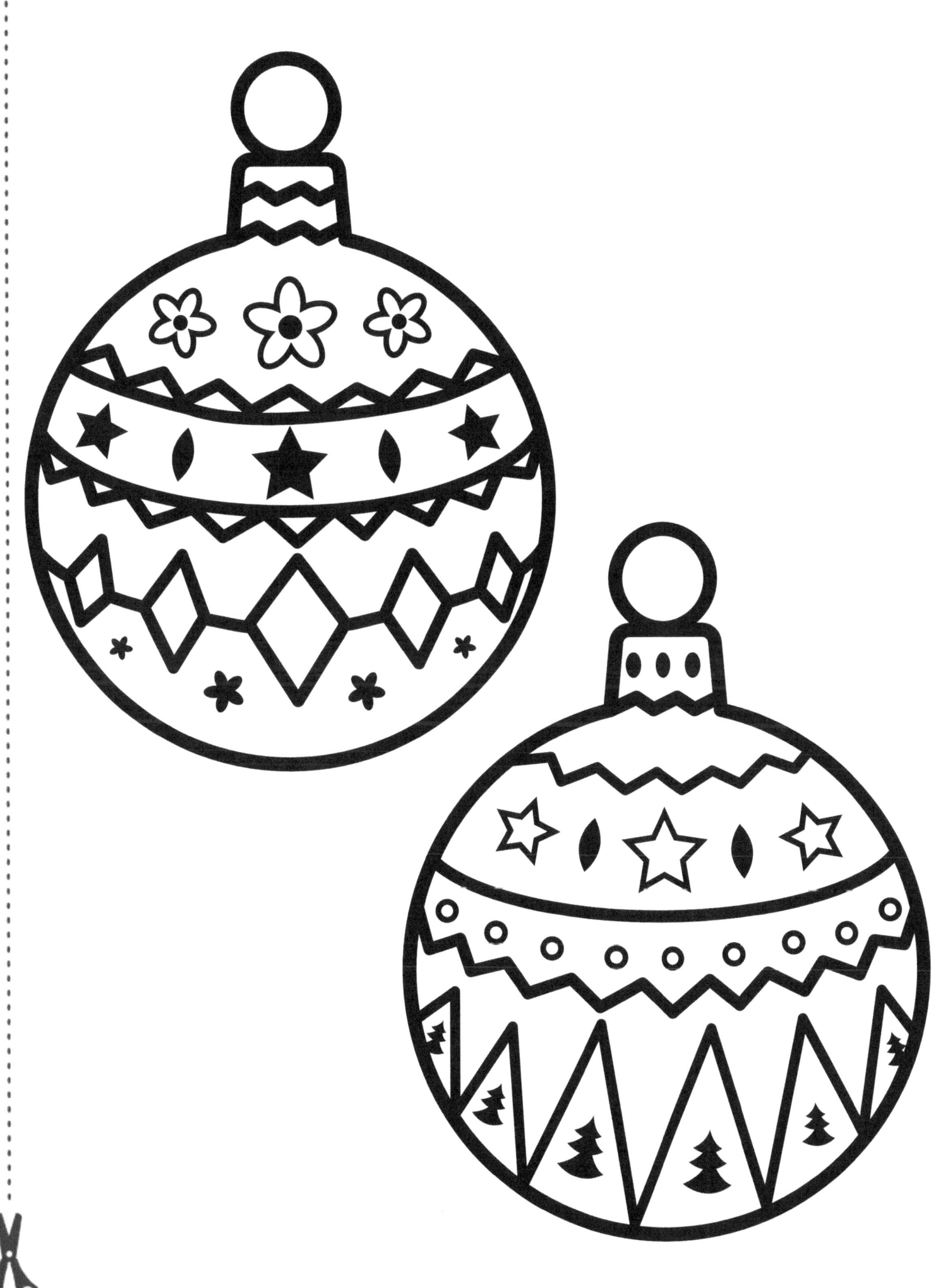

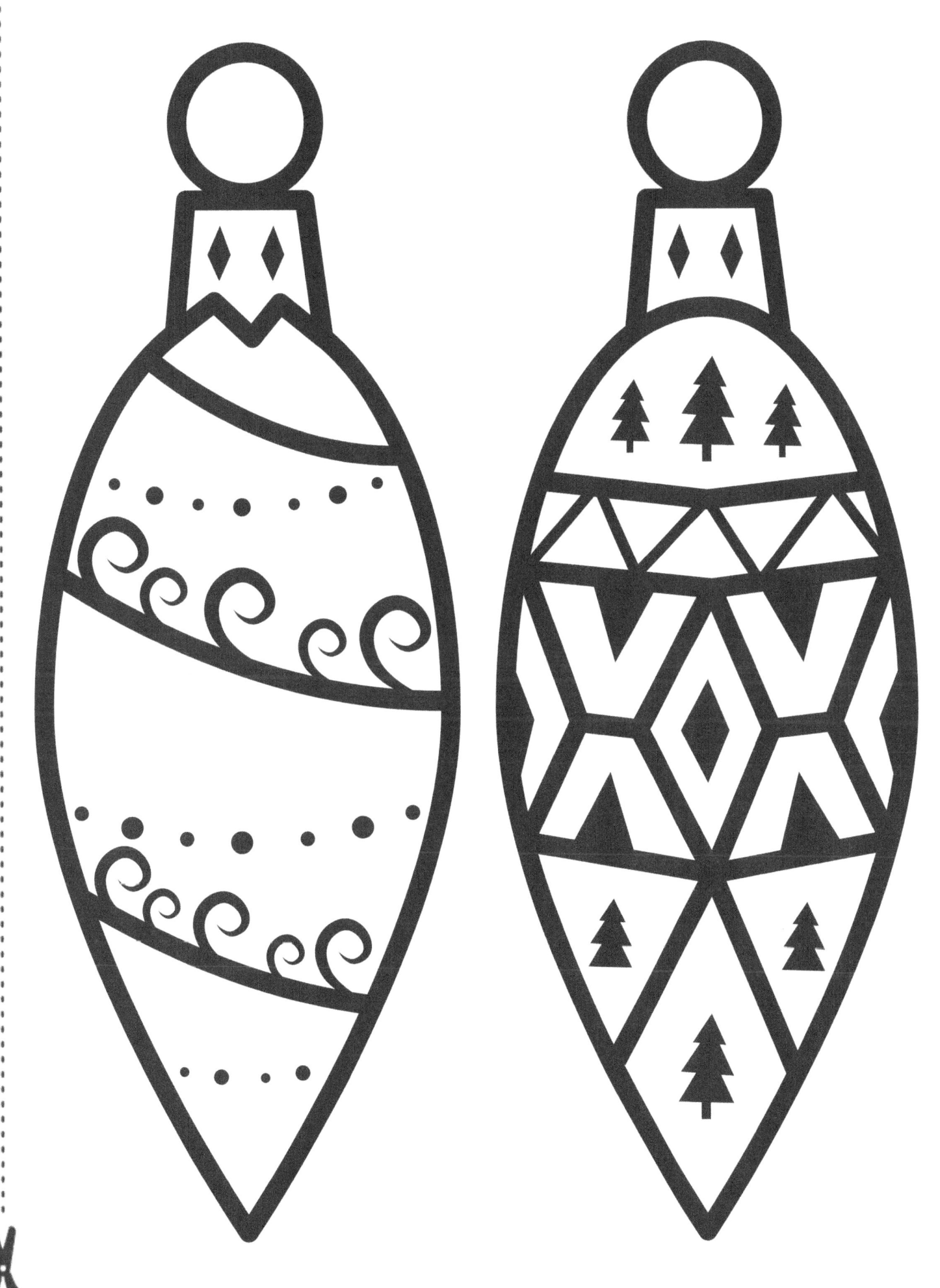

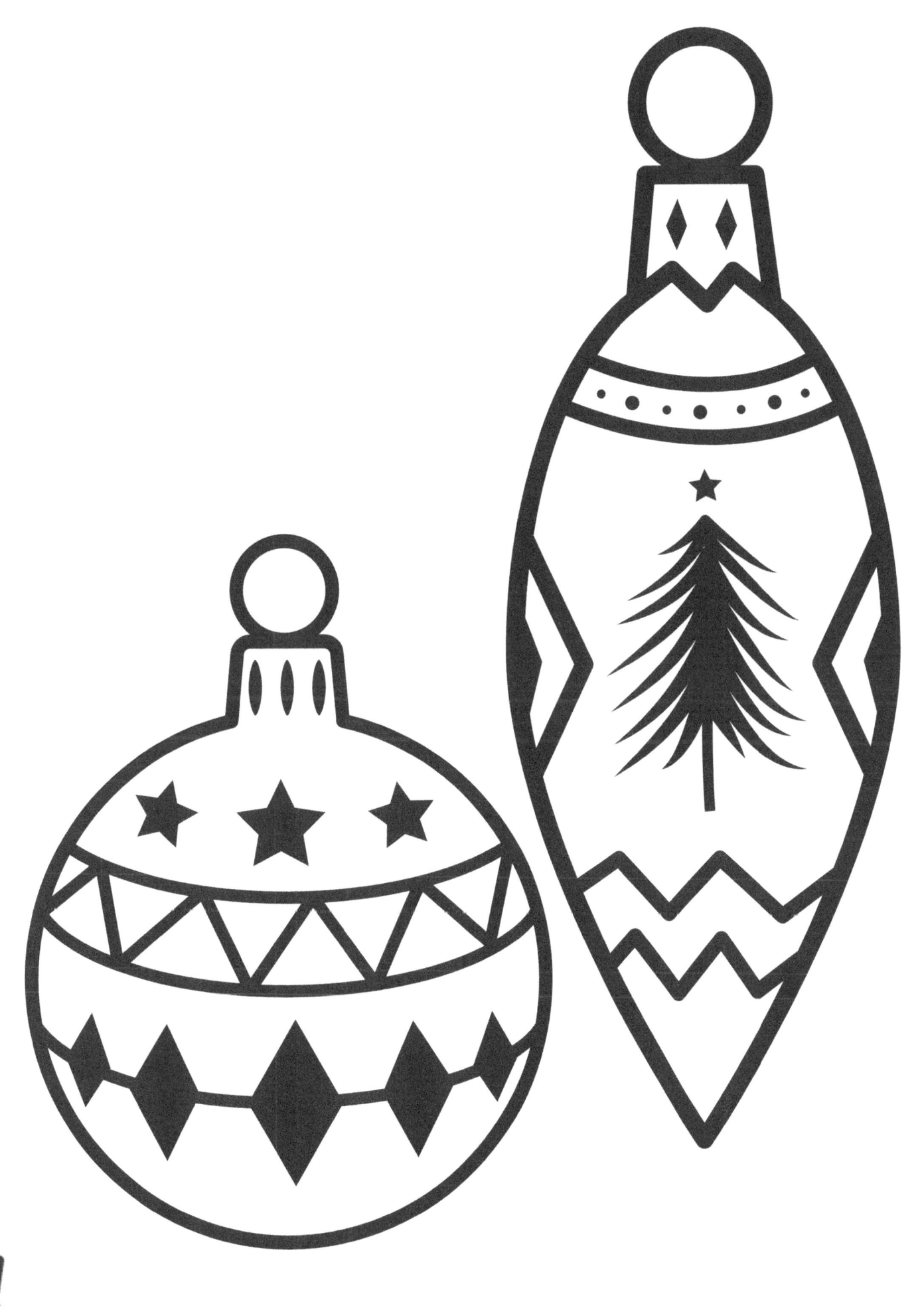

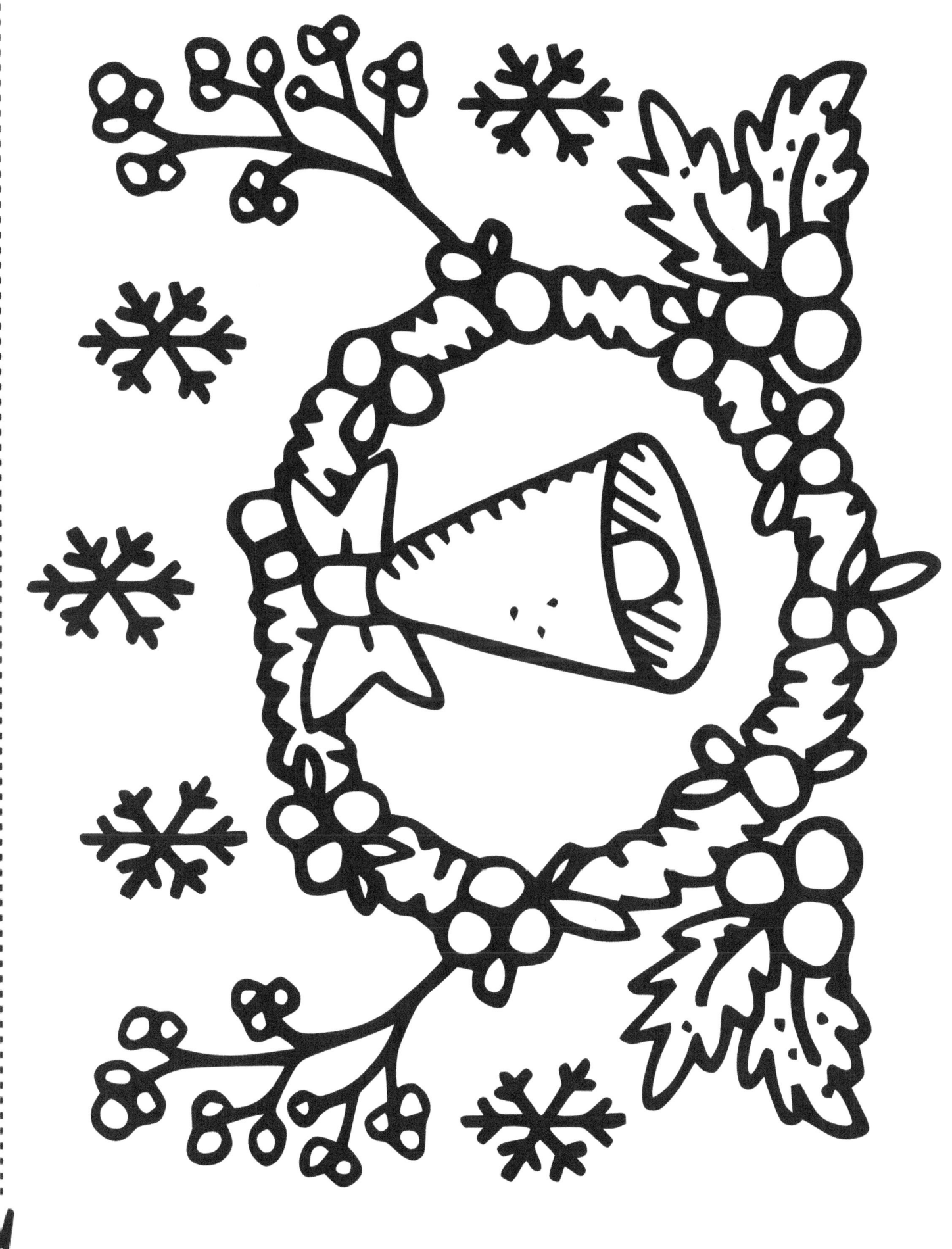

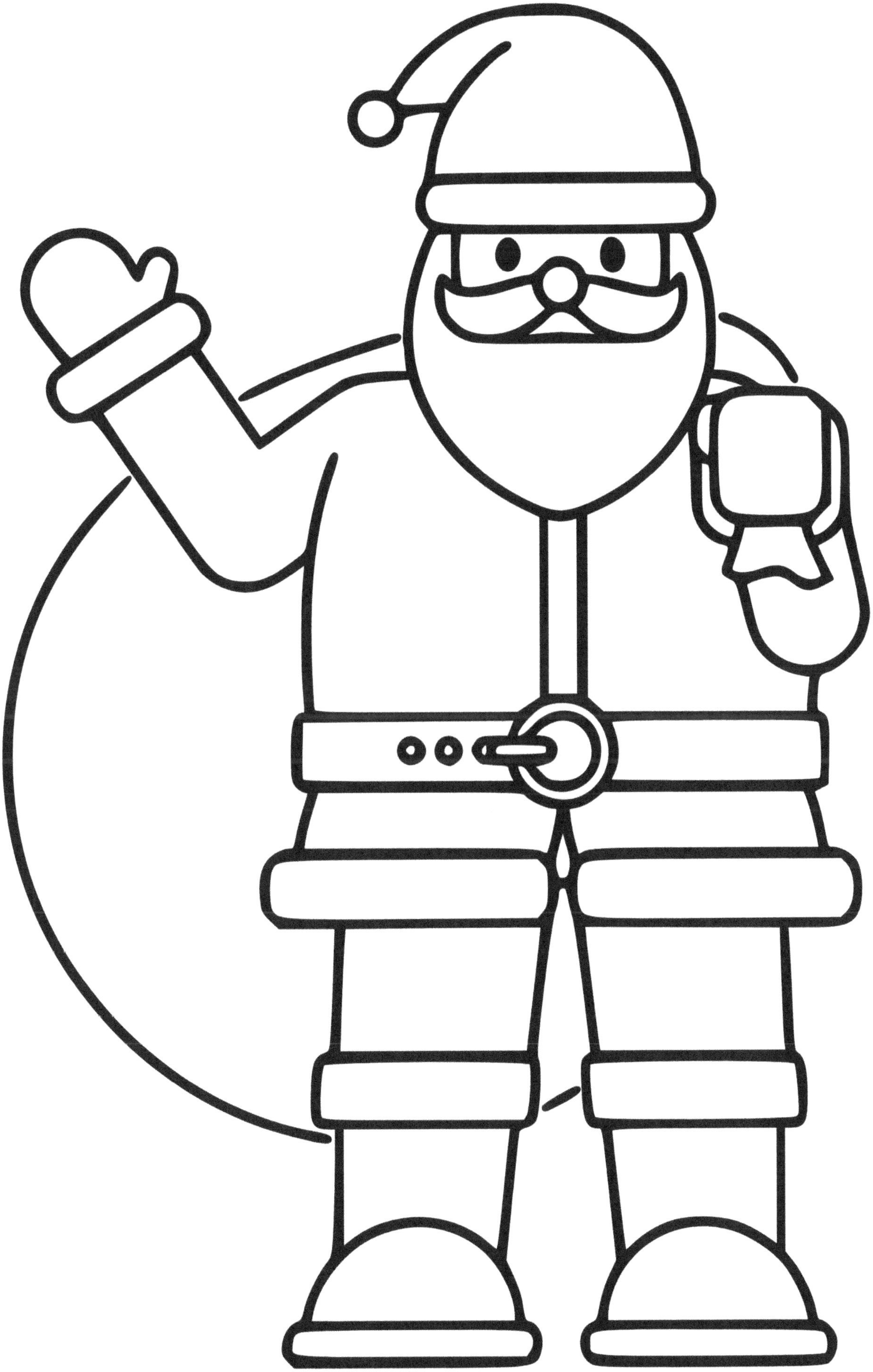

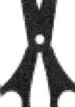

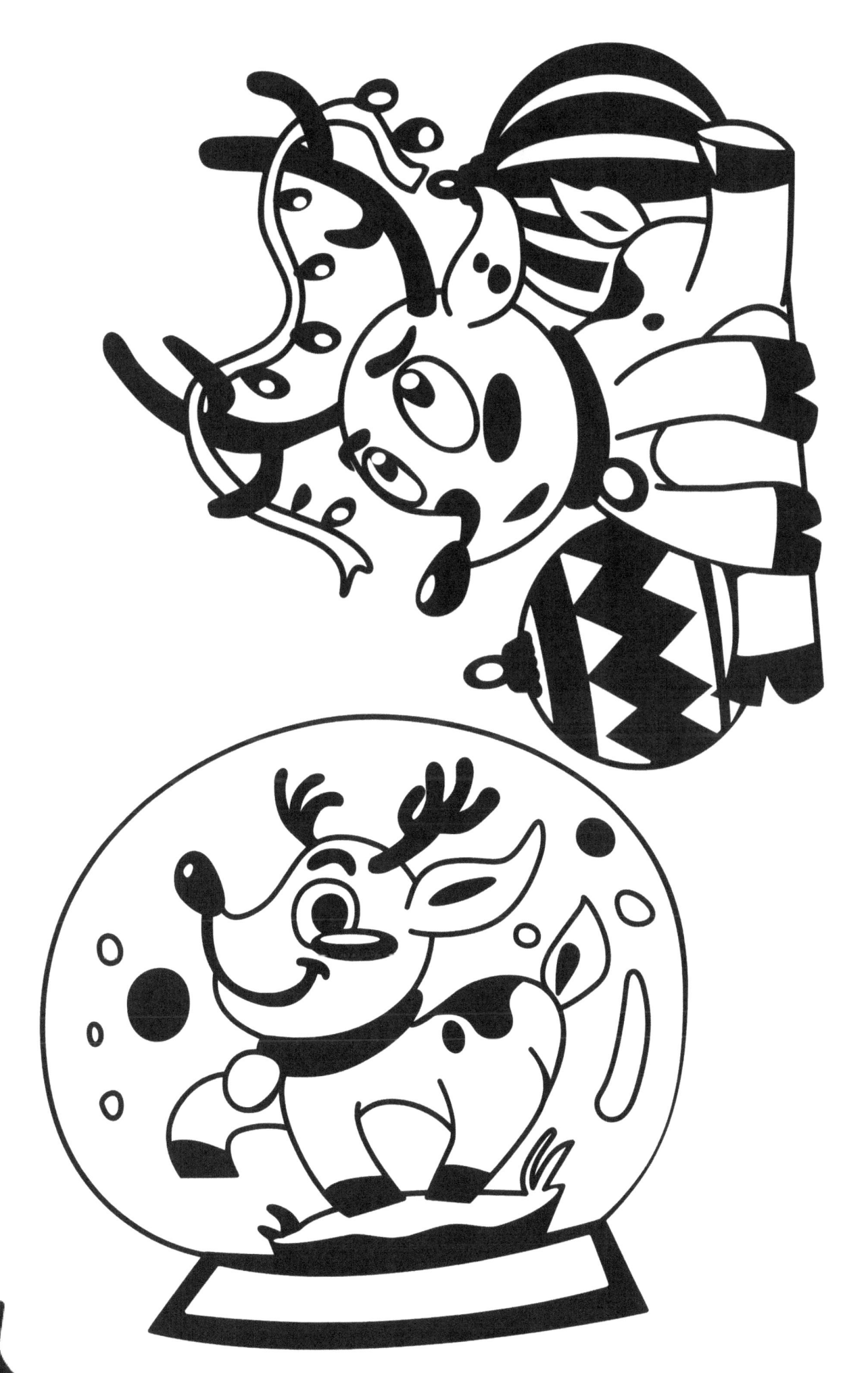

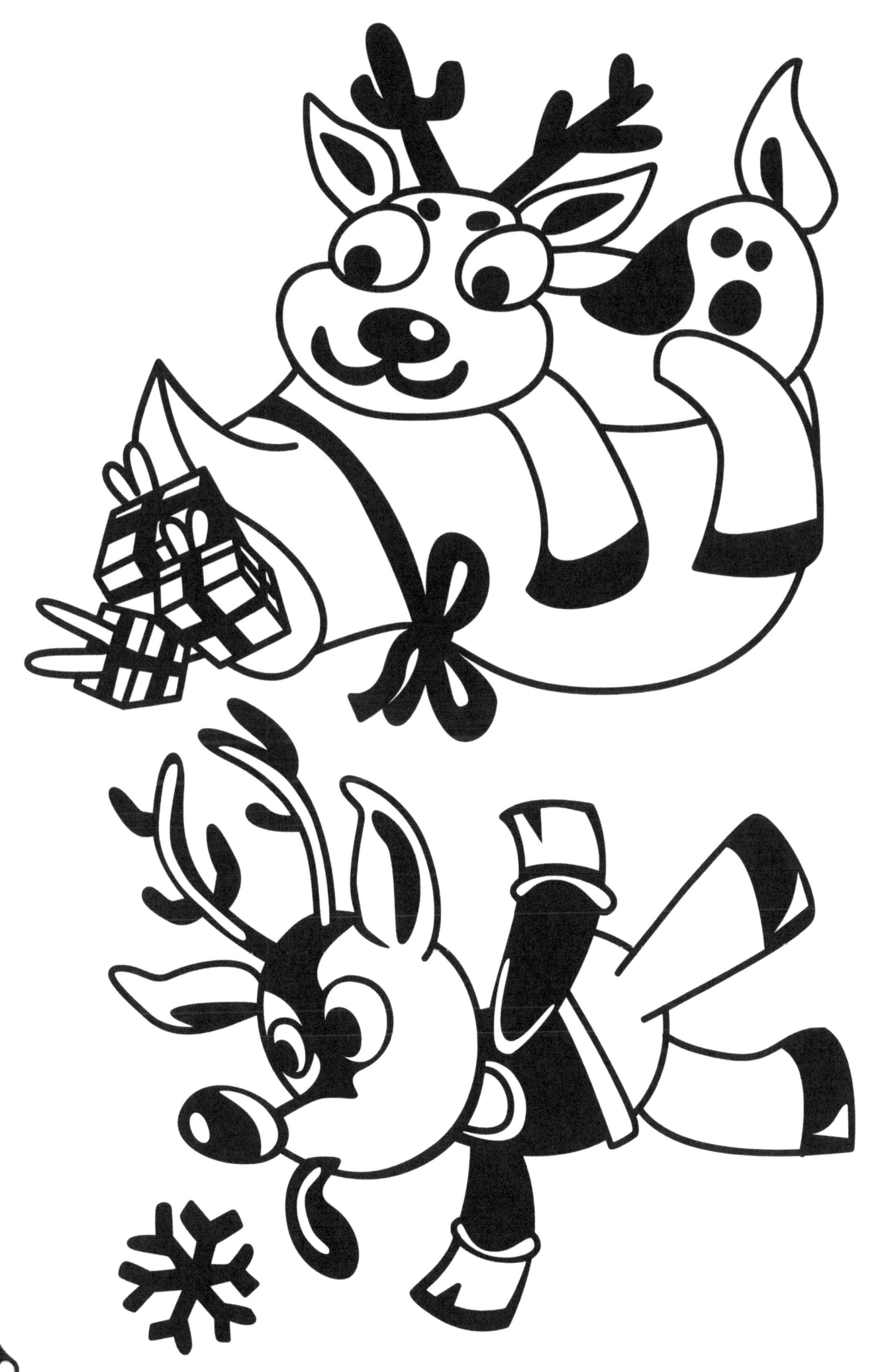

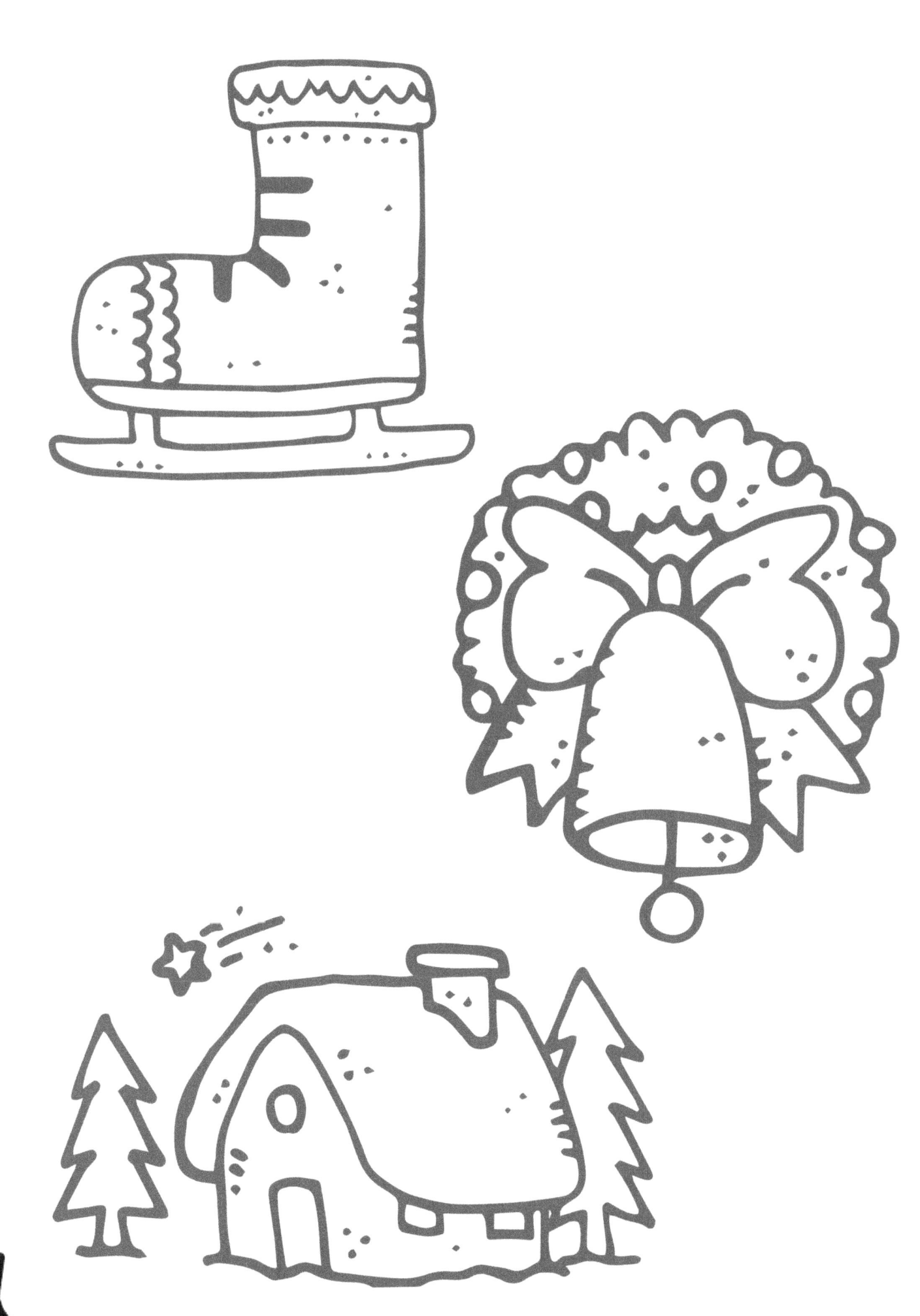

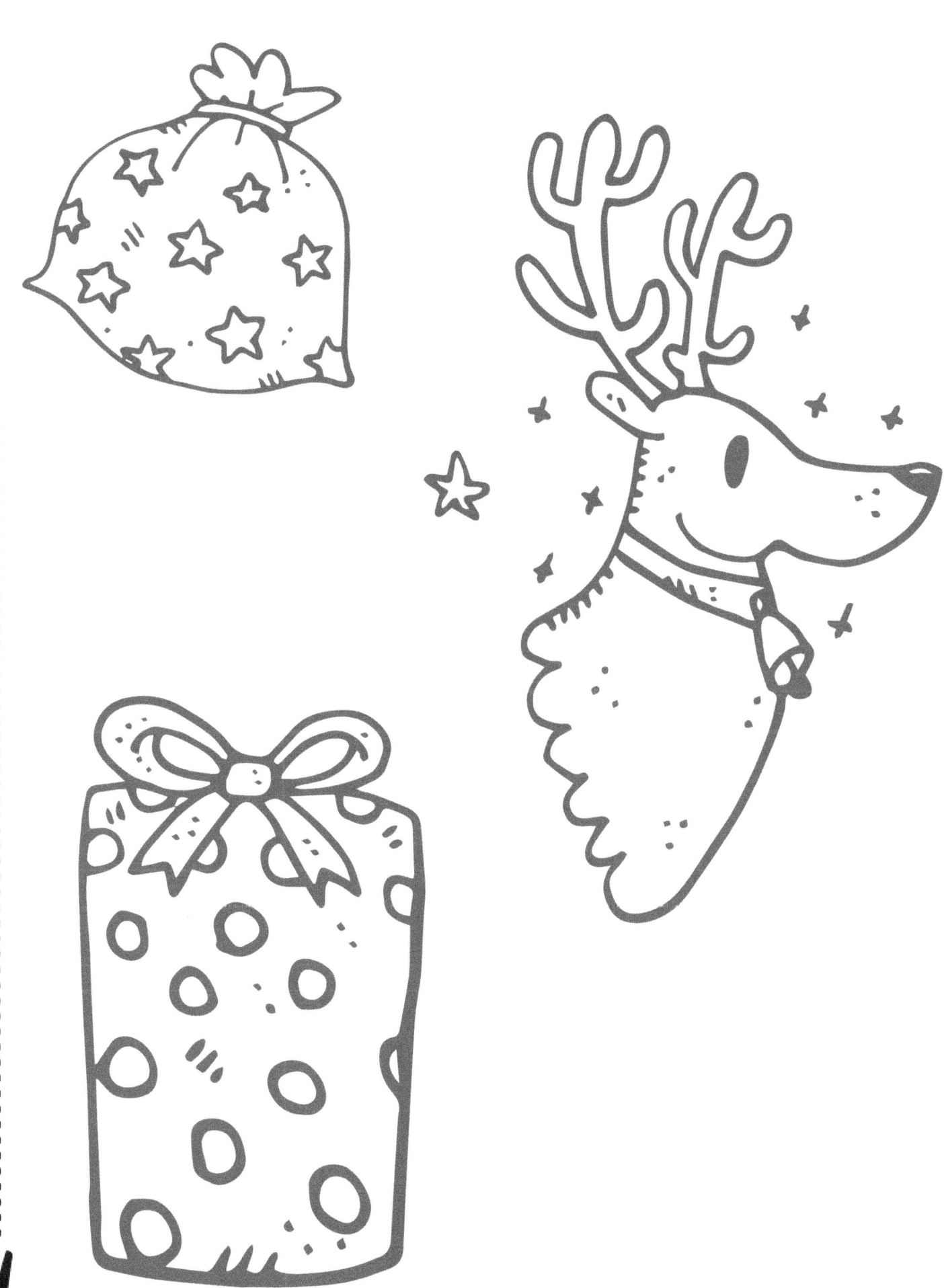

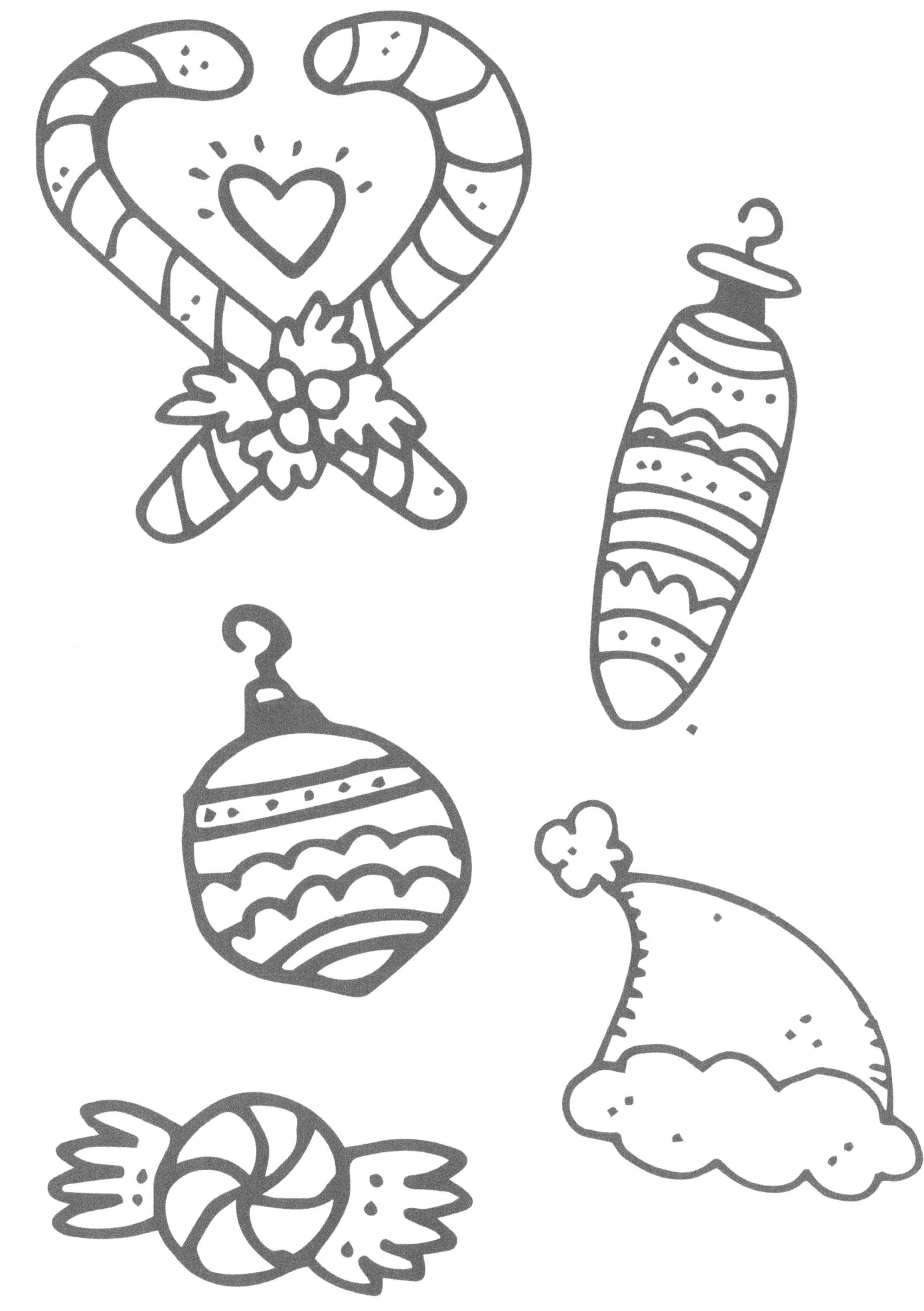

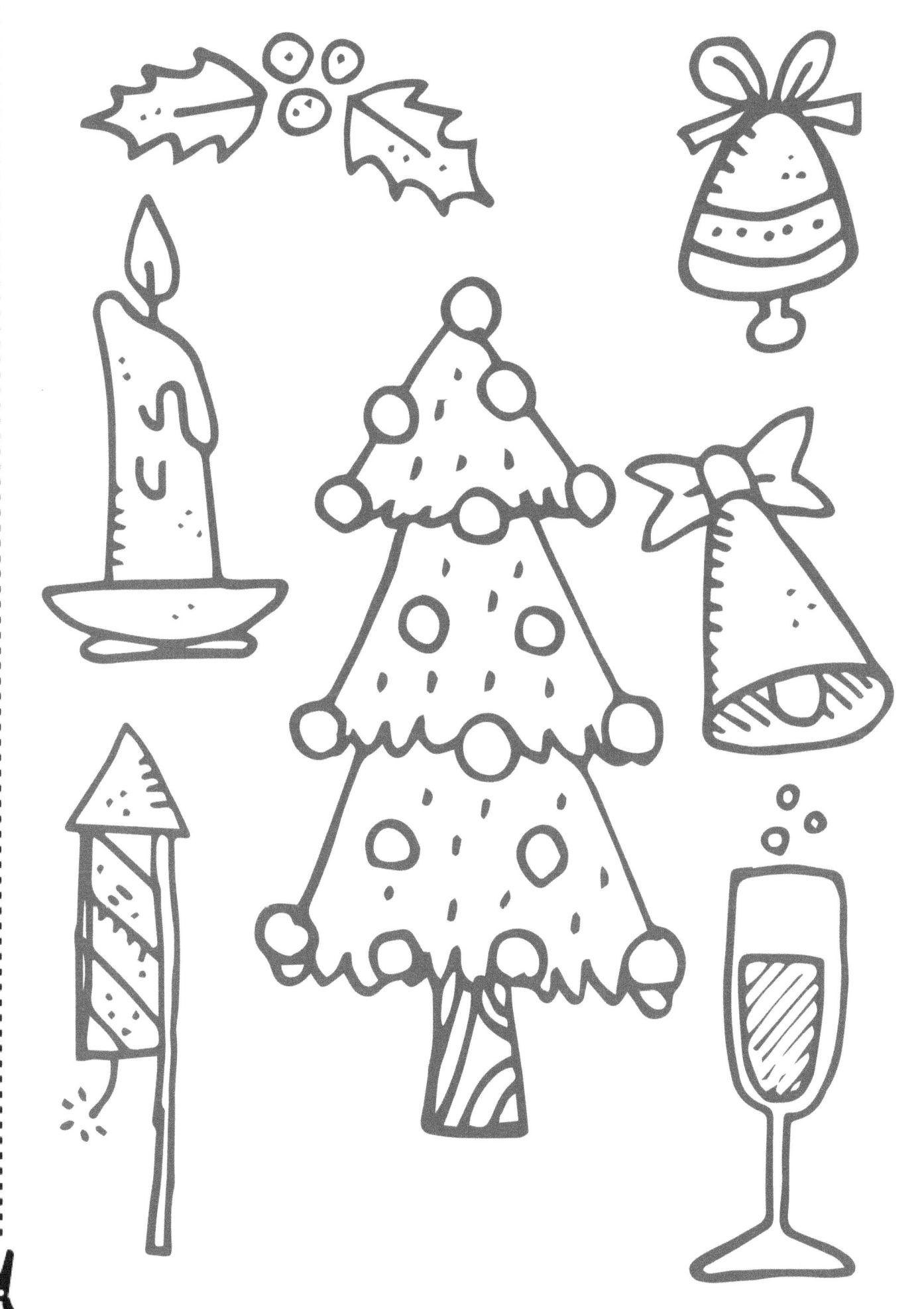

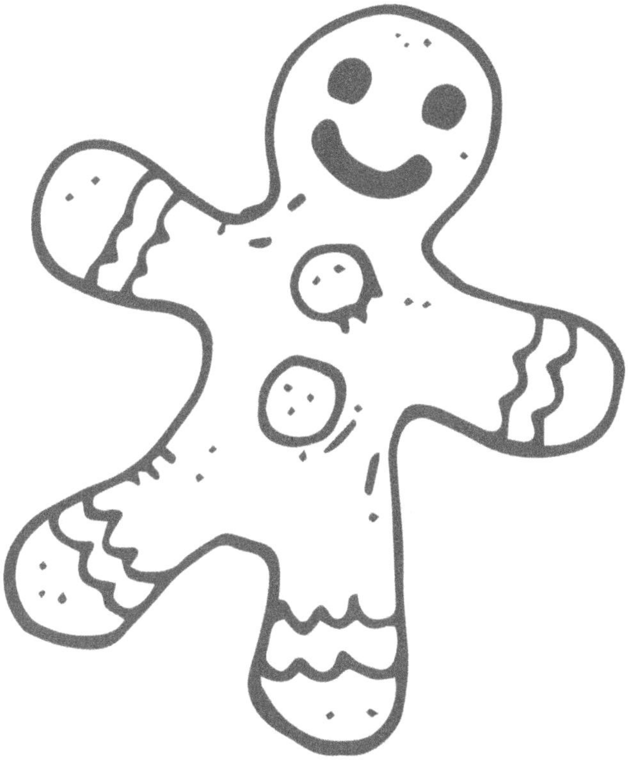

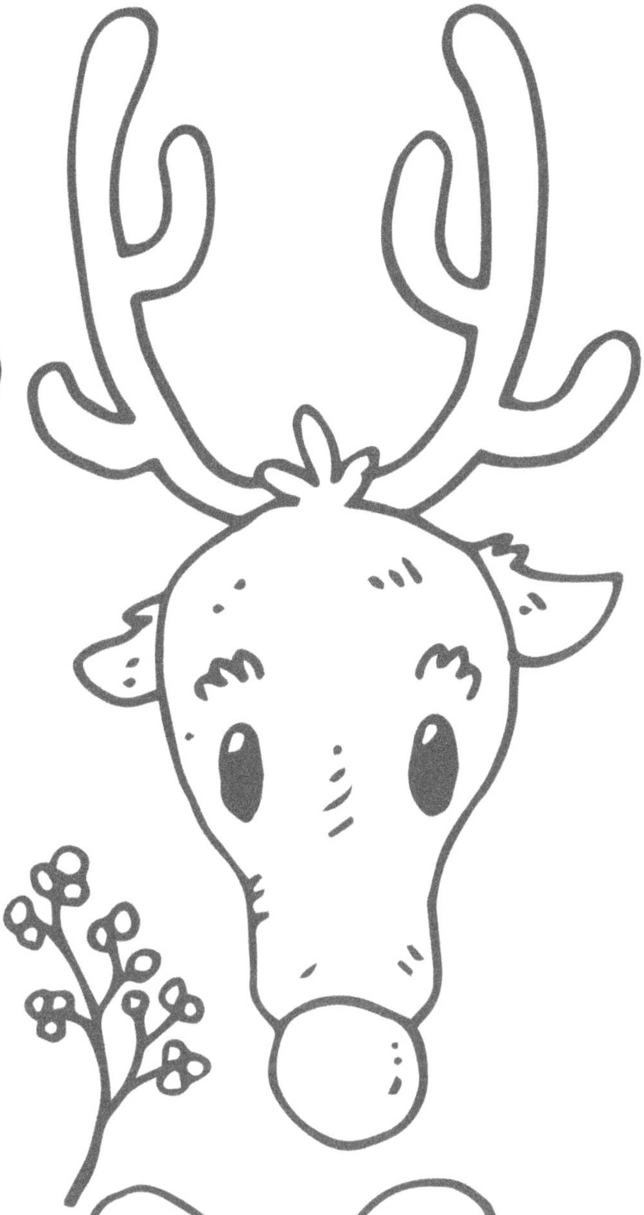

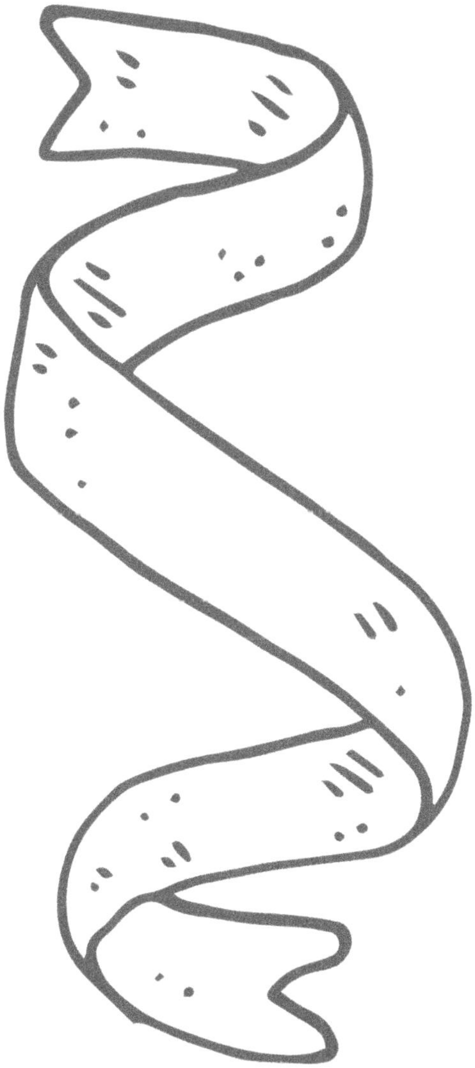

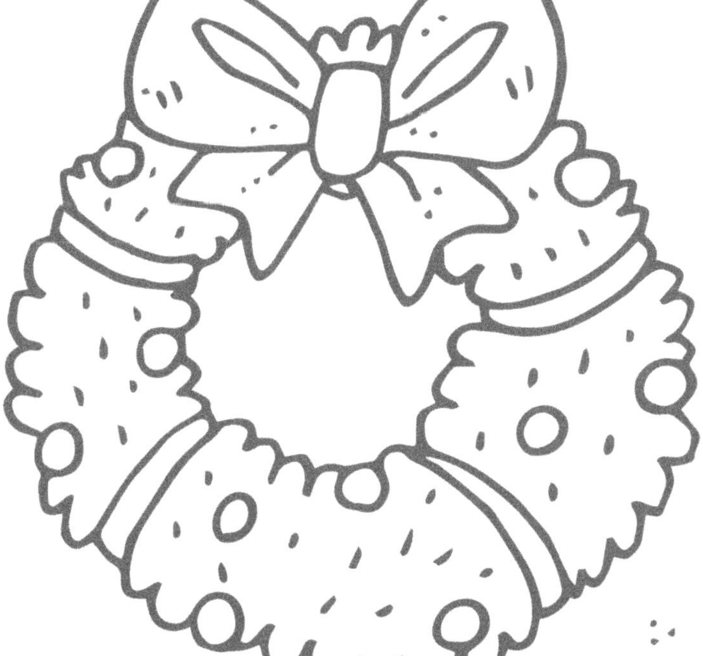

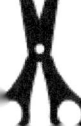

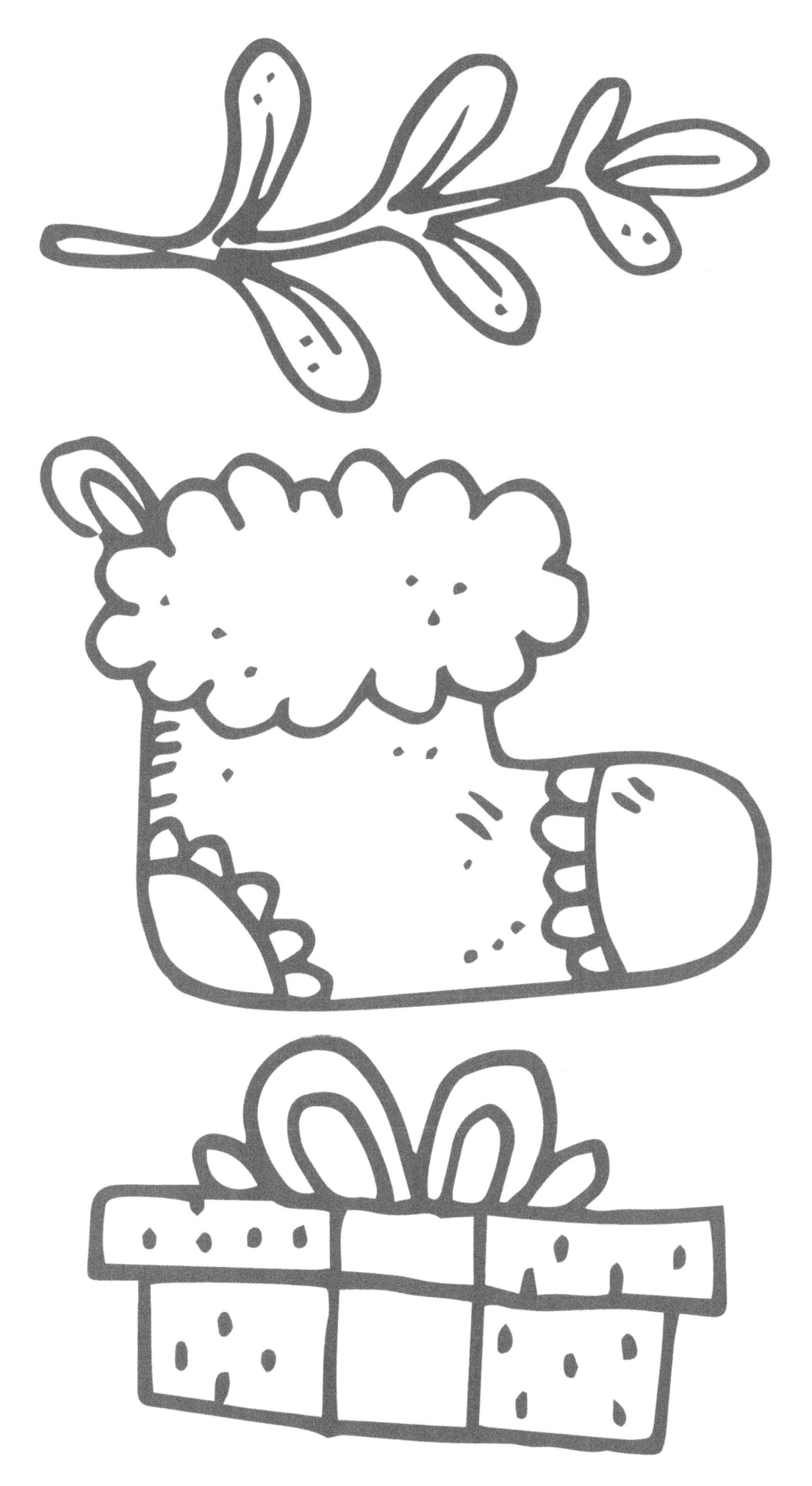

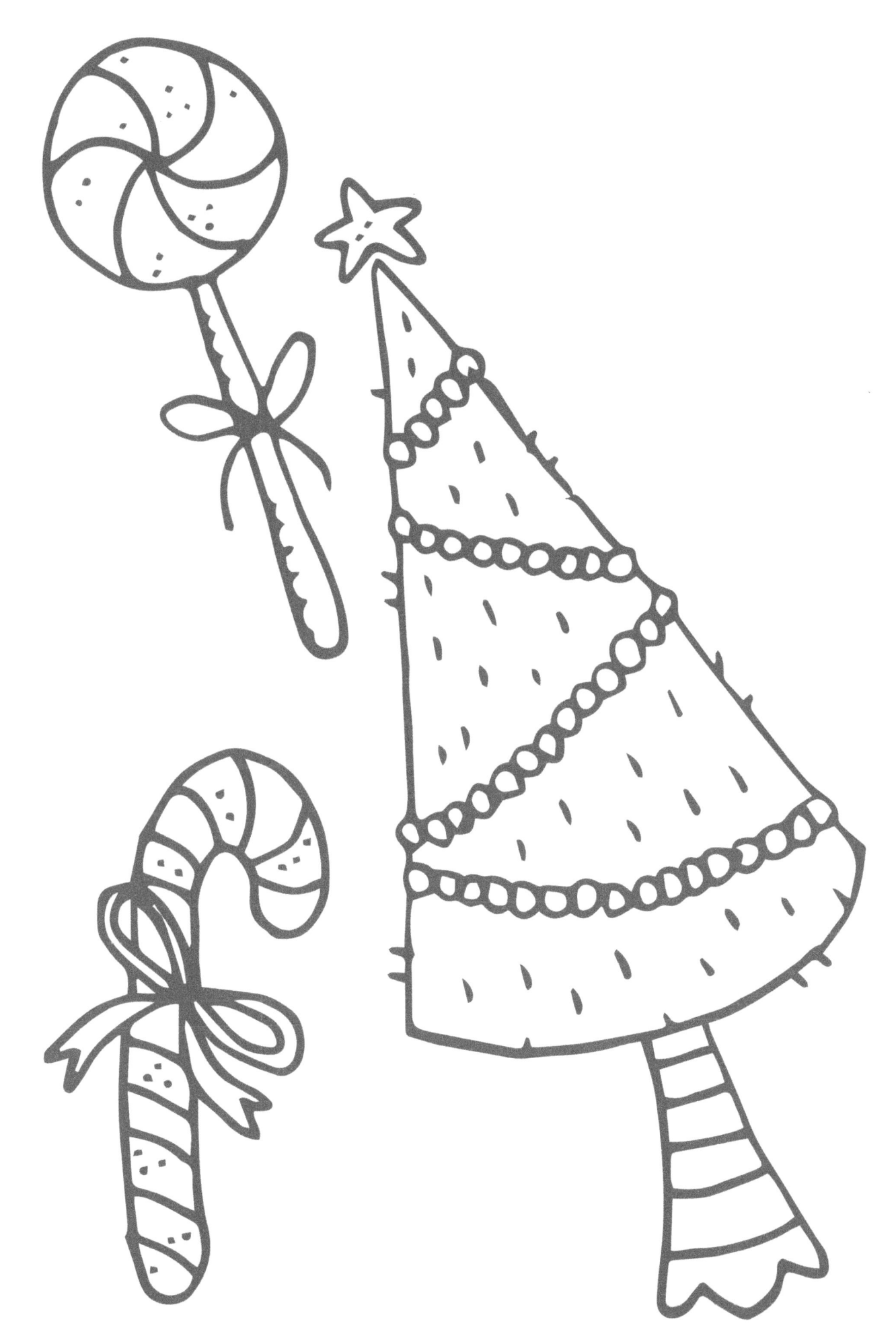

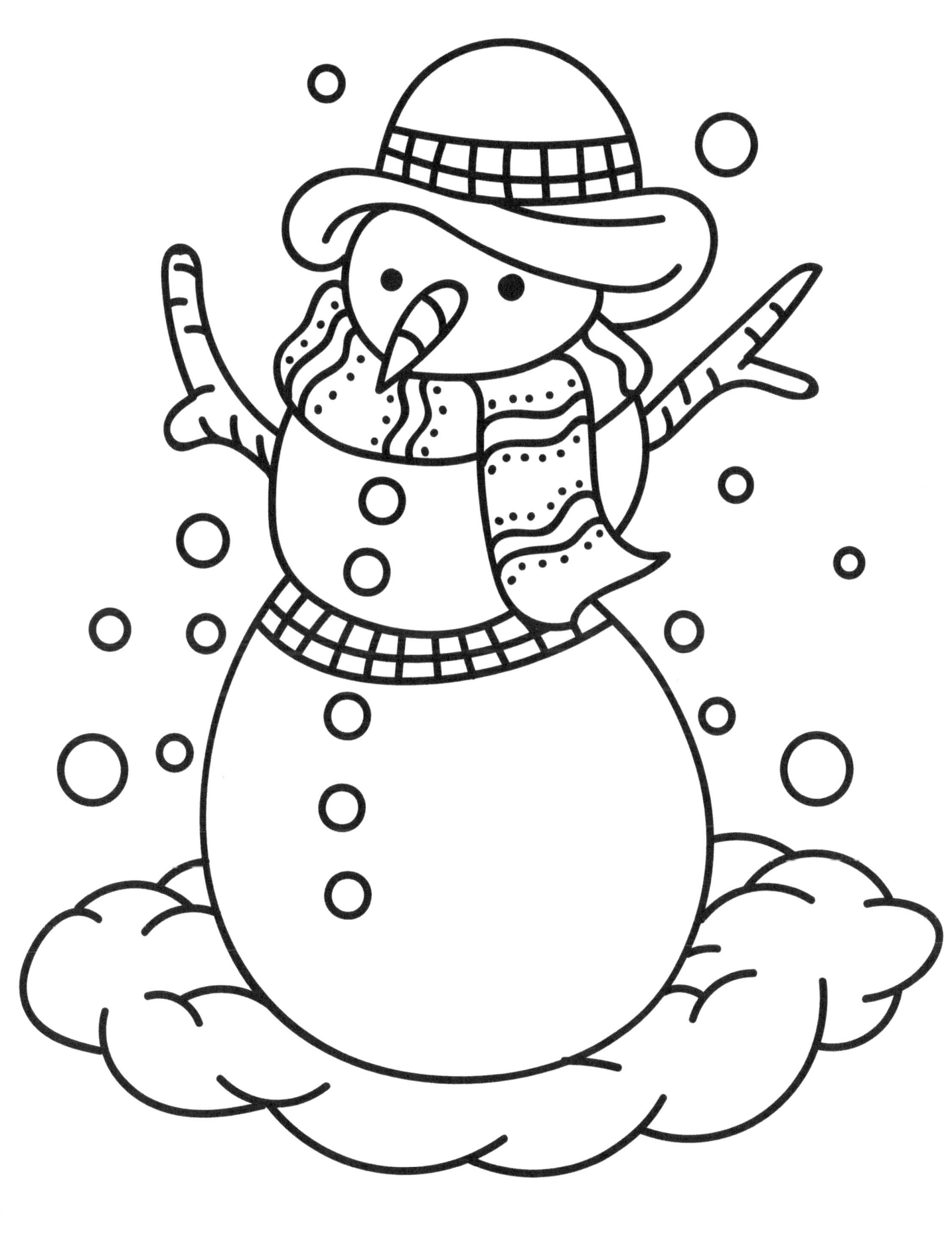

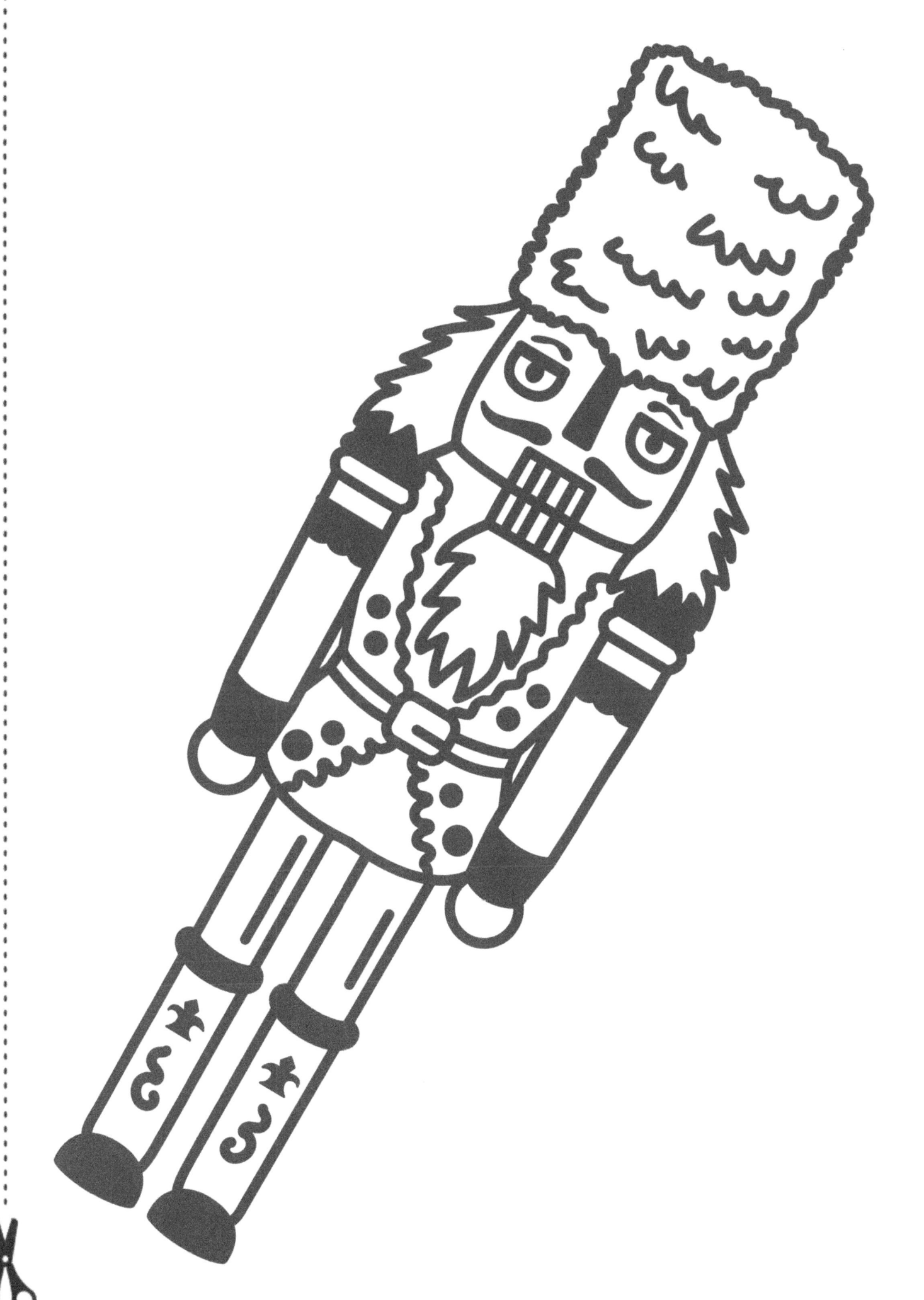

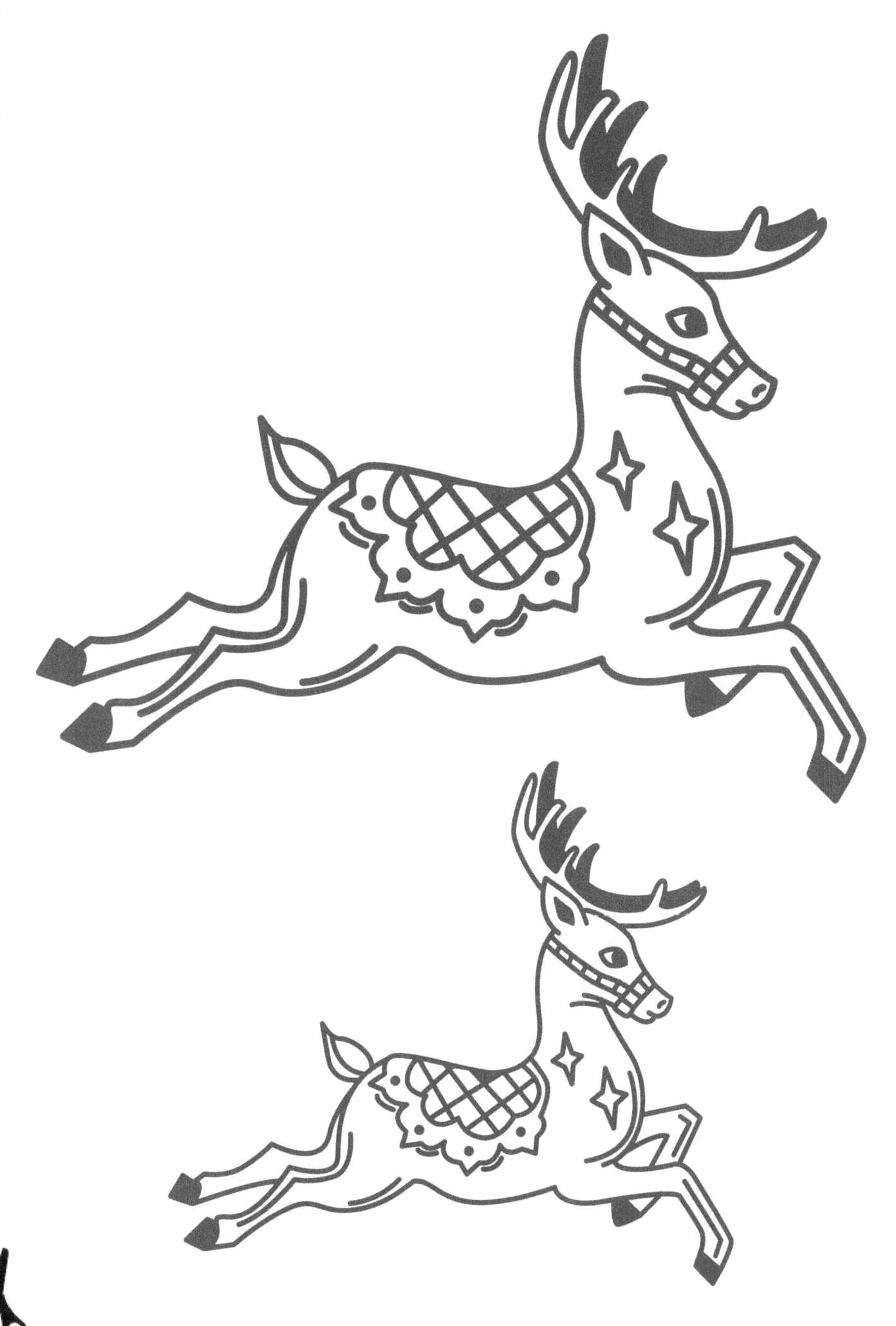

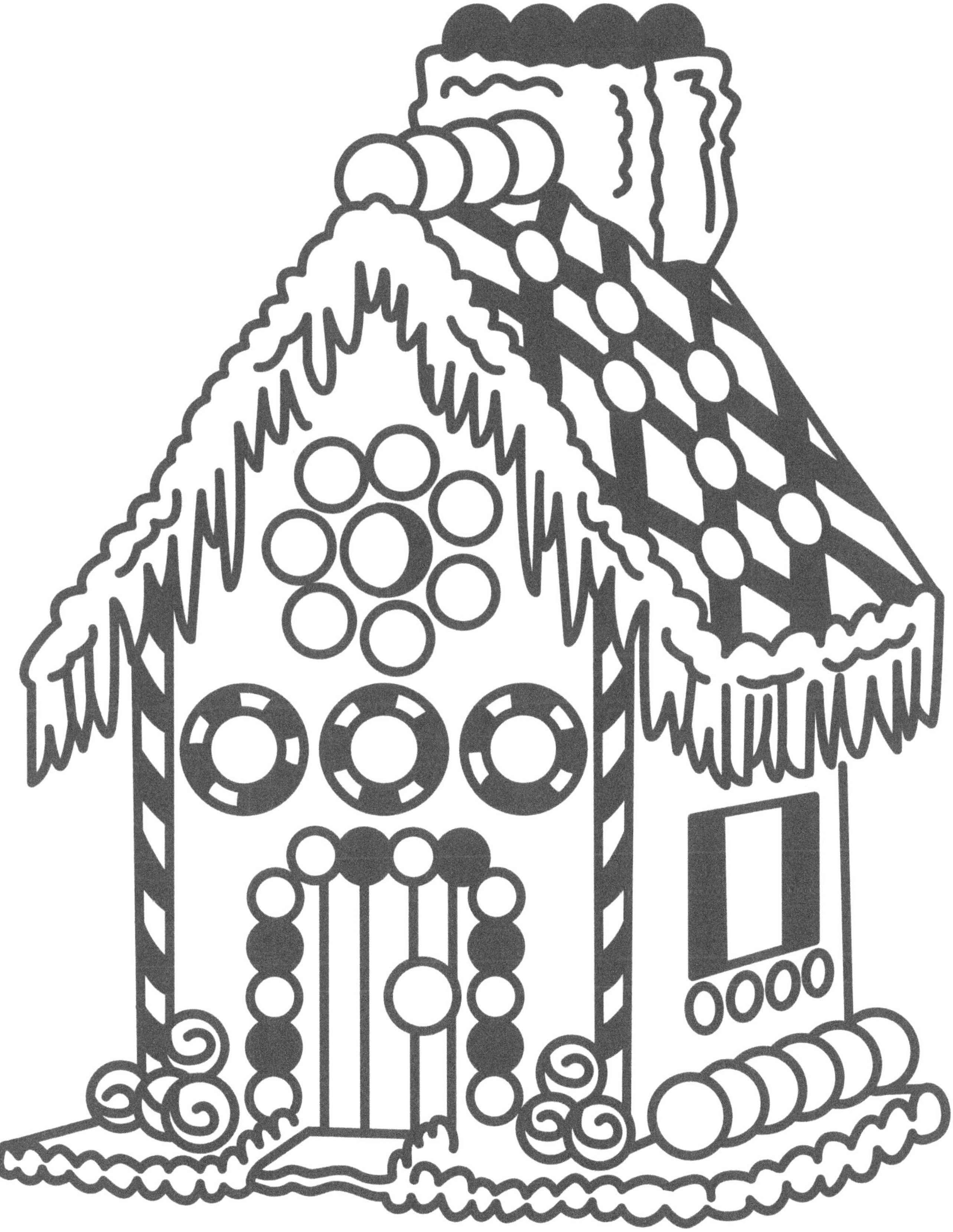

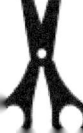

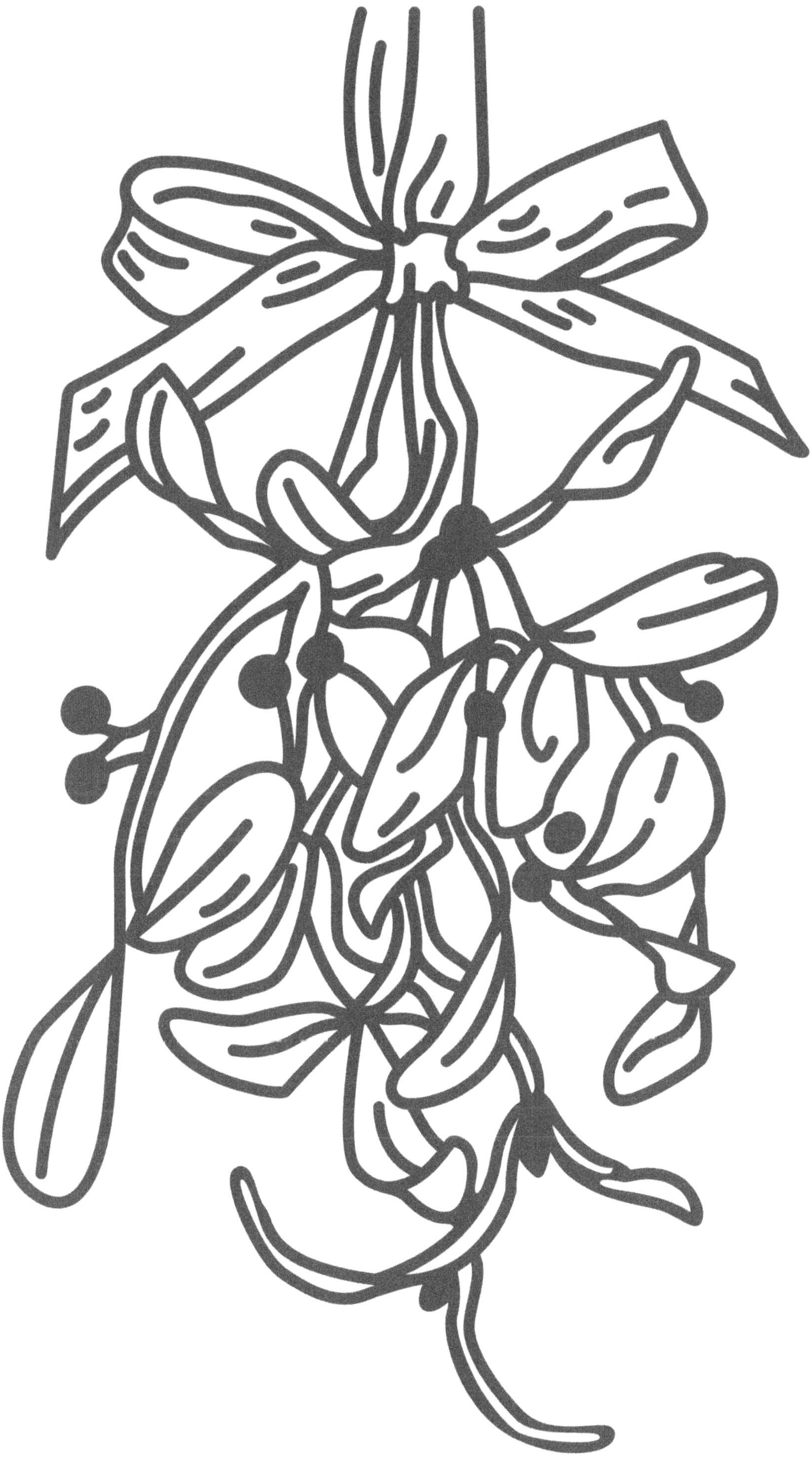

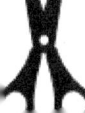

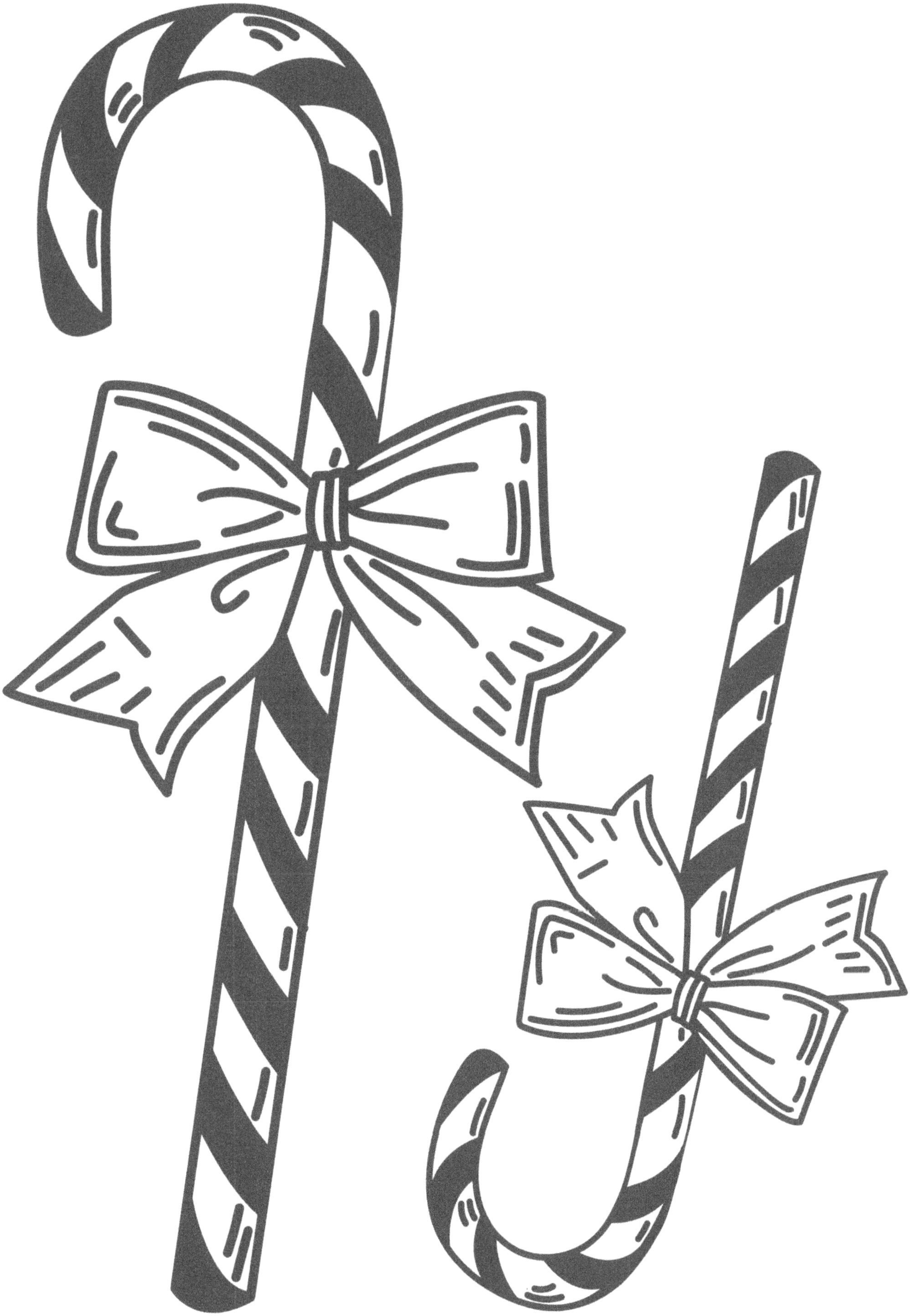

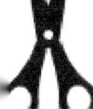

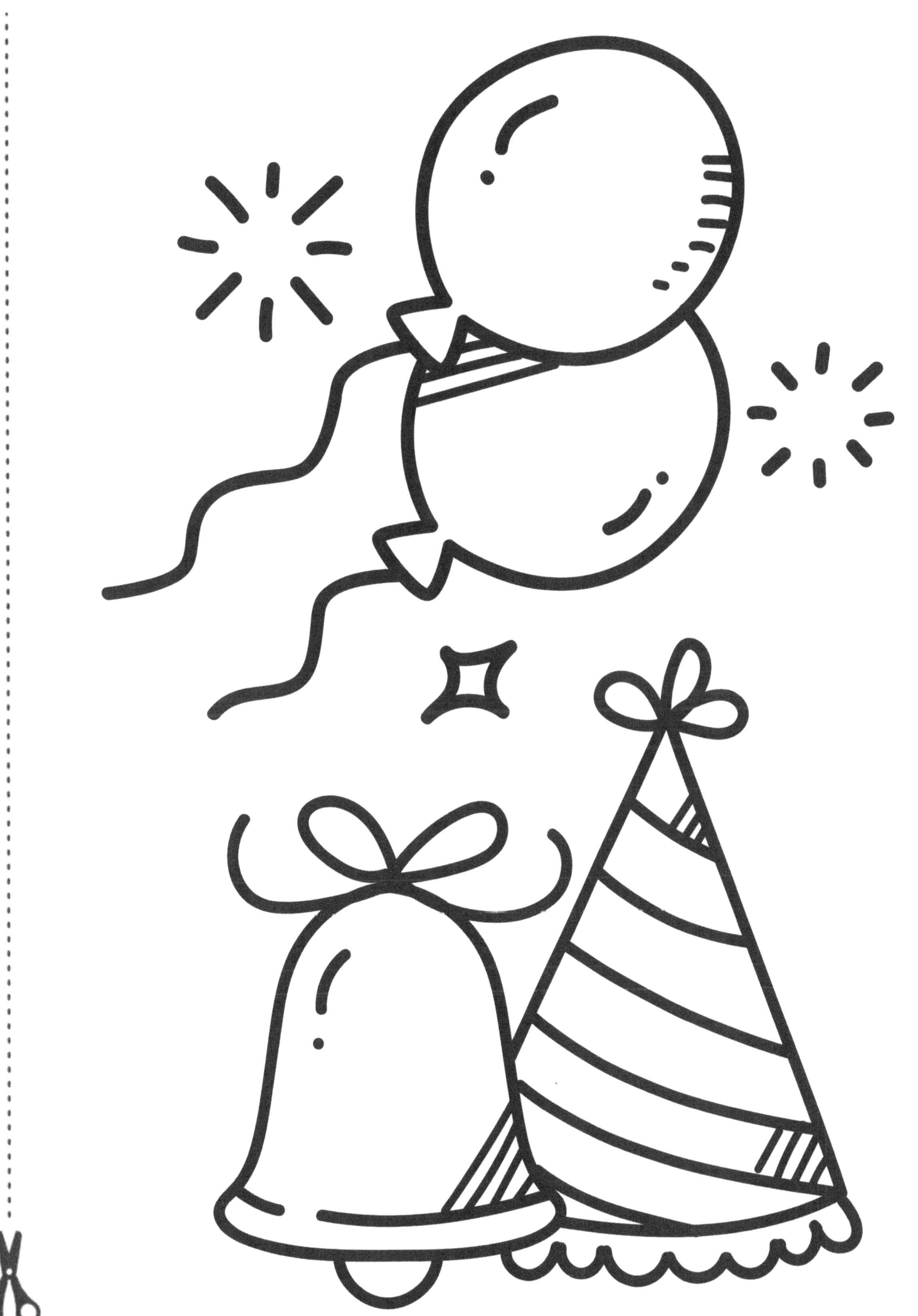

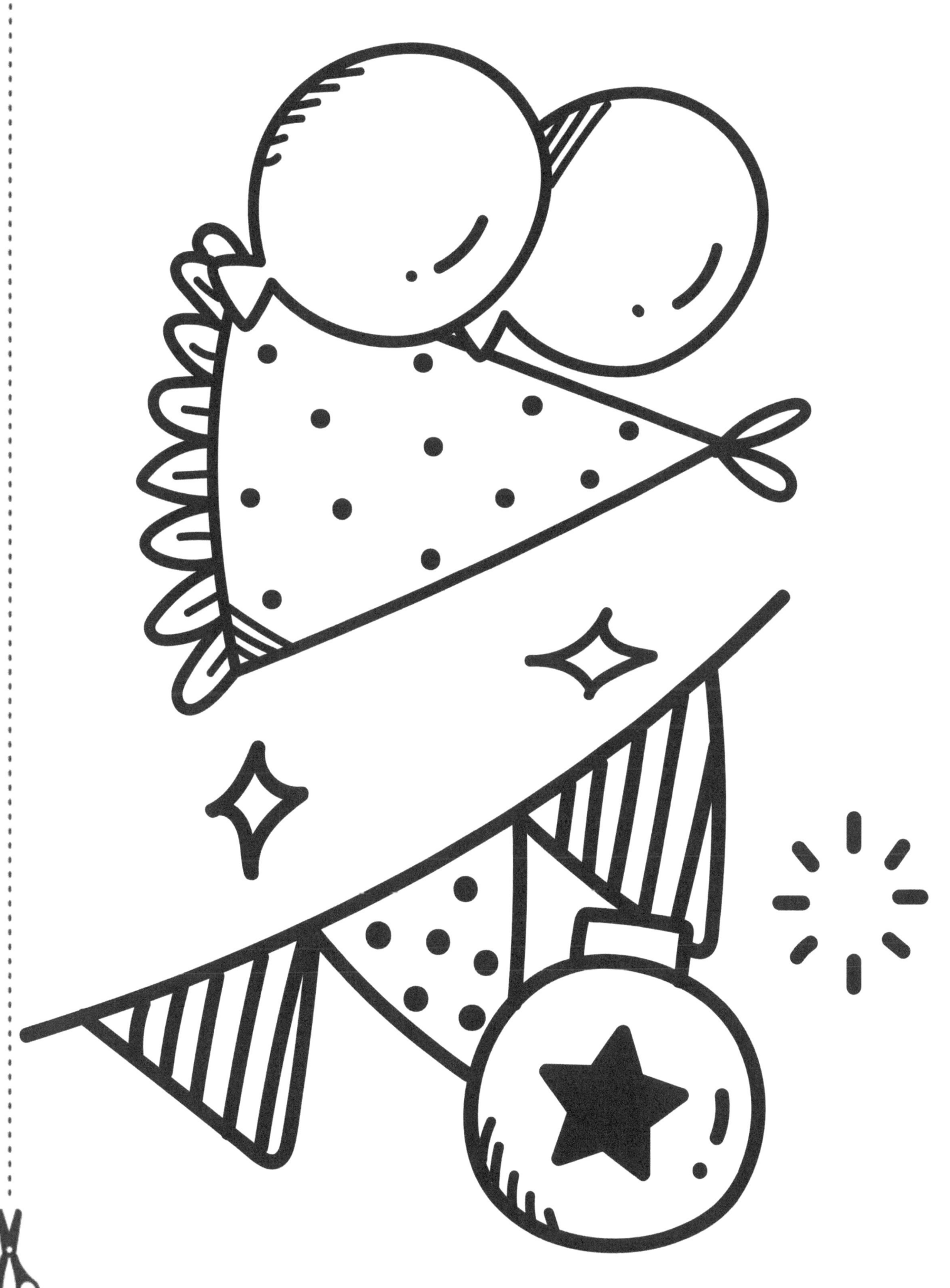

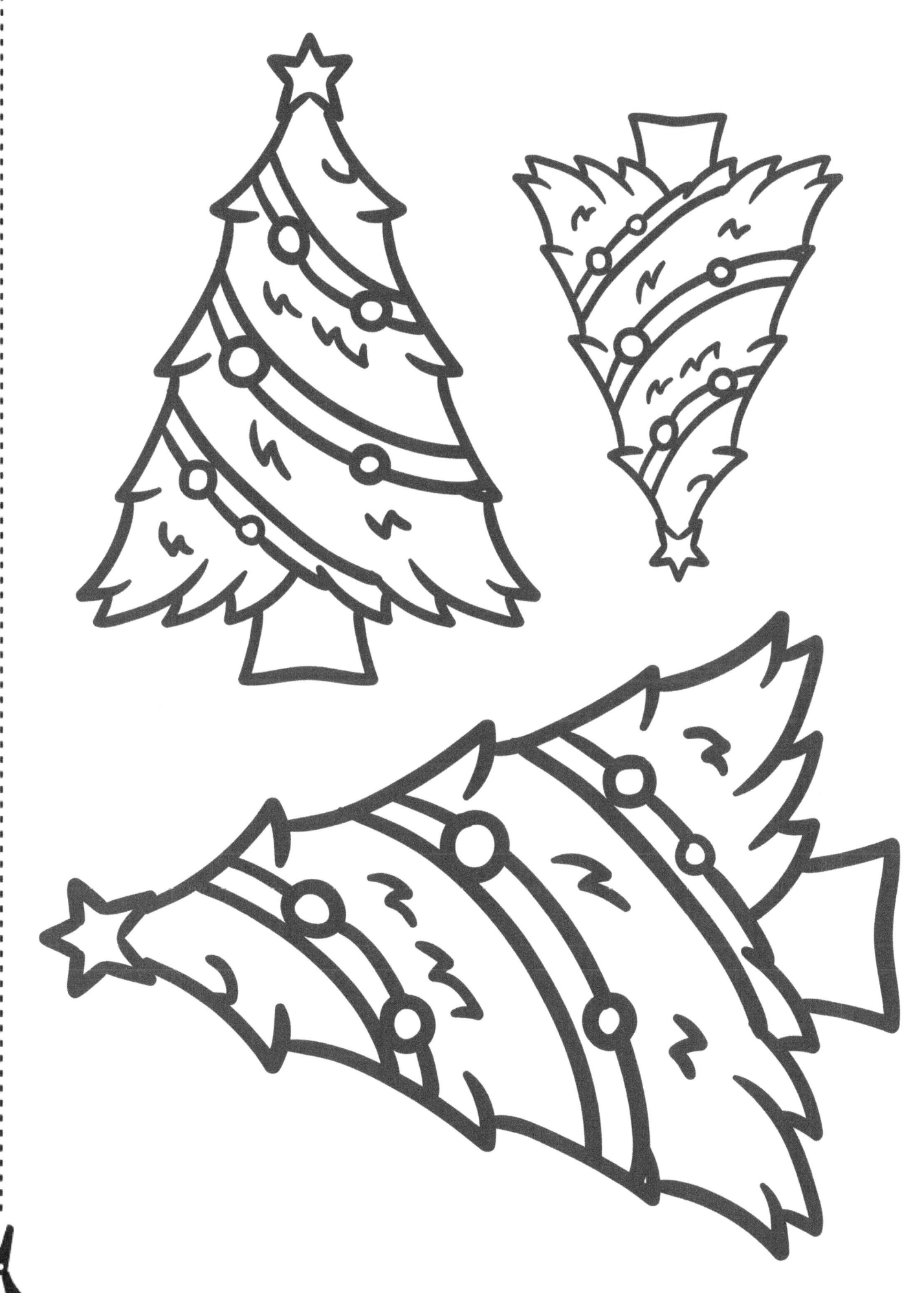

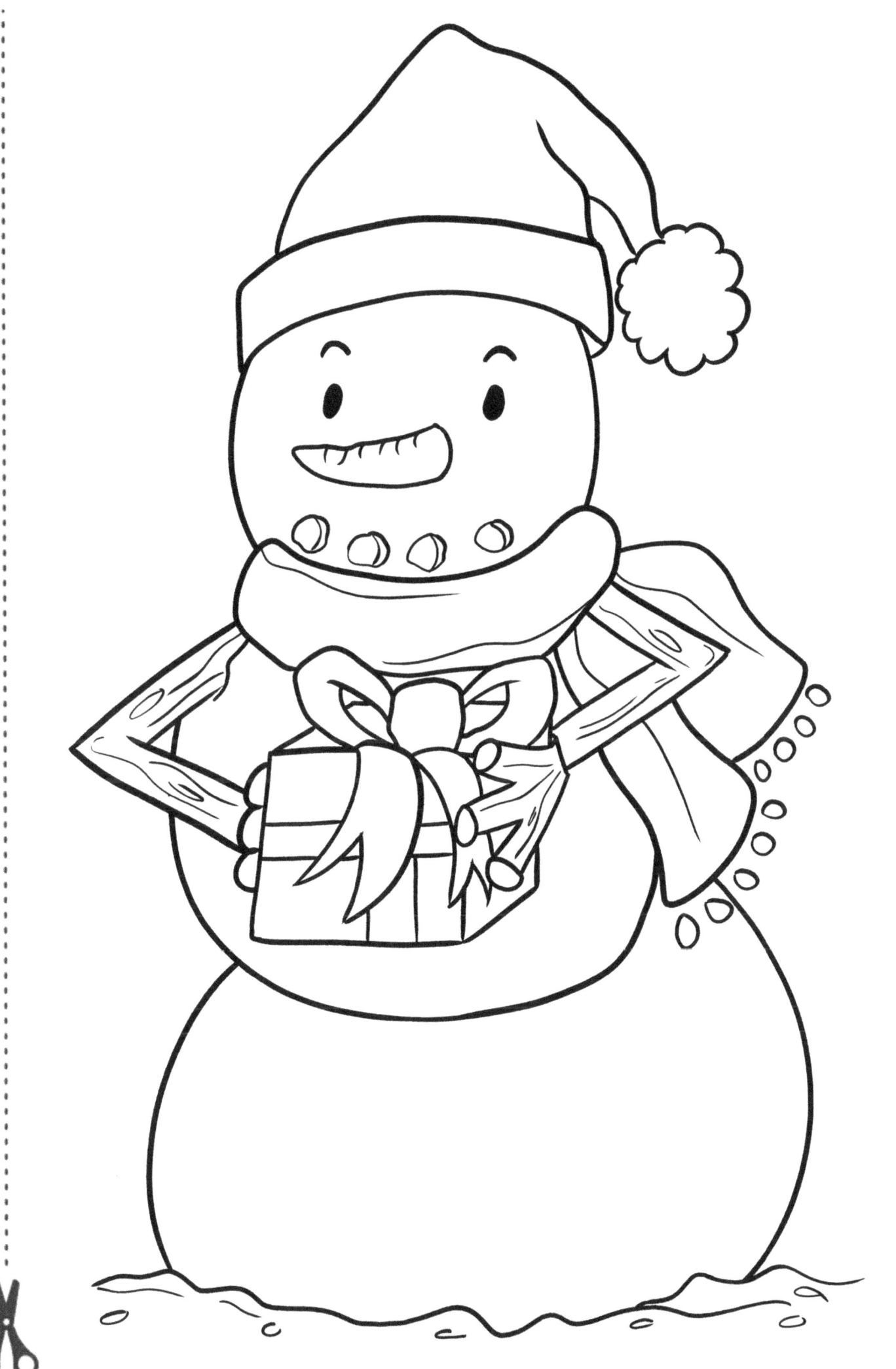

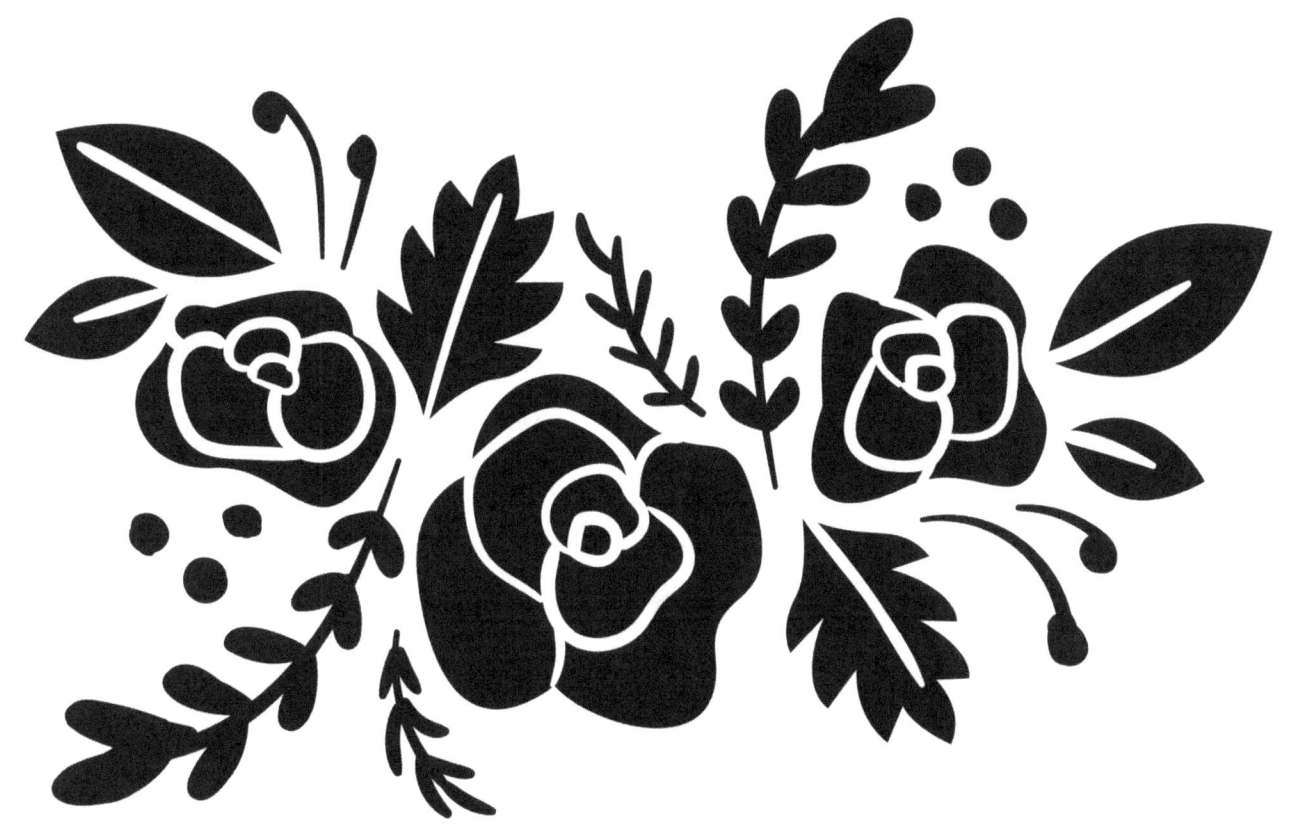
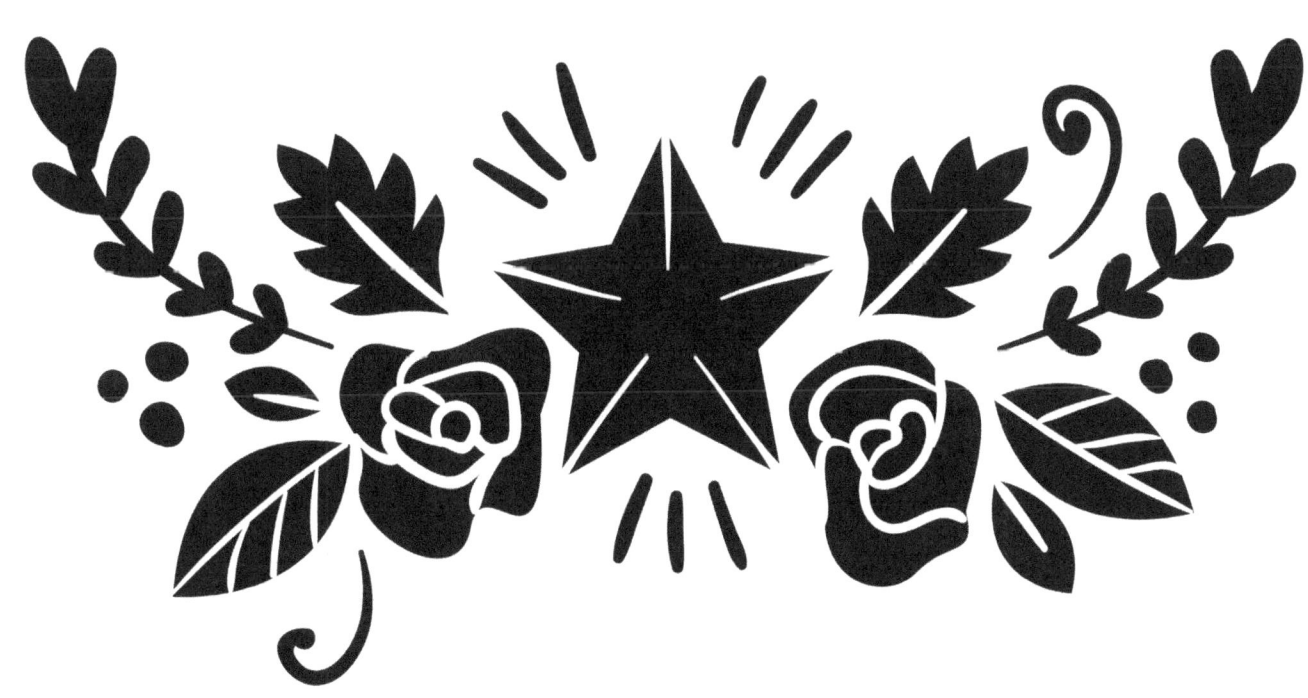

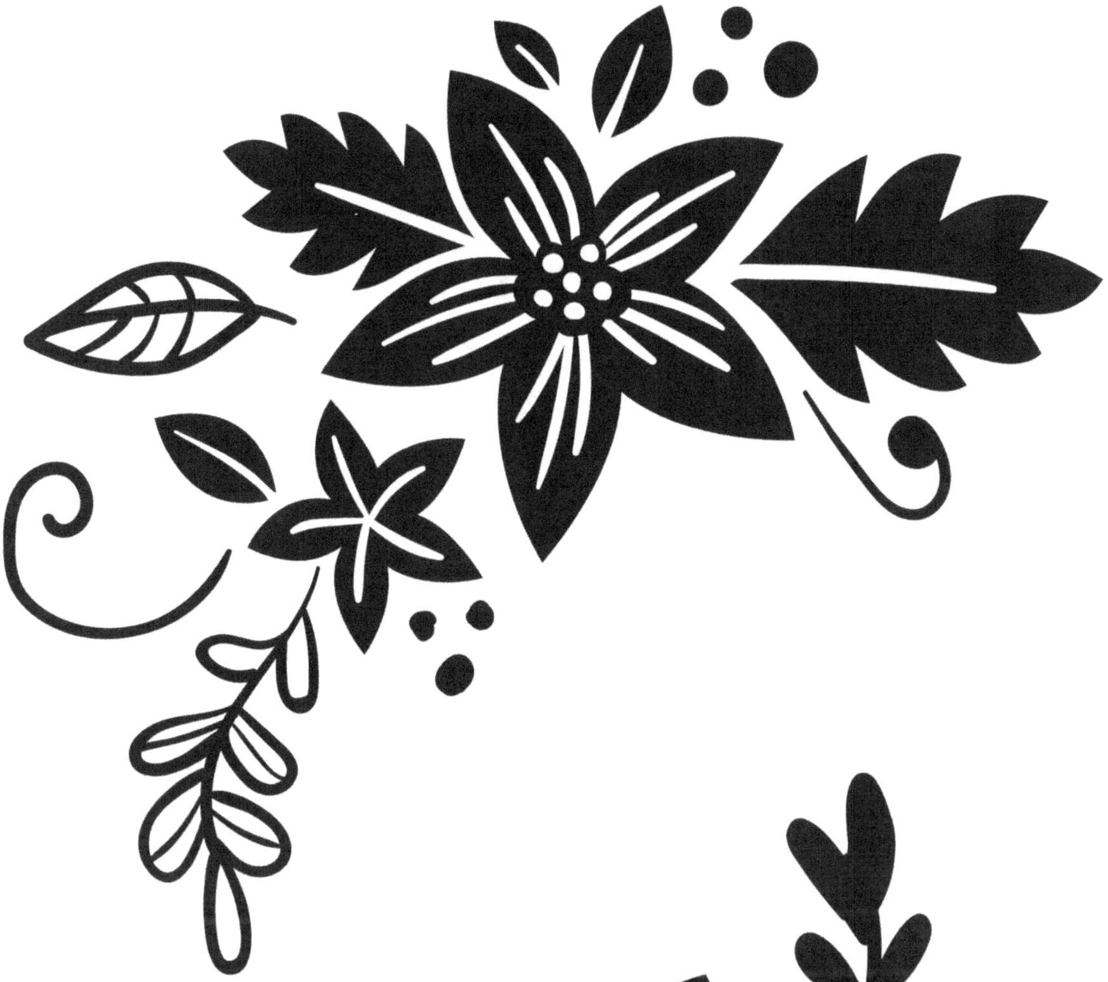

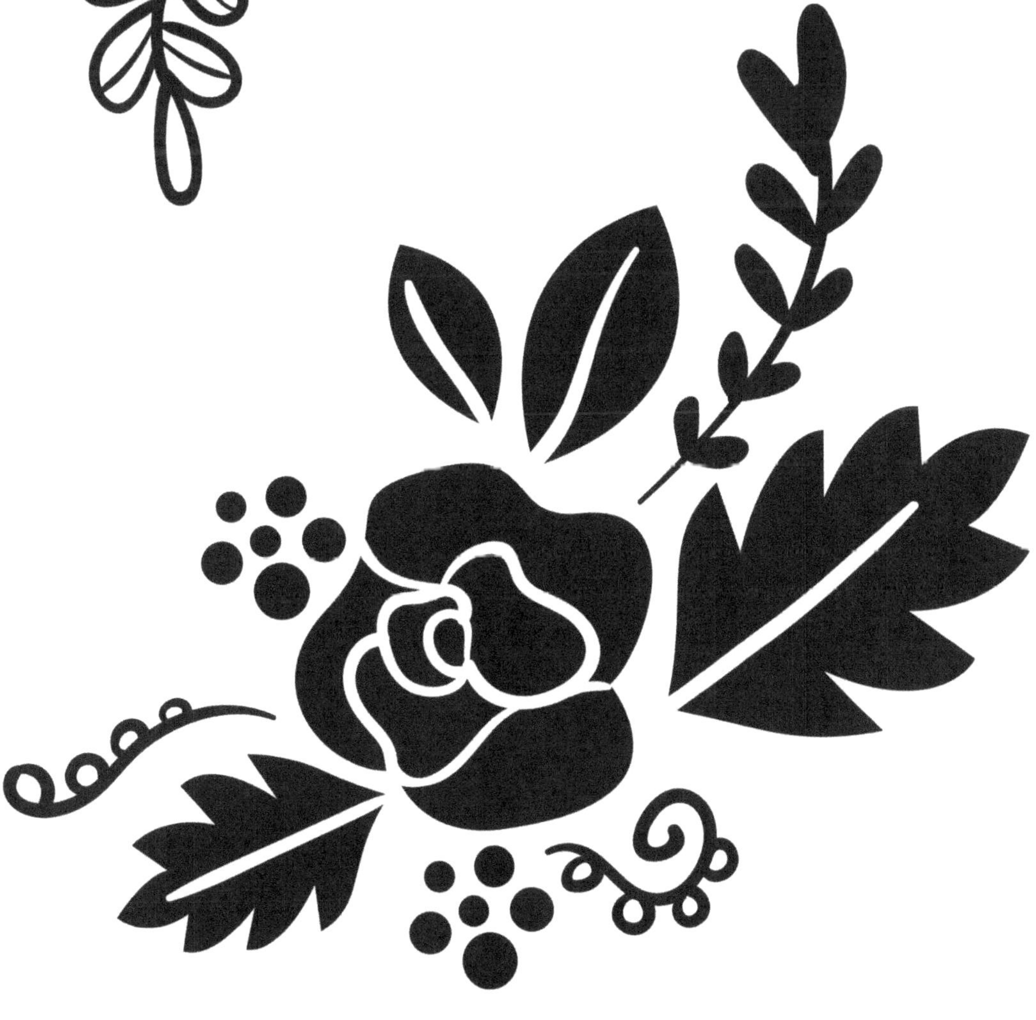

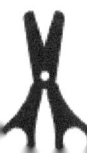

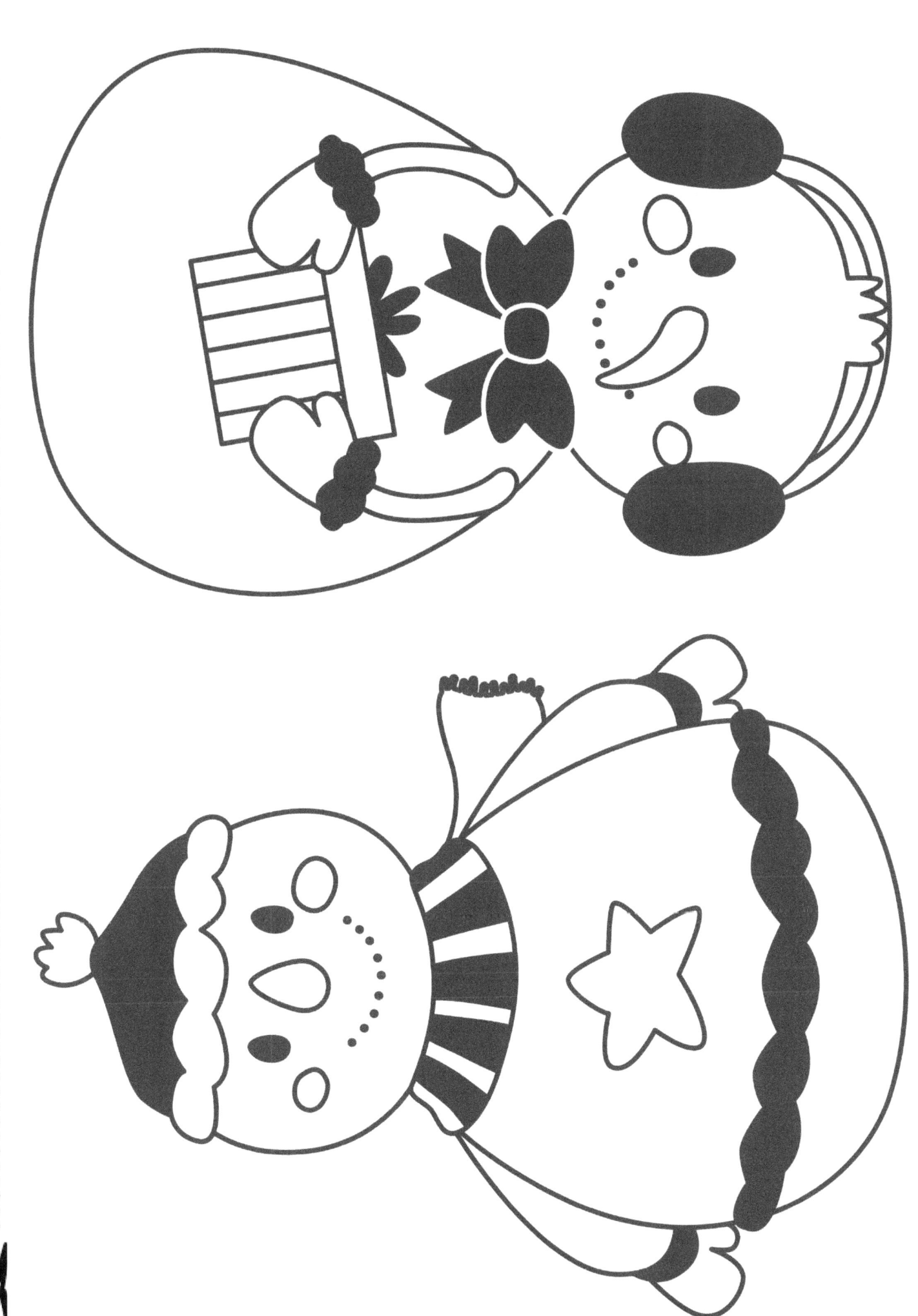

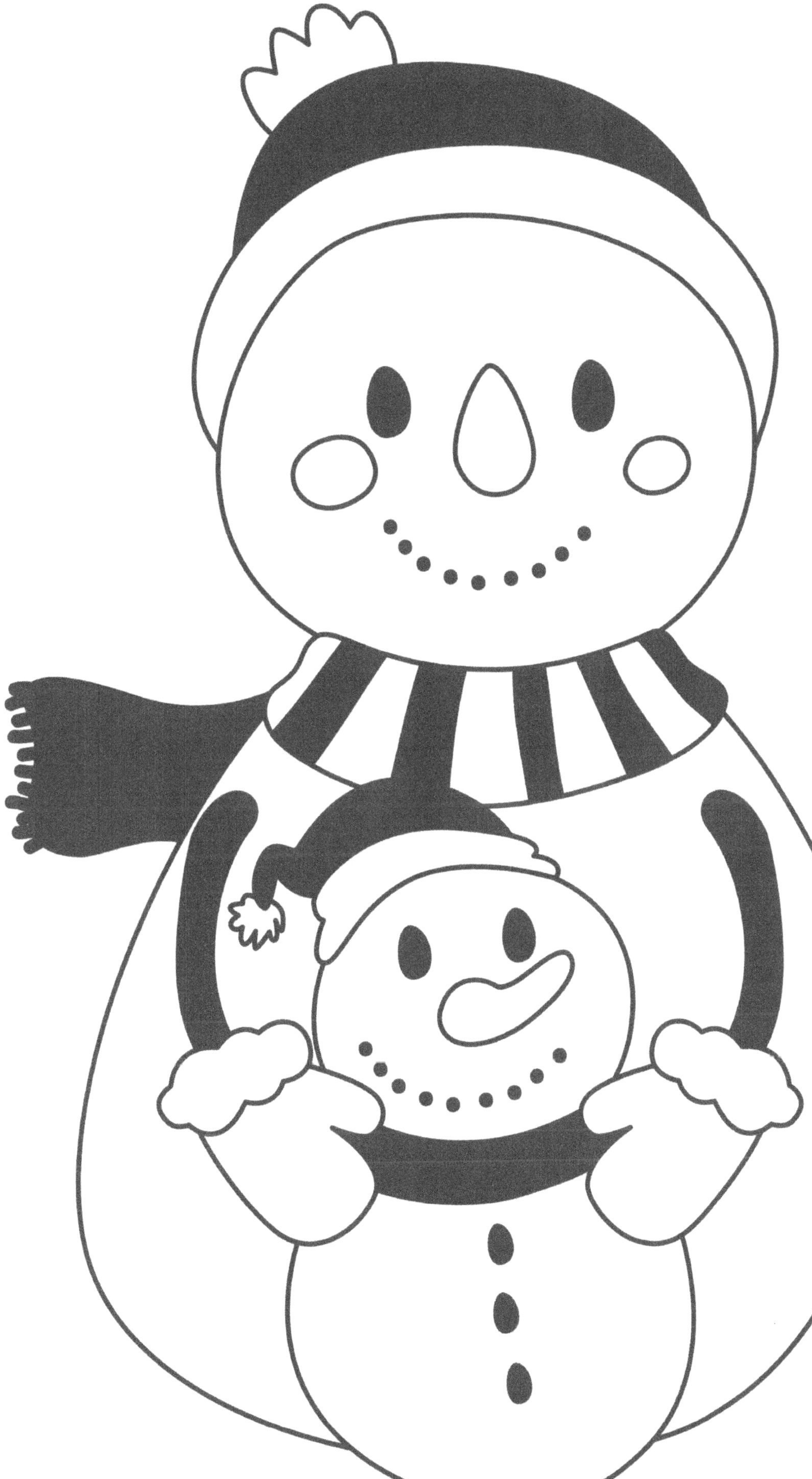

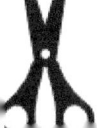

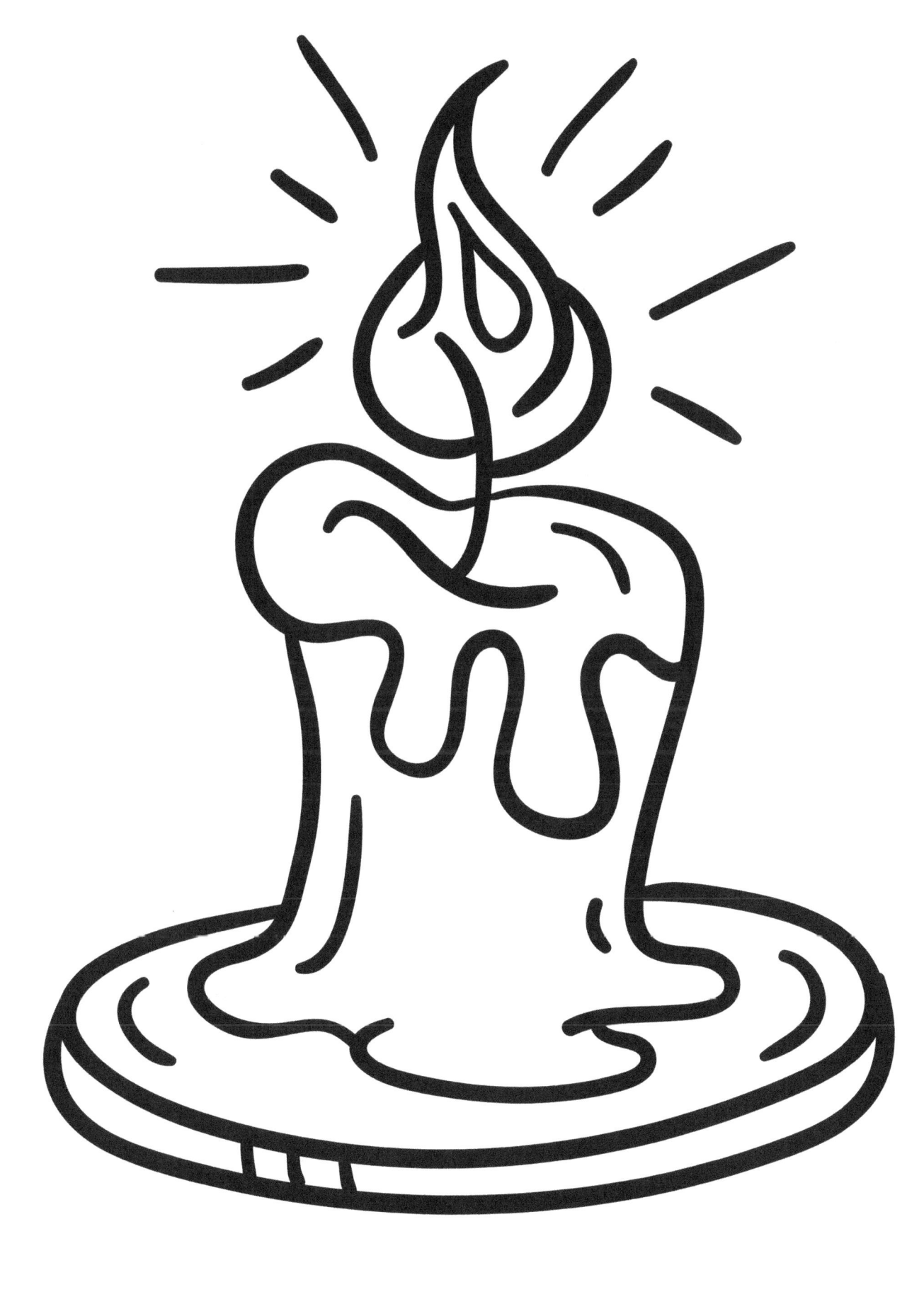

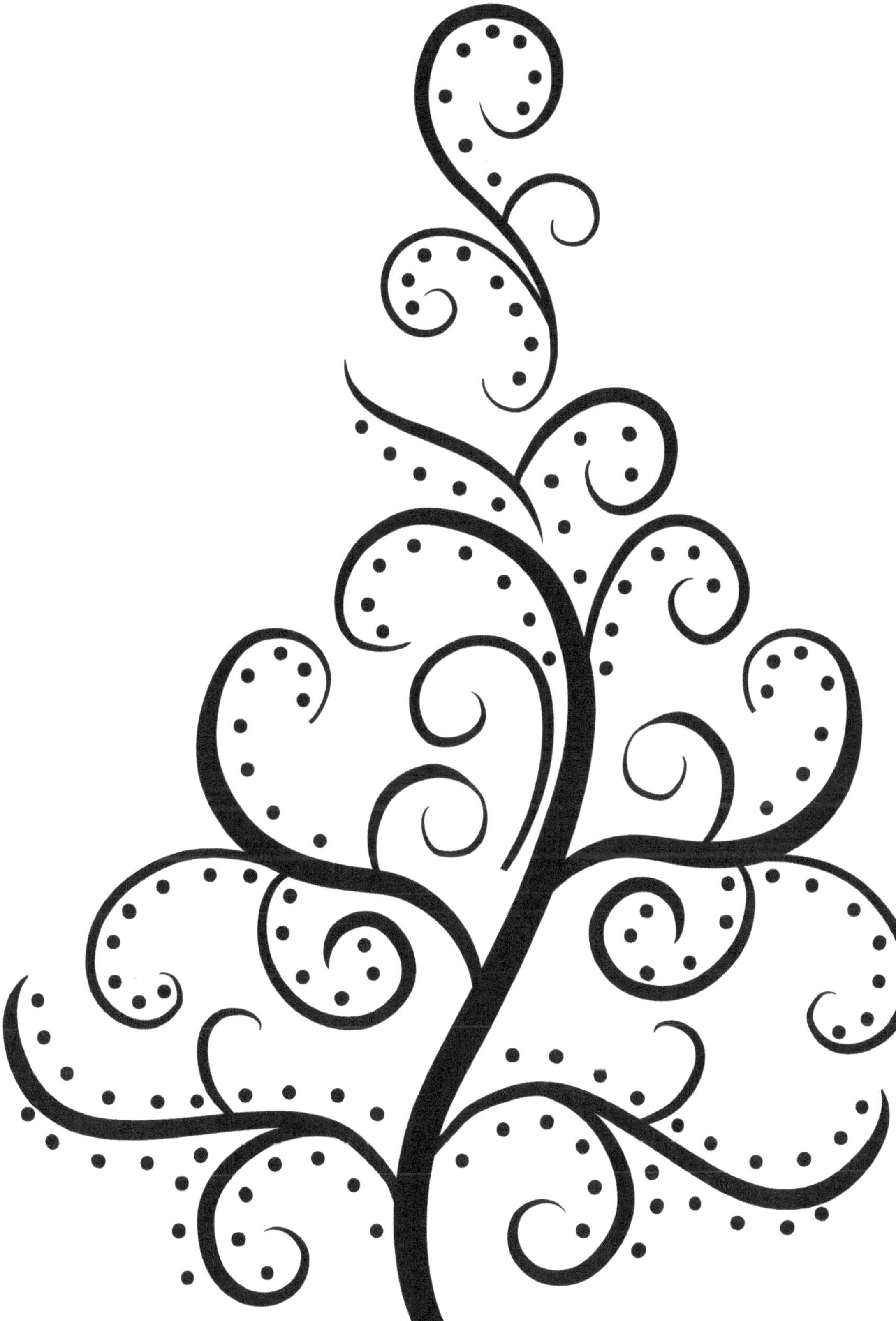

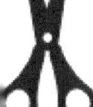

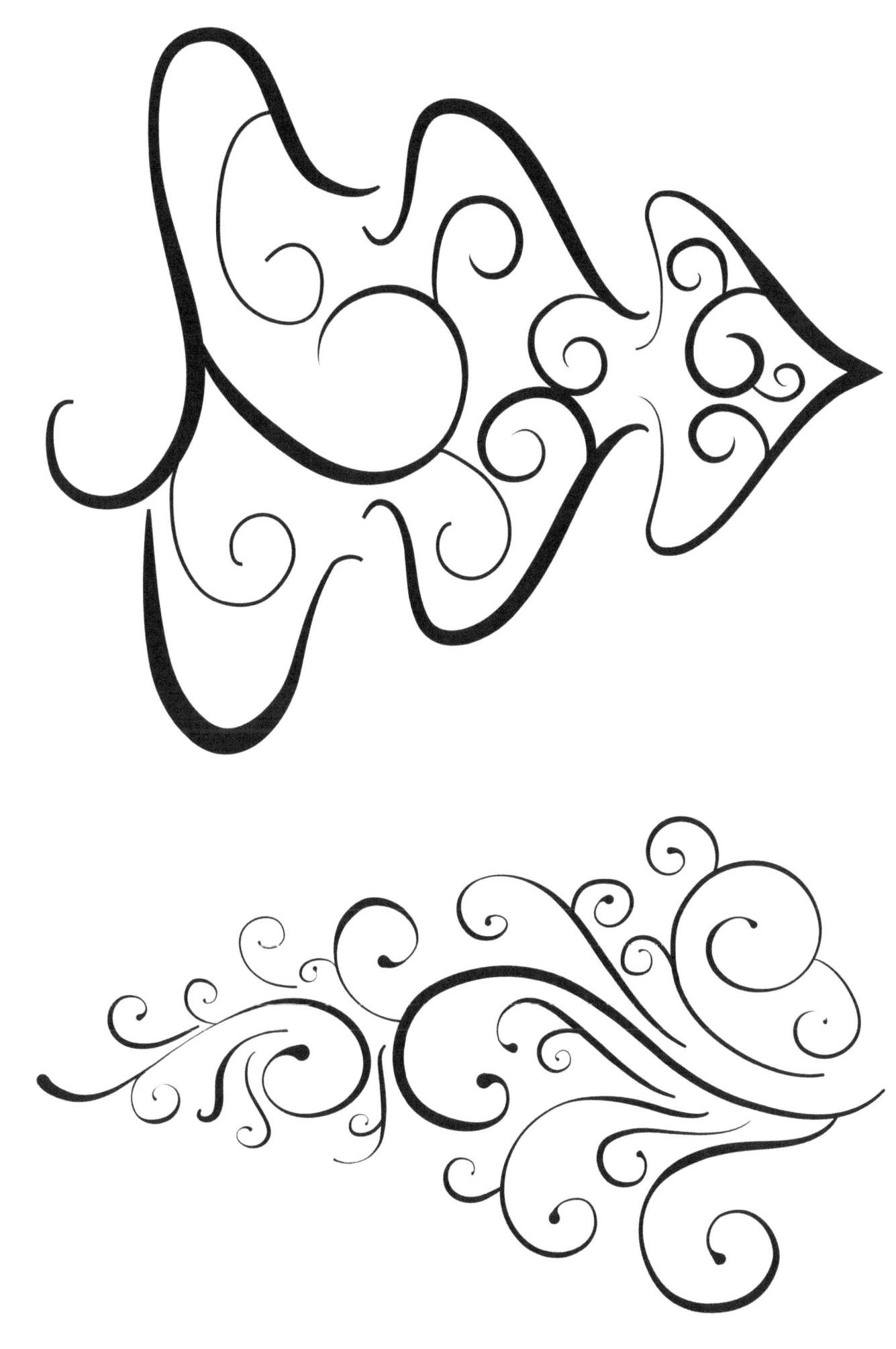

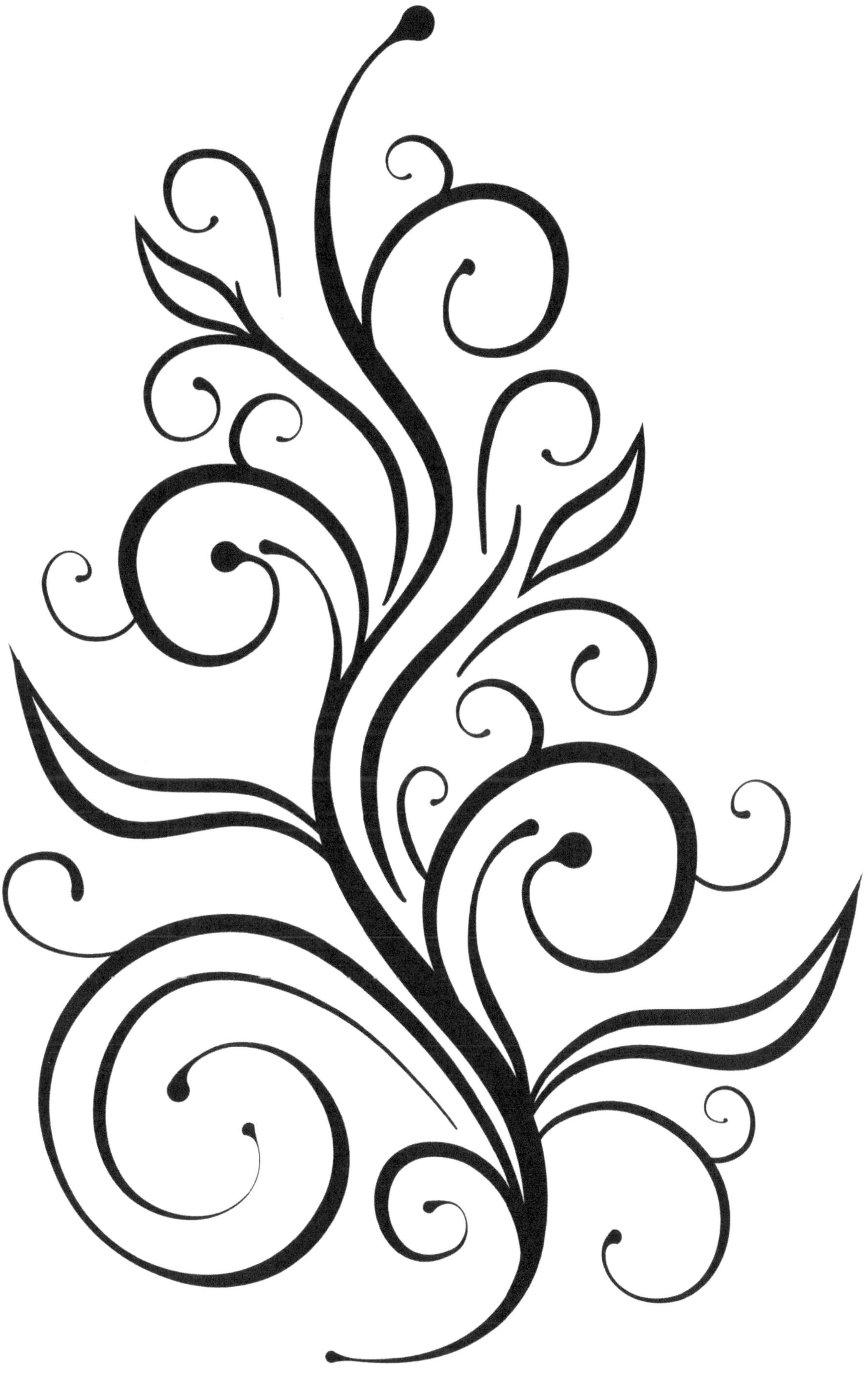

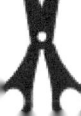

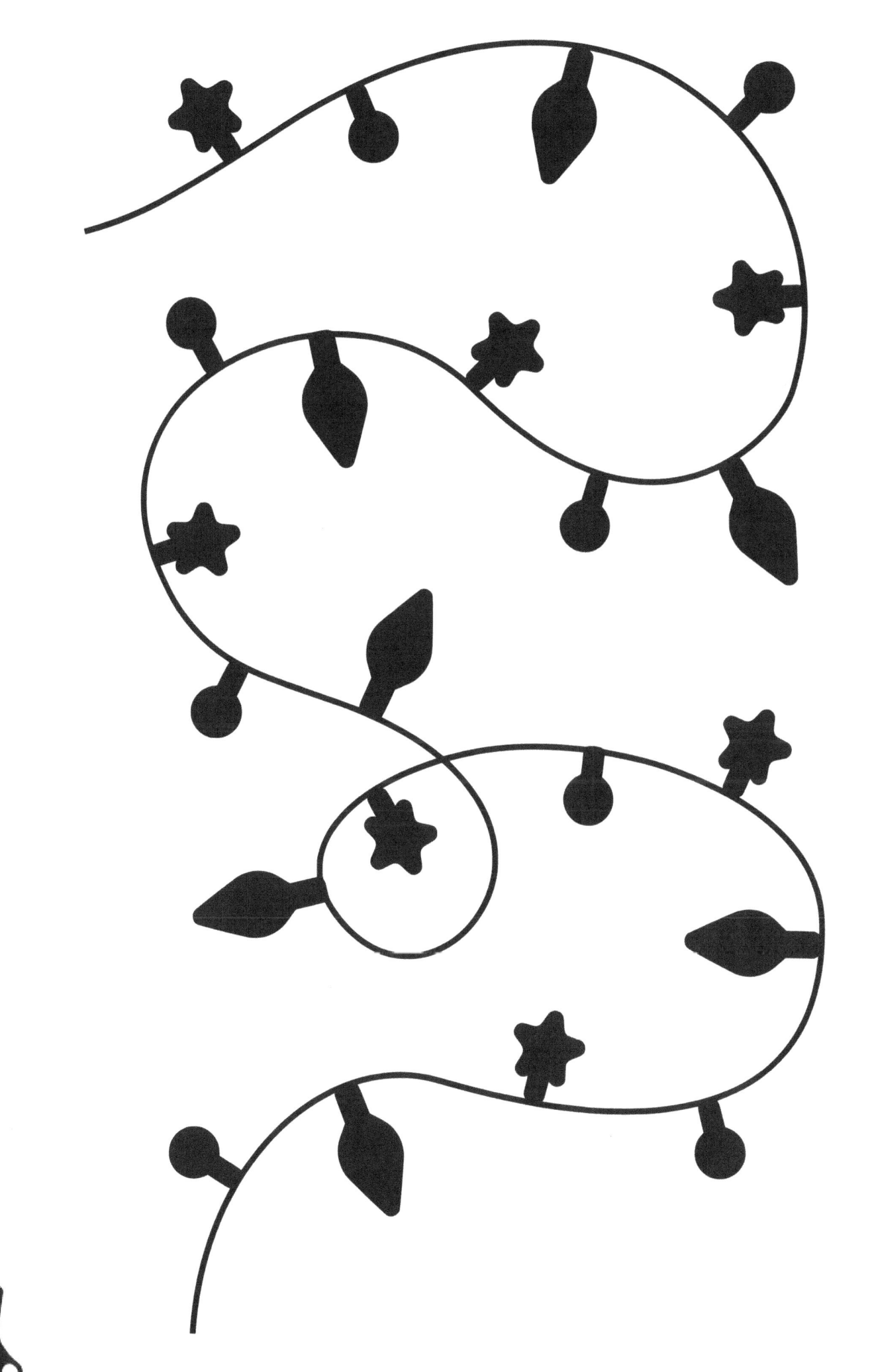

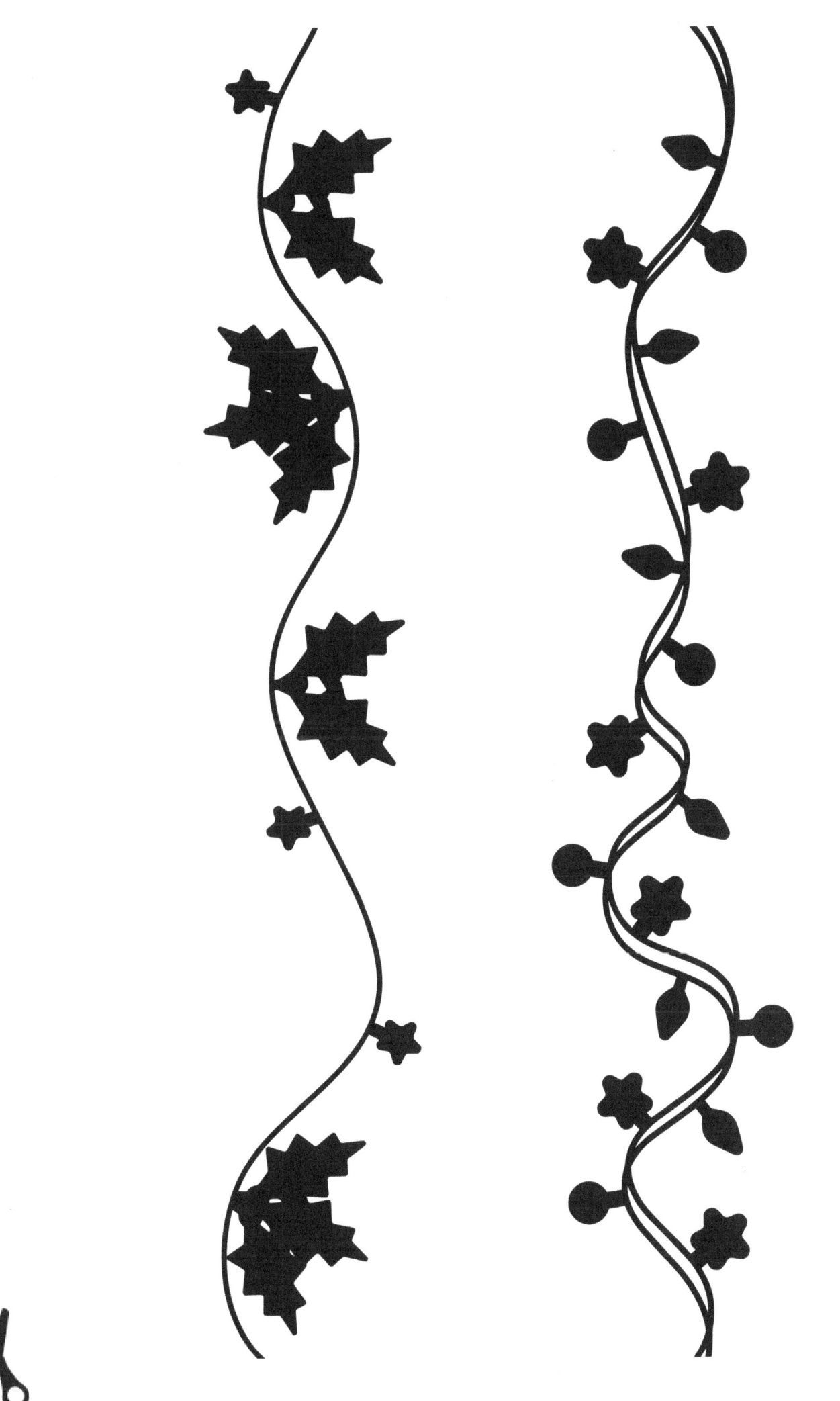

© Schablonen Fensterbilder
Alle Rechte vorbehalten.

Kontakt:
Alexander Franz
Otto-Hahn-Straße 146
97218 Gerbrunn
alexanderfranz94@gmail.com

Covergestaltung: Alexander Franz

www.ingramcontent.com/pod-product-compliance
Lightning Source LLC
Chambersburg PA
CBHW080539220526
45466CB00010B/2967